Paul Frauenstädt

Blutrache und Totschlagsühne im deutschen Mittelalter

Studien zur deutschen Kultur- und Rechtsgeschichte

EHV
HISTORY

Paul Frauenstädt

Blutrache und Totschlagsühne im deutschen Mittelalter

Studien zur deutschen Kultur- und Rechtsgeschichte

ISBN/EAN: 9783955643201

Auflage: 1

Erscheinungsjahr: 2013

Erscheinungsort: Bremen, Deutschland

EHV
HISTORY

Blutrache

und

Todtschlagsühne

im Deutschen Mittelalter.

Studien zur Deutschen Kultur- und Rechtsgeschichte

von

Paul Frauenstädt.

Leipzig,

Verlag von Duncker & Humblot.

1881.

Vorwort.

Während über die germanische Blutrache viel, zum Theil ganz Hervorragendes geschrieben worden ist, haben die Alterthumsforscher der Blutrache des späteren Mittelalters bei weitem nicht dieselbe Gunst entgegengebracht. Nun ist allerdings einzuräumen, dass in der Jugendperiode der Völker die Blutrache eine ungleich wichtigere Rolle spielt als zu derjenigen Zeit, wo das anfänglich nur locker zusammengefügte Staatswesen sich allmälig so weit befestigt und consolidirt hat, um die Selbsthülfe mehr und mehr entbehrlich zu machen, und dieser Umstand sowohl wie der besondere Reiz, den das im Dunkel Liegende, Verschleierte, Sagenhafte auf einen mit Phantasie und divinatorischem Scharfblick begabten Alterthumsforscher ausübt, erklären es hinreichend, dass gerade die besten Kräfte der deutschen Alterthumsforschung sich mit Vorliebe der Erschliessung des Urzustandes der germanischen Blutrache zugewendet haben. Nichtsdestoweniger hat es seinen Reiz und seine Berechtigung, die Erscheinung bis zu ihrem Erlöschen zu verfolgen, den Ursachen ihrer Dauer nachzugehen, den Einfluss zu beobachten, welchen sie in den späteren Perioden ihres Daseins auf das Staats- und Rechtsleben des deutschen Volkes ausgeübt hat. Auch auf diesem Gebiete giebt es, trotz der Vorarbeiten eines Osenbrüggen, Maurer, Pauly u. A., noch Vieles aufzuklären, namentlich fehlt es noch ganz an einer wissenschaftlichen Bearbeitung der Todtschlagsühne, unter Berücksichtigung des Ganges, welchen dieses Rechtsinstitut unter dem Einflusse der kirchlichen Disciplin und des katholischen Dogma genommen hat.

Trägt somit das vorliegende Buch eine Art von Berechtigung in sich, so wird es trotzdem schwerlich dem Vorwurfe entgehen, dass vieles den Rechtsgelehrten Interessirende darin nur flüchtig berührt, Manches gänzlich übergangen ist. Eine erschöpfende Erörterung aller hier in Betracht kommenden Fragen lag jedoch nicht in meinem Plane. Mein Hauptbestreben ging vielmehr dahin, die treibenden Ursachen und den Ideengehalt der zur Sprache gebrachten Verhältnisse in möglichster Schärfe hervortreten zu lassen. Ausserdem nöthigte auch die Eigenartigkeit des Stoffes zu Beschränkungen. Ich war von jeher der Ansicht, dass bei wissenschaftlichen Stoffen von allgemeinerem Interesse, zu denen der vorliegende wohl unbedenklich gezählt werden kann, die Methode der Behandlung so zu wählen sei, dass das Werk sowohl wissenschaftlichen Zwecken als den enger begrenzten Bedürfnissen des Laien zu dienen geeignet ist. Dass beides sich sehr wohl vereinigen lässt, hat bereits v. Wächter in der Vorrede zu seinen „Beiträgen zur deutschen Geschichte" dargelegt, woselbst er sagt:

„Der Laie will nicht blos Fragmente, sondern ein ihn vollständig orientirendes Ganzes. Er arbeitet sich nicht gerne durch gedehnte, gelehrte Untersuchungen durch; er verlangt zwar eine getreue und zuverlässige Entwicklung; aber er will sie — und mit Recht — in gedrängtem, lebendigem Ueberblick über das Ganze, ohne den Forscher auf dem mühsamen Wege begleiten zu müssen, auf welchem derselbe zu seinen Resultaten gelangte. Bei uns in Deutschland aber meint der Mann vom Fache nur gar zu häufig, es würde der Wissenschaft zu nahe getreten, wenn er zu einer solchen Befriedigung der Bedürfnisse des Laien die Hand bieten wollte. Allein gewiss mit Unrecht. Mit gedrängten, in ihrer Form auf Laien berechneten, Orientirungen verträgt sich die Wissenschaftlichkeit gar wohl. Nur müssen sie das Resultat ernsten, gründlichen Forschens sein, und dann kann ihnen auch die Wissenschaft Manches zu danken haben."

Ob und inwieweit es mir gelungen ist, bei meiner Darstellung den vorstehend entwickelten Grundsätzen gerecht zu
werden, muss ich der Beurtheilung des Lesers überlassen.
Den Bedürfnissen des Fachgelehrten ist, wie ich glaube,
durch die zahlreichen Anmerkungen in hinreichendem Maasse
genügt, doch wird auch der Laie von ihnen Nutzen ziehen,
theils weil für die wichtigeren Thatsachen die Belagstellen im
Wortlaut mitgetheilt sind und weil andererseits, um den Text
nicht zu sehr mit Einzelheiten zu beschweren, vieles kultur-
historische Material in ihnen seine Stelle gefunden hat.

Ich würde mich für die Mühe, welche das Sammeln und
Sichten des sehr zerstreuten Quellen- und urkundlichen Ma-
terials verursachte, mehr als ausreichend belohnt finden,
wenn das Buch zu weiteren Forschungen und fleissigerer
Ausbeutung der archivalischen Rechtsdenkmäler dieses Stoff-
gebietes anregte. Die Rechtsbücher und Weisthümer des
Mittelalters lehren uns nur die Rechtsregel. Authentischen
Einblick in die praktische Handhabung der letzteren können
nur die urkundlichen Materialien erschliessen. Chronologische
Register, wie sie z. B. Breslau unter dem Namen Libri Excessuum (der Leser wird sowohl sie wie andere bis jetzt
noch ungedruckte Breslauer Stadtbücher in den Anmerkungen
häufig citirt finden) von der Mitte des 14. bis zu der des
16. Jahrhunderts über seine Strafrechtspflege geführt hat mit
kurzer Angabe der Thatumstände und Strafe, zuweilen unter
Mittheilung der Urtheilsgründe, leisten mehr als Rechtsbücher
und Chroniken für die Beurtheilung der Sittenzustände wie
der Strafrechtspflege damaliger Zeit. Dasselbe gilt von den
Verfestungs (Acht)- Büchern und Sühnverträgen. Allein wie
weniges davon ist bisher in die Oeffentlichkeit gelangt! Von
Verfestungsbüchern liegen bis jetzt erst zwei, das Liegnitzer
und Stralsunder, gedruckt vor und selbst die Zahl der veröffentlichten Todtschlagsühnen ist, wenn man die gelegentlich
in Chroniken und Zeitschriften mitgetheilten, im Ganzen
wenig brauchbaren Auszüge*) abrechnet, im Verhältniss zur

---

*) Diese Auszüge beschränken sich meistens auf eine kurze An-
gabe der in der Sühne auferlegten Leistungen. Für die Aufklärung

präsumtiven Ziffer der annoch unedirten eine äusserst geringe.

Von diesem Gesichtspunkte aus wird es vielleicht nicht überflüssig erscheinen, dass der Bestand der in vollständigem Text vorliegenden Sühnverträge im Anhange dieses Buchs um ein Beträchtliches von mir vermehrt worden ist. Die daselbst mitgetheilten Sühnen umfassen allerdings nur ein beschränktes territoriales Gebiet, die preussische Provinz Schlesien; der Leser wird sich aber bald überzeugen, dass sie, was Reichthum des Inhalts betrifft, hinter anderen ihresgleichen nicht zurückstehen, in Bezug auf Originalität der Ausdrucksweise und ein gewisses treuherziges Gepräge häufig die letzteren sogar überragen. Zudem gewähren sie noch dadurch ein besonderes Interesse, weil sie beweisen, wie treu deutsche Rechtssitte an dieser Grenzwacht des Deutschthums gehütet wurde. Sie sind bis auf eine (die Neisser von 1531), welche vor langen Jahren in einer jetzt eingegangenen schlesischen Zeitschrift von dem reichbegabten, bei Gravelotte gefallenen Archiv-Sekretär Dr. Korn veröffentlicht wurde, sämmtlich noch ungedruckt; von den Breslauischen aus den Jahren 1460 — 1499 sind kurze Auszüge mitgetheilt im 3. Bande der Scriptores Rerum Silesiacarum, S. 104—110. Bei der von mir eigenhändig besorgten Copie bin ich streng dem Wortlaut des Originals gefolgt und habe nur hin und wieder zur Bequemlichkeit von im Urkundenlesen nicht hinreichend geübten Lesern einen Punkt oder Komma eingeschaltet, sowie, um kenntlich zu machen, wo Vergleich, wo Schiedsspruch vorliegt, bei einer Anzahl von Urkunden die betreffenden Worte durch gesperrte Schrift hervorgehoben.

Gern hätte ich die Sammlung durch Aufnahme der Sühnen anderer schlesischer Städte vergrössert, der Versuch

der noch sehr dunklen Frage, inwieweit Stammeseigenthümlichkeiten und lokale Gewohnheiten Einfluss auf die äussere Gestalt der Sühne gewonnen haben, sowie für die genauere Kenntniss der Formen der Friedensbefestigung, der Aussöhnung und Vergleichsunterhandlungen bieten sie so gut wie gar kein Material. Hierfür bedürfte es der wortgetreuen vollständigen Wiedergabe des Originals.

misslang jedoch vollständig. Zu einer Reise durch die Provinz behufs Durchforschung und Ausbeutung der städtischen Archive mangelte mir bei meinen Berufsgeschäften die Zeit, und meine an verschiedene Magistrate gerichteten Bitten um leihweise Ueberlassung ihrer Stadtbücher hatten nur theilweise den gewünschten Erfolg. Theils waren die ersuchten Städte nicht mehr im Besitz von solchen, theils wurde ich ablehnend beschieden. Um so grösseren Dank schulde ich den Magistraten von Schweidnitz, Jauer und Bolkenhain für die liebenswürdige Bereitwilligkeit, mit der sie mir die Benutzung ihrer Stadtbücher erleichtert und zugänglich gemacht haben. Nicht weniger fühle ich mich gedrungen, den Herren Archiv-Rath Professor Dr. Grünhagen, Stadtarchivar Dr. Markgraf und Archiv-Sekretär Dr. Pfotenhauer hierselbst für ihre mir bei Benutzung der hiesigen Archive freundlichst gewährte Unterstützung an dieser Stelle meinen wärmsten Dank auszusprechen.

Breslau, am 6. September 1881.

Der Verfasser.

Berichtigungen und Zusätze.

Seite 11, Note 3. Artikel 249 der Bamberger Halsgerichtsordnung missbilligt lediglich den Aberglauben, dass ein feierliches Begräbniss mit Glockengeläut und Requiem die Aechtung des Thäters verhindere. Auf eine noch zu Schwarzenberg's Zeit bestandene Sitte, den Erschlagenen erst nach der Achtserklärung über den Thäter zu beerdigen, lässt also Art. 249, wie Verfasser bei nochmaliger Lesung desselben annehmen zu müssen glaubt, nicht schliessen, wohl aber wird durch die Bemerkung Schwarzenberg's bestätigt, dass noch zu seiner Zeit die Beerdigung Erschlagener in aller Stille zu geschehen pflegte. Vgl. S. 152 oben.

Seite 13, Note 5. Eine ebenso anschauliche, als an Analogien reiche Schilderung der albanesischen Blutrache findet der Leser in dem Werke: „Oberalbanien und seine Liga" von Spiridion Gopčević, Leipzig 1881, S. 322—335. Leider konnte dieses hochinteressante Werk für das vorliegende Buch nicht mehr verwerthet werden, da es erst während des Druckes des letzteren zur Kenntniss des Verfassers gelangte.

Seite 31. Vgl. über die Todtschlagsfehden der städtischen Geschlechter: Maurer, Geschichte der Städteverfassung in Deutschland, I, 416 und die dortigen Allegate, sowie die bei Haupt, Zeitschrift für deutsches Alterthum, Bd. VI, S. 21 mitgetheilte Wetzlarer Todtschlagssühne v. 1285.

S. 36 unten. Die Straflosigkeit folgt aus der Gleichstellung des Todtschlags aus Blutrache mit der Nothwehr.

Seite 38, Zeile 16 lies: an ihren Feinden statt ihrem Feinde.

Seite 63. Ueber den Hausfrieden des Mittelalters ist zu vergleichen ausser dem bekannten Werk von Osenbrüggen: Maurer, Städteverfassung, I, 447 ff.

Seite 65, Zeile 6 von unten lies: Nachtheile statt Nachtheilen.

Seite 69, Anm. 65 lies: Hochstadt statt Hochstade.

Seite 75, Anm. 79, Zeile 11 lies: um ein Tag-, Wochen- oder Jahr-Lohn statt einen Tag, Wochen oder Jahr lang.

Seite 89, Anm. 3, Zeile 5 lies: unlaugen statt unlangen.

Seite 128, Anm. 35, Zeile 1 ist hinter: „das Ravensberger Weisthum" einzuschalten: bei Meinders a. a. O. Letzterem ist auch das auf S. 128—132 abgedruckte Sühngericht entnommen.

Seite 135, Anm. 40, Zeile 9 ist zu lesen: quemcunque.

Seite 142, Anm. 64, Zeile 3 von unten ist zu lesen: für ihre erschlagenen M.

Inhalt.

Einleitung.

Oscar Peschel sagt in seiner „Völkerkunde" und die Rechtsgeschichte stimmt ihm darin bei, dass die Blutrache eine Satzung sei, die nicht etwa unseren Abscheu verdiene, in der wir vielmehr den ersten Versuch zur Begründung eines Rechtsschutzes zu verehren hätten. Treffend nennt sie Laveleye (De la propriété et de ses formes primitives) die „Urform der Rechtspflege". In jenem frühesten Stadium des Völkerlebens, wo die Individuen gänzlich auf sich selbst gestellt, noch nicht einmal zu einem Gemeindeverbande, geschweige denn zu einem Staatsganzen verwachsen sind, kann man es in der That als den ersten Schritt in die Rechtsordnung betrachten, wenn die Glieder desselben Geschlechts, Brüder, Söhne, Vettern, aus ihrer Isolirtheit heraustretend, sich genossenschaftlich zusammenschliessen, um einander denjenigen Rechtsschutz zu gewährleisten, den sie andernfalls beim Nichtvorhandensein einer öffentlichen Gewalt entbehren müssten. Es liegt in der Natur eines solchen Bündnisses „zu Schutz und Trutz in Noth und Gefahr und zur Abwehr gemeinsamer Feinde", den Tod des Geschlechtsgenossen zu rächen. Hier ist die Rache der einzig mögliche und darum rechtmässige Weg zur Genugthuung für die dem Todten und seinem Geschlechte zugefügte Unbill. Dass dabei die Vorstellung herrscht, vergossenes Blut nur durch ein neues, womöglich grösseres Blutbad würdig sühnen zu können, entspricht dem Talionsprincip roher Zeiten. Unkultivirte Menschen und Völker reflektiren nicht, sie stehen unter der Herrschaft ihrer natürlichen Gefühle und je grössern Einfluss diese auf den Menschen üben, um so heisser, ungestümer arbeitet in ihm der Trieb nach ungemessener Wiedervergeltung des erlittenen Unrechts.

Schon die Thatsache, dass die Blutrache sich bei allen jugendlichen Völkern wiederfindet, also eine Phase ist, die alle Völker auf ihrem bald längeren, bald kürzeren Wege zur Kulturentwickelung durchmachen, weist darauf hin, dass wir in ihr keineswegs Ausbrüche wilder, barbarischer, ungezügelter Mordlust, vielmehr ein Höheres zu erkennen haben, nämlich die erste, ursprüngliche Form der Rechtsvertheidigung, angewendet auf den Fall der Tödtung. Blutrache ist die Wiederherstellung des durch die Tödtung eines Familiengenossen gestörten Rechtszustandes auf dem Wege des Selbstschutzes, und der Kampf, den wir auf höheren Stufen der Kulturentwickelung den Staat gegen die Blutrache kämpfen sehen, ist nicht der Kampf der Civilisation gegen die Barbarei, sondern der staatlichen Rechtsordnung, welche die Befugniss zu strafen für sich allein in Anspruch nimmt, gegen die Selbsthülfe. —

Wie bei andern Kulturvölkern entsprang auch bei den Germanen der Staatsgedanke aus dem Geschlechtsverbande. Noch bei ihrem Eintritt in die Geschichte erscheint die Familie im weiteren Sinne, das Geschlecht (Sippe, Magschaft) als eine Genossenschaft zur Wahrung des alle Genossen umfassenden Friedens[1]). Als solche übte sie die Blutrache. Aber für so unverbrüchlich galt dieselbe bereits unter den Germanen des 1. Jahrhunderts unserer Zeitrechnung schon nicht mehr, dass man ihr nicht auch entsagen und mit dem Mörder sich hätte aussöhnen können. Die Rache hatte ihren Preis. Sie konnte abgekauft werden, anfänglich durch eine auf dem Wege freier Vereinbarung bestimmte Zahl von Haus-

---

[1]) Ueber Charakter u. Verfassung der Geschlechtsgenossenschaft: Gierke, das deutsche Genossenschaftsrecht I, 14 f. Dahn, Fehdegang u. Rechtsgang bei den Germanen, Berlin 1877 u. desselben Verfassers schöner Aufsatz „über die Germanen vor der sogenannten Völkerwanderung" in: „Bausteine" Berlin 1879, S. 417 f.

und Herdethieren, später durch eine von vornherein fest-
stehende Summe: die Busse, das Wergeld [2]).

Ohne Zweifel ist man schon zeitig auf diesen Ausweg
verfallen, um durch Anstachelung des Geldinteresses der beleidigten Sippe ein Motiv zu geben, statt der geschlechter-
verheerenden Rache den Weg des gütlichen Ausgleichs zu
wählen [3]). Wenigstens wurde die unblutige Beilegung des
Streits in jeder Weise begünstigt. Das Volksgericht suchte
zwischen den Parteien zu vermitteln, wenn der beleidigte
Theil klagend sich dahin wendete. Verweigerte dann der
Mörder aus Trotz oder im Vertrauen auf die Stärke seines
Familienanhangs zu Recht zu stehen und der Sache im Wege
des Vergleichs ein Ende zu machen, so wurde er aus der
Rechtgemeinschaft ausgestossen und dadurch zum friedlosen
Mann, den jeder busselos tödten konnte [4]). Aber nur, wenn
ausdrücklich dazu aufgefordert, mischte sich das Gericht in
den Krieg der Geschlechter. Noch stand es nicht in der Befugniss des Thäters, Busse anzubieten und durch Entrichtung
derselben die Blutschuld zu sühnen. Dünkte es der Sippe
des Erschlagenen schimpflich, das vergossene Blut ihres Genossen sich mit Geld abkaufen zu lassen, und dies war in
der Regel der Fall, denn es galt für ehrenhafter, Rache als
Busse zu nehmen [5]); dann hatte die Rache freien Lauf.
Niemand hinderte die Beleidigten, im offenen Fehdegang Genugthuung zu suchen. „Die blutige That um desswillen verübt", sagt Waitz [6]), „unterlag keiner Strafe. Aber es lag in
der Natur der Dinge, dass dann auch der Gegner Widerstand
leistete und in der Gegenwehr oder, da die Rachethat wieder

---

[2]) Tacitus, Germ. c. 21. Nec implacabiles (inimicitiae) durant: luitur
enim etiam homicidium certo armentorum ac pecorum numero . . . . . .

[3]) Edictum Rotharis c. 74.

[4]) Wilda, Strafeecht der Germanen S. 278, 281.

[5]) Näheres bei Dahn, Fehdegang und Wilda a. a. O. S. 170 fg. „Ich
will meinen Sohn nicht im Geldbeutel tragen" spricht in der nordischen
Sage der blinde Thorstein, das vom Mörder seines Sohnes ihm ange-
botene Sühngeld zurückweisend.

[6]) Deutsche Verfassungsgeschichte Bd. I, S. 401 f.

zu weiterer Genugthuung aufrief, aufs neue Blut vergoss und so mochte sich Missethat aus Missethat erzeugen, ein Zustand des Kampfes oder der Fehde sich entspinnen, der manchmal von langer Dauer war, in den Geschlechtern forterbte."

Das ist der älteste historische Rechtszustand: die Tödtung eines Menschen ist Privatsache der dadurch berührten Sippen. Das Geschlecht des Getödteten mag sich nach freier Wahl auf dem Wege der Fehde oder des Vergleichs Genugthuung verschaffen. Die öffentliche Gewalt mischt sich unaufgefordert in die Angelegenheit nicht hinein. Das älteste Recht kennt keine Bestrafung des Todtschlägers von Staatswegen. Wenn ihn die öffentliche Gewalt friedlos legt, so geschieht es nicht als Strafe für die That, sondern für die Weigerung, zu Recht zu stehen.

Dies bezieht sich jedoch ausschliesslich auf den offenen, ehrlichen, zur Selbstbehauptung oder Wiedervergeltung, sowie den im Zornmuth, im Streite, im Vermeinen seines Rechts verübten Todtschlag. Lag der That ein moralisch verwerfliches Motiv zu Grunde, was namentlich dann angenommen wurde, wenn Jemand seinen Gegner an einem befriedeten Ort, oder mittels Bruchs des gelobten Friedens, oder hinterlistig, ohne dass der Gegner eine Gefährdung vermuthen konnte, hingestreckt, oder wenn der Thäter die Spuren seiner That zu verwischen versucht hatte, also heimlich zu Werke gegangen, oder aber der Todtschlag an einer befriedeten Person verübt war, — in allen solchen und ähnlichen Fällen nahm die That einen erschwerenden Charakter an und zog die Verpflichtung zur Zahlung eines erhöhten Wergeldes oder öffentliche Strafe nach sich[7]). Das ganze Mittelalter hat an dieser Auffassung festgehalten und dies dadurch zu erkennen gegeben, dass es die hinterlistige, heimliche und unter andern erschwerenden Umständen verübte Tödtung, anstatt der auf den einfachen Todtschlag gesetzten (ehrlichen) Strafe der Enthauptung, mit der schwereren und beschimpfenden Strafe

---

[7]) Vgl. Wilda a. a. O. S. 569, 705 f., 713. Grimm, Rechtsalterthümer S. 625. Allfeld, die Entwickelung des Begriffes Mord, Erlangen 1877, S. 48 f.

des Rades belegte und eine friedliche Ausgleichung des Thäters mit den Verwandten des Getödteten (Sühne) in diesem Falle nicht zuliess[8]).

In erster Reihe lag die Rache dem nächsten Schwertmagen des Getödteten ob[9]); aber auch jeder andere Geschlechtsgenosse konnte sie üben und bei entstehender Fehde war die ganze Genossenschaft zur Mitbetheiligung verpflichtet.

Dem Charakter der Rache als einer der ganzen Sippe obliegenden Pflicht entsprach es, dass das Wergeld an die Gesammtheit der Geschlechtsgenossen vertheilt[10]) und für die nächsten Hausangehörigen des Getödteten nur ein praecipuum ausgesondert wurde. Umgekehrt war aber auch die Gesammtheit für das verwirkte Wergeld verhaftet und zwar in der Art, dass jenes praecipuum (die Erbenbusse) von dem Thäter und seinen Angehörigen, der Rest (die Geschlechtsbusse) von dessen übriger Verwandtschaft aufgebracht werden musste[11]). „Ganze Geschlechter konnten auf diese Weise wohlhabend werden oder verarmen." Namentlich wenn nach beigelegter Fehde die Bilanz auf der einen Seite einen Ueberschuss von Todten ergab, oder wenn der Todtschlag an einer angesehenen Person oder unter erschwerenden Umständen begangen war, konnte sich das Wergeld bis ins Unerschwingliche steigern[12]).

In dieser Unerschwinglichkeit mochte vielleicht eine der Ursachen liegen, dass die Geschlechtsverbände frühzeitig zerbröckelten. Der Druck der den Geschlechtern dadurch auf-

---

[8]) So heisst es z. B. noch in dem Ehehafttaiding von Rauris v. J. 1565 (Salzburger Taidinge, Wien 1870, S. 225): „es sind auch etlich todtschläg mit söllicher geverlichkeit, daz die für mort im rechten erkannt werden, als . . . bei nächtlicher weil mit fürwarten . . . auch wer ainen hinderwärts böslich erschlecht . . . söllich tätter sollen nit leichtlich begnat werden."

[9]) Tacitus, G. c. 21: suscipere tam inimicitias seu patris seu propinqui . . . necesse est.

[10]) Tacitus, G. c. 21: recipitque satisfactionem universa domus.

[11]) Wilda a. a. O. 373.

[12]) Ueber Höhe des Wergeldes bei den Germanen sehr ausführlich Wilda a. a. O. S. 398—438.

erlegten Last war (bei der Häufigkeit der Todtschläge und
Fehden) eben zu unerträglich, als dass die Gesippten nicht
schon zeitig danach gestrebt haben sollten, sich davon los-
zumachen. Das Interesse der Selbsterhaltung siegte allmälig
über das Familienbewusstsein. Die Solidarität des Thäters
mit seinen Blutsverwandten mochte sich in einzelnen Geschlechtern als Tradition forterben [13]), als Rechtssitte war sie
mit später zu erwähnenden Ausnahmen schon vor der karolingischen Zeit verschwunden. Natürlich, vollzog sich dieser
Auflösungsprozess nicht auf einmal und nicht überall auf
dieselbe Weise. Während manche Volksrechte von der Theilnahme der Verwandten an den Fehde- und Wergeldverhält-
nissen bereits keine Spur mehr enthalten, lässt das Gesetz
der Salischen Franken die Verwandten bis zum 4. Grade
noch subsidiarisch haften [14]).

Auf die Ausübung der Blutrache hatte die Zerbröckelung
der Geschlechtsgenossenschaften keinen ersichtlichen Einfluss.
Wohl wurde die Fehde um Todtschlag unter das Gesetz gestellt. Besonders Karl der Grosse war unablässig bemüht,
sie einzuschränken, womöglich ganz zu beseitigen. In dem
Capitulare von 779 (Pertz, Mon. L. L. I, 39) bedroht er den
Verletzten, welcher die Annahme des Wergeldes verweigern,
sowie den Verletzer, wenn derselbe sich nach erwiesener
Schuld nicht zur Busszahlung verstehen würde, mit Verbannung. Im Capit. Aquisgran. vom J. 802 (Mon. L. L. I,
95) wird den Eltern des Getödteten die Fehde schlechtweg
untersagt und den Betheiligten die gütliche Beilegung der
Sache befohlen. Im Capit. in Theod. villa vom J. 805 (Mon.
L. L. I, 133) ordnet der Kaiser an, dass, wo die in Fehde
Liegenden sich nicht freiwillig zum Frieden verstehen wollten,
derselbe zwangsweise zwischen ihnen hergestellt werden solle.
Würde die Macht seiner Beamten dazu nicht ausreichen, so
droht er den Widerspänstigen mit persönlichem Eingreifen, um

---

[13]) So sieht die decretio Childeberti v. 595 sich veranlasst, den
Eltern und Blutsfreunden des Thäters zu verbieten, denselben bei Zahlung
des Wergeldes mit ihren Mitteln zu unterstützen.
[14]) Lex Salica Tit. 61 de chrenecruda.

seinen Befehlen Achtung und Gehorsam zu verschaffen. Sein gewaltiger Arm, der sich die unbotmässigen Sachsen unterworfen, glaubte sich auch stark genug zur Niederwerfung und Ausrottung der mit einem geordneten Staatswesen schlechthin unvereinbaren Blutrache. Aber hier staute die Kraft des gewaltigen Herrschers wie vor einem unbesiegbaren Hinderniss. Um mit Erfolg gegen die Vorstellung anzukämpfen, welche in der Ausübung der Blutrache Recht und Pflicht der Geschlechtsverwandten des Getödteten sah, hätte die Staatsgewalt stärker oder der Trotz und die Abneigung des Germanen gegen jede ihm aufgedrungene, nicht selbstgekürte Satzung geringer sein müssen. Mögen vielleicht in einzelnen Fällen die Friedensanordnungen der Grafen Erfolg gehabt haben, bei der Gesammtheit des Volks war das kaiserliche Gebot nicht durchzusetzen. Und was dem starken Kaiser nicht gelang, wollte seinen schwächeren Nachfolgern natürlich noch viel weniger gelingen. Trotz wiederholter verschärfter Verbote [15]), trotz aller Anstrengungen der Kirche, trotz aller Umwälzungen in Gesellschaft und Sitte blieb der der Blutrache zu Grunde liegende Rechtsgedanke das ganze Mittelalter hindurch lebendig und wenngleich gegen Ende desselben das Volk sich mit einzelnen Ausnahmen nicht mehr so schroff in seinem vermeintlichen Recht zur Befehdung des Thäters und seiner Geschlechtsverwandten zu behaupten suchte, sondern mehr und mehr den Formen der Rechtsordnung sich anschmiegte — ganz erlosch die Blutrache erst mit der vollen Entfaltung der Territorialhoheit und dem Ersterben des Familienbewusstseins.

---

[15]) Capitul. Ludov. Pii ad Legem Sal. an. 819: Si quis aliqua necessitate cogente homicidium commisit, Comes in cujus ministerio res perpetrata est, et compositionem solvere et faidam per sacramentum pacificare faciat. Quod si una pars ei ad hoc consentire noluerit, id est, aut ille qui homicidium commisit, aut is, qui compositionem suscipere debet, faciat illum Comes qui ei contumax fuerit ad praesentiam nostram venire ut eum ad tempus, quod nobis placuerit, in exilium mittamus, donec ibi castigetur, ut Comiti suo inobediens esse ulterius non audeat et majus damnum inde non adcrescat. Wiederholt in Cap. Wormat. a. 829.

Wir werden dieses faktische Fortbestehen der Blutrache an der Hand der Rechtsquellen und anderer hinreichend beglaubigter Zeugnisse im ersten Kapitel der folgenden Abhandlung nachweisen und demnächst im zweiten und dritten Kapitel uns mit der weiteren Entwickelung des unter den fränkischen Königen begonnenen Kampfes der staatlichen Ordnung mit der Blutrache beschäftigen. Denn zum Stillstand ist dieser Kampf niemals gekommen, wenn er zum Theil auch mit andern Waffen geführt wurde und geführt werden musste als unter den Karolingern. Es liegt einmal im Wesen der Staatsgewalt, gegen jede andere Exekutivgewalt, welche ihre Vollmacht nicht von ihr, der Staatsgewalt, ableitet, sich ablehnend und feindselig zu verhalten. In den Zeiten des ausgebildeten Staatsabsolutismus ging jene Exklusivität bis zur vollständigen Verneinung der Selbsthülfe; wie denn selbst das Gesetzbuch eines so erleuchteten Monarchen wie Friedrich der Grosse dieselbe in keinem Falle zulässt, vielmehr nur entschuldigt, wenn die Hülfe des Staats zur Abwendung eines unwiderbringlichen Schadens zu spät kommen würde (vergl. die §§ 78, 79 der Einleitung zum Allgem. Preuss. Landrecht). Demselben Princip begegnen wir bereits in den Constitutionen der Hohenstaufen, sowie in den verschiedenen Landfrieden, nur dass es aus hinreichend bekannten Gründen ein todter Buchstabe blieb und die öffentlichen Gewalten, weil sie zu schwach waren, gegen die Ausartungen der Selbsthülfe offensiv vorzugehen, sich darauf beschränkt sahen, den Kampf um die Rechtsordnung mit andern Mitteln als denen des direkten Zwanges zu führen.

Dass und in welchen Graden und Formen im späteren Mittelalter die Blutrache auch staatlicherseits anerkannt wurde, werden das zweite, namentlich aber das vierte Kapitel zeigen. Das letztere bildet zugleich die Einleitung zum letzten mit der Todtschlagsühne sich beschäftigenden Kapitel, als welche mit der Blutrache im engsten Zusammenhang steht, und zwar nicht weniger mit der zur Rechtsordnung sich feindlich verhaltenden, als mit derjenigen, die sich in den vom Rechte vorgeschriebenen Grenzen bewegte.

Erstes Kapitel.

Faktische Ausübung der Blutrache.

Im Jahre 1332 stellt der holsteinsche Edelmann, Johannes .v. Brokau, Ministeriale des Grafen Johann von Holstein, folgende Urkunde aus:

> Ego Johannes dictus Brokowe famulus recognovi coram Nobili Viro domino meo, domino Johanne, Comite Holsatiae et aliis militibus et multis fide dignis et praesentibus recognosco, quod homicidii illius, quod heu frater meus Marquardus bonae memoriae in occisione quondam Johannis dicti Hane perpetravit, nullus reus extitit, nisi praedictus frater meus. Unde etiam nullus inculpari poterit, nisi qui mecum sufferre de jure tenetur inimicitiae capitales. Datum anno domini 1332 [1]).

Marquard von Brokau hatte den Johann Hane erschlagen. Allem Anscheine nach waren andere Ministerialen des Grafen in den Verdacht der Mitthäterschaft gerathen und deshalb von den Verwandten des Getödteten bereits längere Zeit (denn es wird von dem ehemaligen Todtschlage gesprochen und der Thäter selbst ist bereits gestorben) mit Blutrache verfolgt worden. Entweder auf Drängen der Angefeindeten, vielleicht auch aus freien Stücken, erklärt Johann v. Brokau vor Zeugen, dass Niemand die That verübt habe, als allein sein verstorbener Bruder Marquard und kein Mitschuldiger

---

[1]) Westphalen, Monumenta inedita II, 111.

vorhanden sei, daher auch nur er, des Thäters Bruder und sein Geschlecht, nach Recht die Todtfeindschaft[2]) zu tragen hätten.

Wir besitzen in dieser Urkunde ein authentisches Zeugniss, dass noch im 14. Jahrhundert im deutschen Norden der Todtschläger und seine Geschlechtsverwandten der Blutrache ausgesetzt waren. Die Thatsache findet auch in andern gleichzeitigen Zeugnissen ihre volle Bestätigung.

In den „Apes", einem der Mitte des 13. Jahrhunderts entstammenden Erbauungsbuche des brabantischen Geistlichen Thomas Cantiprantanus erzählt der Verfasser von den Friesen seiner Zeit:

> Ab antiquissimo tempore in consuetudinem immanissimam habebant Frisones, ut occiso homine unius cognationis ab altera, occisum corpus non sepeliretur a suis, sed suspensum in loculo servaretur et desiccaretur in domo, quousque ex cognatione contraria in vindictam occrisi plures vel saltim unum adversa cognatio pro morte vicaria trucidaret et tunc primum mortuum suum sepulturae debitae cum magna pompa tradebat.

Die Blutrache zeigt sich hier noch in vollem Gange. Dem Friesen des 13. Jahrhunderts erscheint die Tödtung eines Blutsfreundes nicht hinreichend gesühnt, bis nicht aus dem Geschlechte des Thäters Mehrere oder mindestens Einer der Rache zum Opfer gefallen, und damit der Todte die Hinterbliebenen stündlich an ihre Pflicht, ihn zu rächen mahne,

---

[2]) Die Rechtssprache des Mittelalters kennt das Wort „Blutrache" nicht, sie bedient sich statt dessen stets des Ausdrucks „Hauptfeindschaft", Todtfeindschaft", „inimicitia mortalis oder capitalis". Dass das „inimicitiam sufferre" in der angeführten Urkunde mit „die Feindschaft tragen" = leiden zu übersetzen, ergiebt das 8. Cap. IV. Buch des Reineke Vos, wo Isegrim auf die Warnung Reinekes, dass wenn dieser ihn tödte, er allezeit die Rache von Reinekes Geschlechtsfreunden zu fürchten haben würde, erwidert:

> ik en passe nicht vele up dyne vrunde,
> wat se konnen don, wil ik wagen
> ere vyentschop (Feindschaft) wil ik wol dragen.

behalten sie die Leiche so lange bei sich im Hause[3]), bis
die Rache vollbracht ist.

Cantiprantanus berichtet an derselben Stelle von einem
Ordensbruder, der durch sein Wirken unter den Friesen viel zur
Milderung dieser rauhen Sitten beigetragen habe. Weitreichend
und von Dauer kann aber der Einfluss dieses Friesen-Apostels
wohl nicht gewesen sein, denn noch in den folgenden zwei Jahrhunderten finden sich längs der ganzen Nordsee-Küste von den
Niederlanden bis zur Nordelbe und weiter nach Osten bis zur
Mündung der Trave die unzweideutigsten Spuren der Ausübung der Blutrache. Im Friedensschluss des Landes Dith-

---

[3]) Um die Stelle „sed suspensum in loculo servaretur et desiccaretur"
richtig zu verstehen, muss man sich die Bauart des friesischen Bauern-
hauses vergegenwärtigen, wie sie im „Marschenbuch" von H. Allmers,
(Gotha 1858, S. 155) anschaulich beschrieben ist. — In der Nähe des
Herdfeuers ist jedenfalls die Stelle zu suchen, wo die Leiche des Erschlagenen aufgehängt wurde. Der Zweck der Procedur war offenbar der,
die Leiche mittelst Räucherung — desiccare ist „dem Rauch aussetzen,
räuchern", daher siccum, siccamen Rauchfleisch; vergl. Capit. de villis
Caroli M. § 34 — vor Fäulniss zu schützen. Denn da nach Begehung
eines Todtschlags der Thäter und seine Magen vor den Bluträchern auf
der Hut zu sein pflegten (wie ja nach Gregorovius Zeugniss noch heute
in Corsika oft Jahre vergehen, bevor die Blutrache gelingt), konnte bis
zur Beerdigung des Todten eine geraume Zeit verfliessen.

Die Sitte, den Leichnam nicht sofort zu beerdigen, herrschte übrigens
während des früheren Mittelalters ziemlich in ganz Deutschland und ergab
sich, abgesehen von dem für die Friesen massgebenden Motiv der Vollziehung der Blutrache, mit Nothwendigkeit aus der Construktion der Mordklage gegen den flüchtigen Todtschläger, bei welcher die Leiche an den
drei in 14 tägigen Intervallen anberaumten Rechtstagen von den Verwandten des Erschlagenen vor Gericht gebracht werden musste und ohne
gerichtliche Erlaubniss nicht beerdigt werden durfte. Sachsenspiegel III,
90 § 2). Später wurde die Erlaubniss gewöhnlich schon nach dem 1. Gerichtstage ertheilt, nachdem man die blutbefleckten Kleider des Todten
oder seine vom Körper getrennte rechte Hand (das Leibzeichen) in gerichtliche Verwahrung genommen hatte. Missbräuchlich aber scheint sich
die Sitte, den Todten erst nach der Aechtung des Thäters, also am 4. Gerichtstage, zu beerdigen, bis ins 16. Jahrh. erhalten zu haben, denn noch
Schwarzenberg eifert in der Bamberger Halsgerichtsordnung (Art. 249)
gegen die bei einigen Landgerichten herrschende Anschauung, dass die
frühere Beerdigung der Aechtung hinderlich sei.

marschen mit dem Grafen Gerhard v. Holstein v. J. 1323
versprechen sich die Vertragschliessenden die Beilegung aller
Fehden, welche zwischen ihnen geschwebt haben, mit Ausnahme einer Todtschlagsfehde, welche wegen eines vor langer
Zeit verübten Todtschlags zwischen dem Geschlecht derer
von Revitlo mit den Geschlechtern Wolderikisman und Meye-
man von Alters her bestand. (Michelsen, Urkundenbuch zur
Geschichte des Landes Dithmarschen S. 23.) Im Jahre 1455
legt Herzog Philipp von Burgund seinen Unwillen darüber
an den Tag, dass in Holland bei Todtschlägen die Magschaft,
auch wenn die That ohne ihr Wissen und ihre Mithülfe verübt sei, in die Fehde verwickelt wurde[4]) und dreizehn Jahre
später (1468) bezeugen der Convent des Nonnenklosters
Lilienthal bei Bremen und der dortige Rath von mehreren
Distrikten des Erzstiftes Bremen: dass wenn in diesen Gegenden ein Todtschlag geschehe, so rächten das die Geschlechtsverwandten des Erschlagenen an dem Geschlechte
des Thäters und befehdeten dieserhalb das ganze Geschlecht
und schlügen zur Wiedervergeltung auch diejenigen todt, die
an der That unschuldig wären und denen sie leid wäre, so
dass mancher brave Mann, der an der Sache unschuldig sei
und den Vorfall bedauere, seines Lebens und Eigenthums
nicht sicher sei und seine Nahrung und Arbeit darüber ver-
säume. (Dat in dem Averende unde in dem Nedderende, in
Sünte Jürgens Lande und tho der Trupe und in dem Block-
lande ene Wanheit und Sede was, welk man in den Landen
eenen andern man dothslah, de Fründe des Doden wroken dat
weder in dat Schlechte degenen, de dat gedan hadde und
veideden dat ganze Schlechte dorumme und schlogen wedder
dot degenen, de da onscholdig an weren und denen de
Schlach ok leet was, unde dat ganze Schlechte moste Veide
dorumme leiden, so dat mening bederve man, de der Schut

---

[4]) Dreyer, Nebenstunden S. 252: Dat so wanner in onsen Landen
Holland enig Vechtelik geschiet, daar Doetslagen, Lemte, of Quetsinge
uf komen, dat die Maghen van beide Parthyen, die niet mede im Raede
noch im Velde gewest, niet hebben na der Vechtelik ehrer Magen, de
gerechet hebben, einen Freden.

onscholdig was, sines Lives unde Godes nicht velig wesen möchte und sine Arbeit und sine Neringe daraver versumede [5]).

Sehr ähnlich, nur noch anschaulicher, lautet die Beschreibung eines Lübecker Chronisten über die holsteinschen Bauernfehden des 14. Jahrhunderts: „Und es war,“ heisst es da, „in dem Lande zu Holstein eine jämmerliche, böse, schnöde Sitte, nämlich dass ein Bauer den andern todtschlug auf seine Fehde: dies war ihre schnöde Wilküre (d. h. selbstgekürtes Recht) und doch Unrecht. Dieser Todtschläge und Morde geschahen gar viel und hatten eine wunderliche Weise, die war also: Wurde einem sein Vater oder sein Bruder oder sein Vetter erschlagen, und hatte der Todtschläger einen Vater, einen Bruder, einen Vetter, oder wer sonst sein Schwertmage sein mochte, den schlugen sie wieder todt, wenn es ihnen gelang, gleichviel ob es ihm leid war (d. h. ob er die Blutthat beklagte) oder nicht, ob er davon Wissen hatte oder ob er zur Zeit des Todtschlags über See war zu Rom (d. h. auf der Pilgerfahrt) oder in Norwegen. Auf diese Art wurde mancher biedere Mann erschlagen und war es richtiger Mord, für den es auch Kaiser Karl erklärte, als er

---

[5]) Der vollständige Text der Urkunde, auf die ich noch zurückkomme, ist mitgetheilt in Vogdt, Monumenta inedita rerum germanicarum praecipue Bremensium Bd. II, S. 148 f. Die Schilderung, welche darin von der Lage der Todgefehdeten gegeben wird, erinnert lebhaft an die corsische Blutrache. „Sobald die That ruchbar geworden“, erzählt Gregorovius in seinem schönen Buche über Corsika, „greifen die Verwandten des Gefallenen zu den Waffen und eilen, den Mörder zu treffen. Der Mörder entsprang zum Buschwalde — seine Spur ist verloren. Aber er hat Verwandte, Brüder, Vettern, einen Vater. Die Verwandten wissen, dass sie mit ihrem Blute für die That einstehen müssen. Sie bewaffnen sich also und sind auf ihrer Hut. Wer die Vendetta (Blutrache) zu fürchten hat, schliesst sich in sein Haus und verrammelt Fenster und Thüren, in welchem er nur Schiessscharten übrig lässt. In dieser Schanze hält sich der Corse immer auf seiner Hut, dass ihn nicht eine Kugel durch das Fenster erreiche. Bewaffnet ackern seine Verwandten, stellen Wachen aus, sind keines Schrittes mehr auf dem Felde sicher. Man versichert, dass Corsen 10 ja 15 Jahre lang ihre verschanzte Wohnung nicht verliessen und in steter Todesangst so lange Zeit ihres Lebens belagert hinbrachten.“

zu Lübeck war (1375) und gebot, dass sie von der Mörderei ablassen sollten. (Unde was in dem lande to Holsten en jamerlik bose snode sede, also dat en bur den anderen dot sloch up sine veide: dit was ere snode wilkore und doch unrecht. Desses dotslages und morderie schach also vele und hadde ene wunderlike wise, de was aldus: Wart eneme sin vader efte sin bruder edder sin vetter afgeslagen, degene de den dotslach gedan hadde, hadde de enen vader, enen broder, enen veddere, edder we sin swertmach was, den slogen se wedder dot, wan se konden, allene dat it em led was edder dar nicht, af en wusste edder was he to der tyd des dotslages over meer to Rome edder in Norwegen. Aldus was manich bederve man geslagen unde was rechte mord, also id Kaiser Karolus openbare sprak to Lubeke, do her was (1375) unde bade und bod, dat se de morderie scolden vorlaten) [6].

Diese Zeugnisse gewähren ein doppeltes Interesse. In erster Reihe ermöglichen sie eine annähernd anschauliche Vorstellung der Art und des Umfangs, in welchen zur Zeit des 13., 14. und 15. Jahrhunderts die Blutrache in den deutschen Küstenländern geübt wurde, andrerseits lassen sie erkennen, dass, soweit es sich um die hier in Rede stehende Sache handelt, Friesen sowohl wie Niedersachsen noch im späteren Mittelalter ganz auf dem Boden ihres alten Volksrechtes standen.

Während die übrigen Volksrechte mit Ausnahme des longobardischen über das Fehderecht gar nichts mehr, sondern nur Wergeldsbestimmungen enthalten, ist im friesischen wie niedersächsischen Volksrecht den Verwandten des Getödteten die Wahl zwischen Fehdegang und Rechtsgang freigestellt [7], was einer ausdrücklichen rechtlichen Anerkennung der Todtschlagsfehde gleichkommt. Dementsprechend sehen wir in den obigen Beispielen die Fehde um Todtschlag (Blutrache)

---

[6] vergl. den Rechtsfall aus dem Eiderstädtischen bei Dreyer, vermischte Abhandl. III, S. 1480.

[7] lex Frisionum tit. II, c. 2. Lex Saxonum tit. II, c. 5, 6. tit. XII, c. 5.

ganz im Sinne einer Rechtsgewohnheit geübt. Der Lübecker
Chronist nennt sie zwar ein Unrecht, aber er lässt den Leser
nicht im Zweifel, dass er dabei lediglich die moralische Seite
der Sache im Auge hat, denn vom juristischen Standpunkte
giebt er ihr ausdrücklich das Zeugniss einer „Willköre“,
„Sitte, d. h. Rechtssitte, wenngleich einer schnöden, bösen,
und Johann v. Brokowe erklärt in der mitgetheilten Urkunde,
dass er und sein Geschlecht nach Recht (de jure) die Blutrache der Verwandten des von seinem Bruder getödteten
Johann Hane zu tragen hätten.

Mit noch grösserer Klarheit tritt dieselbe Auffassung in
der Lilienthaler Urkunde v. 1468 hervor. Zuerst schildert
sie die thatsächlichen Zustände in den bezeichneten Terri-
torialdistrikten, dann fährt sie fort: „Hier umme so hebbe
wy umme Nuttigkeit (Nutzen, Vortheil) willen der vorge-
schrevenen Lande Vulberdet afgedan und afgesat, so dat de
vorschrevene Wanheit edder Seede in den Landen nicht mehr
to ewygen Tyden schall also gehalden werden; men welk
Landmann na dessen Tage den andern dot sleit, wert de begrepen, den schall man richter in syn Lief, wert he ok vor-
fluchtig ute deme Lande, dat he niet begrepen wart, den
schall man vorvesten unde .. syne Magen scholen dar nene
Veide umme leiden.“

Hier wird also die Fehde um Todtschlag ganz in demselben Sinne, wie ihn der Lübecker Chronist gebraucht,
„Sitte“, „Gewohnheit“ genannt und von deren Abschaffung
im Wege des Gesetzes gesprochen. Vom Tage der Errichtung der Urkunde ab soll es nicht mehr erlaubt sein, wegen
eines Todtschlages an den Verwandten des Thäters Blutrache
zu üben; vielmehr soll der Bluträcher wie jeder andere Todtschläger am Leben gestraft und wenn er entkommt, in die
Acht gethan werden. Unzweideutiger lässt sich nicht aussprechen, dass bis dahin in den betreffenden Distrikten die
Blutrache rechtlich zulässig war und den Bluträcher weder
Strafe noch Acht traf, weil er eben nur sein Recht ausgeübt hatte.

Aehnlich wie hier lagen die Zustände im Lande Hadeln.

Bis 1439 hatte daselbst die Blutrache ebenfalls als Rechtsinstitution gegolten. In diesem Jahre traten die Kirchspiele
Altenbruch, Lüdingwort und Nordleda zur autonomischen Ordnung ihrer Gewohnheitsrechte zusammen, wobei u. A. be-
schlossen wurde, dass es in Todtschlagsfällen nicht mehr gestattet sein solle, die Magschaft des Erschlagenen zur Fehde
aufzurufen (so scholen des todten fründe keinen roof ümme
thun), vielmehr solle man den Thäter gerichtlich belangen
und derselbe nicht mit Blutrache verfolgt werden. Unter gewissen Einschränkungen wollte man aber auch fürderhin der
Blutrache ihren Lauf lassen. Würde nämlich, heisst es in dem
betreffenden Weisthum [8]), der Thäter den Uebermüthigen
spielen (fürheben) und wenn er verklagt würde, den Todten
nicht bezahlen (gelten) wollen, so sei er so lange mit Leib
und Gut der Rache verfallen, bis er sich freiwillig demüthige
und zur Bezahlung des Sühngelds bequeme [9]). Auch seine
Geschlechtsvettern bis ins vierte Glied dürfe man wegen des
verweigerten Sühngeldes mit jedem Mittel der Selbsthülfe an-
feinden ausser mit Brandstiftung und Gewaltthat gegen ihre
Person.

Lange bevor diese Beschlüsse gefasst wurden, hatten
schon einige holsteinische Landesherren den Versuch gemacht,
in ihren Gebieten die Blutrache zu beseitigen. Im Jahre 1255
erliessen die Grafen Johann und Gerhardt von Holstein an

---

[8]) Grimm, Weisthümer IV, 708.

[9]) Wie aus diesem Weisthum hervorgeht, stand also noch der Friese
des 15. Jahrhunderts auf dem Boden der altgermanischen Anschauung,
welche in der Zahlung des Wergeldes eine Demüthigung sah und desshalb den Fehdegang vorzog. Näheres hierüber sowie über die Bedeutung
des Ausdrucks „den Todten gelten" im 5. Kapitel. Fälle solchen Hoch-
muthes, wie ihn das Weisthum im Auge hat, waren übrigens beim Norddeutschen des späteren Mittelalters durchaus nicht selten. Vgl. z. B.
O. Franke, Stralsunder Verfestungsbuch, Halle 1875, S. 2: Hinricus ad-
vocatus de Richenberg excessit contra Civitatem hiis modis: Primo occi-
dit Wicboldum nostrum burgensem, pro qua insufficientem, exhilem et
pudibundam fecerat compositionem, projiciens suam cyrotecam cum modi-
cis denariis coram nostris consulibus et burgensibus et se satisfecisse in
his confirmavit.

die Bewohner der Insel Ochsenwerder ein Mandat, worin sie denselben verboten, die Magschaft eines Todtschlägers mit Blutrache zu verfolgen [10]), und im Jahre 1395 erging für die Lande Holstein und Stormarn ein Gesetz, durch welches die Bauernfehde abgeschafft und Uebertretern die Strafe des Rades angedroht wurde [11]). Grossen Eindruck scheinen aber diese legislatorischen Versuche bei den ihren Rechtsgewohnheiten mit

---

[10]) S t a p h o r s t, Diplomatische Kirchengeschichte v. Hamburg, II, 34.

[11]) Wittlick si alle den de in deme Lande to Holsten und to Stormere wonachtig sin, dat wi Gherd van Godes' gnade Hertoge to Sleswik unde wi Clawes dersülven Gnade Grefe to Holsten etc. sint des to Rade worden mid unsen Bederven Mannen, dat wi in dem Lande to Holsten und to Stormeren hebben den Dotslach affgeleht van den Buren und van den Huslüden, also dat welk Man den andern mordet, dat schal man richten an sin Levent uppe dat Rad. — D r e y e r, Vermischte Abhandlungen, II, 1009 f. — Wenn die Landesfürsten sagen, sie hätten bei den Bauern und Hausleuten von Holstein und Stormarn den Todtschlag abgeschafft, so heisst das soviel als: sie hätten die Todtschlagfehde verboten. Denn da der Todtschlag im Mittelalter nur mit Enthauptung bestraft, hier aber ausdrücklich als Mord mit der erschwerenden Strafe des Rades bedroht wird, so ergiebt sich zur Evidenz, dass hier an eine ganz besondere Art des Todtschlags, nämlich an die unter den holsteinischen Bauern und Hausleuten grassirende Todtschlagsfehde gedacht ist, welche nicht lange vorher Karl IV. für M ö r d e r e i erklärt hatte. Uebrigens setzten sich die Gesetzgeber mit ihrer Charakterisirung der Blutrache in offenbaren Widerspruch mit der damaligen Rechtsanschauung. Das Mittelalter sah das erschwerende Moment beim Morde nicht wie wir in dem g e p l a n t e n, r e i f l i c h überlegten Unternehmen, sondern in der H i n t e r l i s t und H e i m l i c h k e i t, womit bei der Tödtung zu Werke gegangen war, und von diesem Gesichtspunkte aus hat allerdings die Blutrache viel Aehnlichkeit mit dem Morde, denn da der Thäter und seine Magen vor ihren Feinden auf der Hut zu sein pflegten, konnte die Blutrache kaum anders vollbracht werden, als dass die Bluträcher ihrem Opfer heimlich auflauerten oder den Nichtsahnenden in einem Momente, wo er sich ungefährdet glaubte, hinterlistig überfielen. Aber wie weiterhin an Beispielen gezeigt werden wird, nahm die Blutrache — obwohl meistens auf hinterlistige Weise verübt — in der Rechtsanschauung eine exceptionelle Stellung ein und galt nicht als Mord. Vielleicht drohten die Landesfürsten auch nur darum mit der auf den Mord gesetzten Strafe, um energischer von der Blutrache abzuschrecken oder sie schlossen sich, ohne viel zu prüfen, der Rechtsanschauung Karls IV. an. —

äusserster Zähigkeit anhangenden Holsten nicht hinterlassen
zu haben, denn noch im Jahre 1544 beschwert sich Herzog
Johann v. Holstein darüber, dass die Blutsfreunde eines
Entleibten dessen Tod mit der Faust zu rächen sich unter-
fängen [12]) (dat des entlyveden frunde den dotslach mit de fust
reken willen). Wie begründet diese Klage war, beweist ein
bis ans Reichskammergericht gelangter Fall der Blutrache v. J.
1577, den wir seines hohen Interesses wegen hier im Auszuge
mittheilen [13]).

Zwei befreundete Bauern aus dem Amte Reimbeck, Peter
Graumann und Henneke Gülzow, waren eines Sonntags im
Dorfkruge mit einander in Streit gerathen, weil Graumann
im Scherz einem schon stark angetrunkenen Spielmann die
letzten Tropfen einer geleerten Kanne Bier in den Nacken
gegossen hatte. Der Spielmann hatte dafür dem Peter Graumann einen Schlag ins Gesicht versetzt, den dieser mit einer
Maulschelle erwiderte. Nunmehr mischte sich Henneke Gülzow,
den Graumann wegen seines schlechten Scherzes zur Rede
stellend, in den Handel. Beide wurden handgemein. Graumann, von Gülzow zu Boden geworfen, zieht seinen „Pok“
(das zweischneidige, in einer Scheide verwahrte Dolchmesser,
welches die holsteinischen Bauern bei Ausgängen über dem
Rücken zu tragen pflegten) und sticht damit um sich. Gülzow
stösst mit dem Ausruf: „Willst du graue Ratte dich noch

---

[12]) Dreyer, Vermischte Abhandlungen, II, 1015. Im Jahre 1572 erliess König Friedrich II. von Dänemark ein Gesetz, worin er den Todtschlag aus Blutrache unnachsichtlich mit Todesstrafe bedrohte. Nach dem
Bericht des Lambertus Alard, Predigers zu Brunsbüttel, in dessen Historia
rerum in Holsatia a temporibus Caroli M. usque ad annum 1637 gestarum
S. 1931, wären zwar die Bauern über dieses Gesetz anfänglich sehr be-
stürzt gewesen, nichtsdestoweniger aber wären gleich in der ersten Woche
nach der Publikation drei Todtschläge verübt worden und hätte sogar der
Bruder des Bruders nicht geschont.

[13]) Der Fall ist mit allen seinen Einzelheiten auf Grundlage der
Akten des Reichskammergerichts erzählt in: Brinkmann, Aus dem
deutschen Rechtsleben, Kiel 1862, S. 157—172. S. auch Jahrbücher für
Landeskunde der Herzogthümer Schleswig - Holstein und Lauenburg.
II. Jahrgang S. 1 f.

wehren" mit dem Fuss nach ihm, wird aber, dieses thuend, durch Graumanns Dolchmesser am Fusse verletzt. Niemand weiss, ob Gülzow sich die Verletzung durch seine Unvorsichtigkeit zugezogen oder ob Graumann sie ihm zugefügt hat.

Die Wunde war anfangs ungefährlich, aber in Folge wiederholter Gemüthsaufregungen verschlimmerte sich Gülzows Zustand und nach fünf Wochen war er todt. Auf dem Sterbebette hatte er Graumann noch freiwillig vergeben. Nichtsdestoweniger sannen von seinen fünf Brüdern vier auf Rache. Der fünfte hatte zwar oftmals die übrigen ermahnt, „dass sie gegen Peter Graumann nichts Tödtliches vornehmen, sondern Gott die Rache befehlen und wenn sie an Graumann vorübergingen, die Augen niederschlagen und ihn friedlich passiren lassen möchten". Sie gaben diesen Vorstellungen aber kein Gehör. Eines Tages drangen sie mit gewaffneter Hand in Graumanns Wohnung, alle Gemächer nach ihm durchsuchend, konnten ihn aber nicht finden. Wie Leute aus dem Dorfe beobachtet haben wollten, lauerten sie dem Graumann auch auf der Landstrasse auf. Der jüngste Gülzow übte sich im Krähenschiessen und liess dabei verlauten, dass er dem Graumann in gleicher Weise thun wolle.

Graumann, durch diese Vorgänge in Furcht gesetzt, liess den Gülzows einen Vergleich anbieten, erhielt aber ausweichenden Bescheid. Nunmehr ging er, der Vorsicht halber mit einem Feuergewehr sich bewaffnend, am 23. Dezember 1577 in Begleitung seines alten Vaters und eines Radmachers aus Bergedorf zu dem Reimbecker Amtmann, um obrigkeitlichen Schutz gegen die Nachstellungen der Gülzows zu erbitten, musste jedoch unverrichteter Sache den Heimweg antreten. Unterwegs — die Dunkelheit war bereits eingebrochen — begegneten den Heimkehrenden die vier Brüder Gülzow mit Dolchen und Spiessen bewaffnet. Sie bieten den Heimkehrenden einen guten Abend, worauf diese den Gruss zurückgebend erwidern: „Einen guten Abend gebe euch Gott." Kaum sind sie jedoch vorüber, so ruft einer der Gülzows ihnen nach: „was für Leute sie wären?" Der Radmacher aus Bergedorf antwortet: „er hoffe anders nicht als gute Freunde," darauf

die Gülzows: „dass sie davon besser Bescheid wissen wollten".
Den Angeredeten wird nunmehr klar, dass die Gülzows Böses
im Schilde führen, und Graumann ergreift auf den Rath seiner
Begleiter die Flucht, muss dieselbe aber bald wieder einstellen,
weil einer der Brüder seinen grossen Hund auf ihn hetzt.
Jetzt macht Graumann von seiner Schusswaffe Gebrauch und
thut einen Schuss, der den Hein Gülzow verletzt. Alsbald
fallen die andern Brüder über Graumann her, der Eine haut
ihm mit einem Federspiess ins Haupt, dass der „Bregen"
herausfliesst und zieht ihn mit den Zacken des Spiesses zu
Boden. Wie Graumann auf der Erde liegt, fassen alle Vier
ihre Spiesse kurz, entblössen ihre Dolche und stossen zu.
Darauf fassen sie wieder ihre Spiesse, laufen um Graumann
herum und stechen in ihn — wie der Radmacher bei seiner
spätern Vernehmung sich ausdrückt — „wie in ein Bund
Stroh".

Furchtbar hatten die Bluträcher den Ermordeten zuge-
richtet. Als man die Leiche in das nächste Dorf brachte,
wurden an derselben nicht weniger als 48 Wunden gezählt.

Der Entleibte hinterliess eine Wittwe und zwei uner-
wachsene Kinder, ausserdem einen alten Vater und mehrere
Brüder. Die Letzteren, nicht wollend oder wagend, Rache
mit Rache zu vergelten, machten gegen die Mörder ein ge-
richtliches Verfahren anhängig, dasselbe endigte aber mit
Freisprechung der Angeklagten. Eine demnächst von den
Klägern beim Reichskammergericht angebrachte Klage wegen
Landfriedensbruch verlief nach langjährigen Verhandlungen
im Sande.

Ueber die Gründe der Freisprechung constirt nichts.
Weder die eine noch andere Partei hat zu den Akten des
Reichskammergerichts einen Urtheilsbrief beigebracht. Indessen wird man schwerlich fehlgehen, den veranlassenden
Grund in dem Umstande zu suchen, dass ungeachtet der Fort-
schritte des allgemeinen Rechtsbewusstseins die Mehrheit der
holsteinischen Landesbewohner noch lebendig erfüllt war von
der Anschauung, welche in der Vollziehung der Blutrache ein

Recht der beleidigten Familie sah[14]). Brinkmann (vgl.
Anm. 13) äussert zwar seine Verwunderung sowohl über die
That selbst als über die Freisprechung des Thäters, besonders
darum, weil die holsteinischen Landbewohner fromme und zugleich gesetzlich gesinnte Menschen seien. Hiermit wählt er
aber einen ganz unrichtigen Standpunkt. Zur richtigen Beurtheilung solcher Erscheinungen gehört nothwendig, dass man
von der moralischen Seite der Sache absehend, sie lediglich
vom kultur- und rechtsgeschichtlichen Standpunkte aus zer-
gliedert. Nicht obwohl, sondern gerade weil die Holsteiner
von jeher ausgeprägten Sinn für das Gesetzliche, mit anderen
Worten: einen starken Rechtssinn besessen und denselben bis
in die Neuzeit durch treues, ausdauerndes Festhalten am über-
lieferten Herkommen an den Tag gelegt haben[15]), musste sich
hier die Blutrache länger erhalten als bei anderen Stämmen
von geringerer Zähigkeit und Widerstandskraft gegen die
ihrem autonomen Rechtsleben feindlichen Elemente. Diese
Pietät gegen das überlieferte Recht — ein Charakterzug, den
die Schweizer mit den Friesen und Niedersachsen gemein
hatten, nur dass er sich bei ihnen in Folge ihrer freien Verfassung noch ungehinderter entfalten konnte — ist ja auch
der Grund, dass die Schweizer Urkantone die Blutrache ebenso
lange, ja sogar viel länger geübt haben, als dies nachweislich
bei den Holsten der Fall gewesen ist. Noch im 16. Jahrhundert besass in der Schweiz die Blutrache den Charakter
einer Rechtsinstitution und hatte die beleidigte Familie
die Wahl zwischen Fehdegang und Rechtsgang, nur mit der
selbstverständlichen Einschränkung, dass, wenn der nächste

---

[14]) Dieselbe Auffassung scheint auch Riehl zu haben, welcher in
seinem Novellenbuche, Am Feierabend (Stuttgart 1879), den Stoff zu einer
Erzählung benutzt und derselben den Titel: Mein Recht gegeben hat.

[15]) Man denke nur an die lange Lebensdauer der alten Bordesholmer
und Neumünsterschen Kirchspielsgebräuche, welche noch in der Mitte des
vorigen Jahrhunderts praktische Gültigkeit hatten, sowie an die Thatsache,
dass sich in den Dinggerichten der Holsten Ueberreste des altgermanischen
Gerichtsverfahrens bis ans Ende der 1850er Jahre erhalten haben. Vgl.
Anm. 26 und Zöpfl, Deutsche Rechtsalterthümer, Bd. II, S. 441—454.

männliche Erbe die Sache vor Gericht brachte, die Familie
hinterher nicht mehr auf die Blutrache zurückgreifen konnte.

Dem streitbaren Schweizer sagte natürlich die Befehdung
des Thäters mehr zu als der gerichtliche Weg; trotzdem war
er weit entfernt, den Werth der gerichtlichen Anhängigmachung der Sache zu unterschätzen, denn sie gewährte den
Vortheil, den Thäter in die Acht zu bringen und dann
schützte denselben nur noch der Friede seines eigenen Hauses.
Keine Freistätte öffnete ihm mehr ihre Pforte, Niemand
konnte bei Gefahr eigener Aechtung wagen, ihn bei sich zu
verbergen; in aller Form Rechtens war er der Rache seiner
Feinde preisgegeben, busslos durften sie ihn tödten, wo immer
sie seiner in dem Aechtungsbezirke habhaft wurden [16]). Um
sich nun das Recht der Befehdung zu sichern, andererseits
aber die Vortheile der Aechtung nicht entgehen zu lassen,
entwickelte sich der Brauch, die Mordklage von der weiblichen Verwandtschaft, Ehefrau, Mutter, Tochter, Schwester,
Base des Entleibten anstellen zu lassen. Dessen männliche
Blutsverwandten erschienen zwar ebenfalls vor Gericht, aber
nicht als Partei, sondern nur zur Verbeistandung der Klägerin,
um sie nach mittelalterlicher Sitte [17]), zu „berathen": „Umb
totschlag," sagt die Hochgerichtsform von Glarus, „clagt by
uns kein mansperson, sondern ein weibsbild, die des entlypten
Mutter, Eefrau, Schwöster, Tochter oder Bas ist; denn by
uns ist der Bruch (Brauch = Rechtsgewohnheit) so ein In-
ländischer in unserem Land (d. h. ein Einheimischer) der ein
mansperson wäre, clagte, so möcht (darf) er nit rächen, dan
die inländisch person, so das recht volfürt (d. h. den Weg
Rechtens beschreitet) hat kein rach, darum stat alleweg ein
wibsperson da zu klagen, und stat die gantz früntschaft by
iro und rath iro, was sie thun soll". —

Selbstverständlich findet sich die Blutrache im späteren
Mittelalter nicht blos bei den Friesen, Niedersachsen und

---

[16]) Näheres im dritten und vierten Kapitel.
[17]) M a u r e r, Geschichte des öffentlichen mündlichen Gerichtsverfahrens, S. 225.

Schweizern. In allen Distrikten, wo nach der Völkerwanderung deutsche Bauern sich angesiedelt hatten oder sassen, lassen sich Spuren derselben nachweisen. Die Hof- und Dorfweis-thümer bieten dafür ein reiches Material und ist von dem-selben in dem Kapitel über die Freistätten ausgiebiger Ge-brauch gemacht. An gegenwärtiger Stelle sei daher nur beispielsweise hingewiesen auf die Kaltenbäcksche Sammlung östreichischer Weisthümer, in der nicht selten Verbote an-getroffen werden, denjenigen, mit denen man wegen eines Todtschlags in Feindschaft gerathen, in tödtlicher Absicht auf-zulauern, in ihre Behausung zu dringen, sie mit bewaffneter Hand im Felde oder Weinberg anzufallen [18]). Allem An-scheine nach beschränkte sich hier die Fehde keineswegs nur auf die Nächstbetheiligten, sondern artete öfters in einen förmlichen Krieg zwischen den beiderseitigen Familien aus [19]). Auch die in diesen Weisthümern so häufig wieder-kehrende, gewissermassen offizielle Warnung des Thäters, der sich durch Erlegung des Geweddes mit den Gerichten ab-

---

[18]) Kaltenbäck, Bergtaidinge (Wien 1846/47), Nr. 79, 48 v. Jahre 1570; ferner Nro. 115, 8, 9. Nr. 80, 66.

[19]) Bantaiding v. Zwetl um 1550, Kaltb. Nr. 210, 53: Man soll Niemandes in gefär auf das aigen laden, also ob er etwan veindschaft oder Neid hiette und sich dadurch rechen wolte . . Bantaiding v. Gösing, Kaltb. Nr. 131, 7: Ob zween feindt aneinander weren und ob ainer bass gefreunth wer dan der ander und hat der ander sein freundt uberfelt, wolt derselbig sein freundt herladen auf ein gesessen, so . . . . Bantaiding v. St. Andrä v. J. 1585, Kaltb. Nr. 161, 10: Ob Gest auf unser grundt gingen mit frävel zu hilff Iren freundten . . . Das späte Alter dieser Weisthümer darf allerdings nicht dazu verführen, ihre Ent-stehung in die angegebene Zeit zu setzen. Nach Kaltenbäck (a. a. O. Vorrede S. XI. f.) sind die in seiner Sammlung enthaltenen Taidinge meistens Ueberarbeitungen älterer Texte, von den Grundherren in ihrem Interesse im 16. Jahrhundert veranlasst. Bei diesen Ueberarbeitungen wurden solche Rechte und Gewohnheiten, welche den Grundherrschaften nicht convenirten, abgeschwächt, oft auch gänzlich beseitigt. Aber gerade dieser Umstand gestattet die Folgerung, dass, was sie uns überliefern, noch zur Zeit der Ueberarbeitung lebendige Sitte war und wir darin nicht lediglich Rechtsalterthümer einer früheren Epoche zu erkennen haben.

gefunden, „er solle sich hüten vor seinen Feinden" [20]), ist als ein deutlicher Beweis des Bestehens der Blutrache anzusprechen. —

Es liegt eine wunderbare Lebenskraft in Volksgewohnheiten. Sie fristen schon bei kümmerlicher Nahrung ein zähes Leben, um wie viel mehr dann, wenn der Boden, in welchem sie wurzeln, die Mittel ihres Gedeihens reichlich hergiebt, wie dies hinsichtlich der Blutrache thatsächlich der Fall gewesen ist. Der Boden, aus dem sie die Fähigkeit eines kräftigen Wachsthums und einer bis in die blühendste Kulturepoche unserer vaterländischen Vergangenheit sich erstreckenden Lebensdauer sog, war die Stärke des Familienbewusstseins.

Eine Geschlechterverfassung nach dem Vorbilde der Urzeit findet sich zwar im späteren Mittelalter nur noch bei den Ditmarschen [21]). Mit dem genossenschaftlichen Charakter der ältesten Familienverbindungen schwand aber nicht zugleich das die Geschlechtsverwandten fest an einander knüpfende Band. Wiesen auch nicht mehr wie zur Zeit der Geschlechtsgenossenschaften alle Lebensinteressen des Einzelnen auf diese zurück, so umschloss nichtsdestoweniger diejenigen, welche eines Geschlechtes waren und sich dieser Abstammung erinnerten, ein Kreis gemeinsamer Rechte und Pflichten, denen sich der Einzelne willkürlich nicht entziehen konnte.

Die Sippe, oder wie sie in den Rechtsquellen häufiger genannt wird, die „Freundschaft", leistete sich vor Gericht gegenseitig Beistand und Eideshülfe [22]), schlichtete die unter

---

[20]) Rechtsbrief v. Klagenfurt v. 1338 bei Gengler, Stadtrechte, 221. Kaltenbäck a. a. O. Nr. 38, 29. Nr. 72, 5. Salzburger Taidinge, S. 46, 20.

[21]) Das Nähere bei Nitzsch, Jahrbücher für die Landeskunde der Herzogthümer Schleswig-Holstein und Lauenburg, III, 1860. S. 83—150 und Gierke, Rechtsgeschichte der deutschen Genossenschaft, S. 410—412. „Den einzelnen Genossen zwang das Geschlecht so mächtig zum Verbande, dass es ihm nicht erlaubt war, ohne den Willen des Geschlechts mit einem Gegner sich auseinanderzusetzen oder zu versöhnen."

[22]) Grimm, W., I, 540. 806, 18. IV, 704, 13. Maurer, Gerichtsverfahren, S. 124.

ihren Mitgliedern entstandenen Zwiste und Irrungen [23]), wurde bei allen Verfügungen über Mündelvermögen gehört. Ohne Zustimmung der Verwandten durfte keine Ehe geschlossen [24]), kein Heirathsgut festgesetzt, nur in sehr geringem Umfange letztwillig verfügt werden [25]). War es schon Pflicht jedes

---

[23]) „So unsere eltern eine wirtschaft (Hochzeit) wollten halten, wart niemant dazu gebeten, dann die gesipten freunde, uff das, ob einicherlei irrung, zweitracht u. krieg zwuschen in erstanden were, das sie durch die freunde in solicher wirtschaft und frolikeit hingelegt mochte werden." Mathias v. Kemnat, Chronik des Kurfürsten Friedr. von d. Pfalz. Quellen z. baier. u. deutsch. Geschichte, II, 130.

[24]) Grimm, W., III, 739. V, 215. — „Anno 1491 soror mea dilecta Ursula cum amicorum omnium et meo consensu data et copulata est Jacobo Monaw." Scriptores rerum Silesiacarum, Breslau 1878, Bd. XI, S. 6. Vgl. Neocorus, Chronik d. Landes Dithmarschen, ed. Dahlmann, I, 105, 114 Anm.

[25]) Grimm, W., II, 22: keyn mensch in dem hoffe moge an seinem lesten ende in syme dotbette uber siner frunde willen keyme hoher gifft vor siner selenheil hinweggeben dan XXX ₰ off siner farenden habe und XXX off sime erbe, vgl. ebendaselbst II, 44. — Einen Blick in die festgefugte Gestaltung der mittelalterlichen Sitte und die Kraft, womit der Einzelne lediglich durch die Macht der Sitte in die Gemeinsamkeit der Lebensinteressen hineingezwungen wurde, gewährt Riehls Schilderung des Dorfes Gerhardsbrunn auf der Sickinger Höhe in der Rheinpfalz, wo sich ein Typus jenes festen Zusammenhalts bis auf unsere Tage erhalten hat. „Mitten in einer nivellirten, von den Einflüssen der französischen Herrschaft berührten Gegend gelegen, habe", sagt der Verfasser, „dieses Dorf lediglich durch den Familienzusammenhalt seine Eigenthümlichkeit zu retten gewusst. Fast alle Familien des Ortes seien unter einander verwandt und bei allen wirthschaftlichen Interessen erscheine das Dorf als eine festgeschlossene Verbrüderung. Dem Gesetze nach dürfe es dort keine geschlossenen Erbgüter, nicht Majorate oder Minorate geben. Damit aber jede Familie in Glanz und Wohlstand bleibe, ständen alle Ortsnachbarn für Einen Mann und machten durch eine treubewahrte Sitte jenes Gesetz illusorisch. Die Familie beschliesse, wer von den Kindern das Gut erben solle. Für die Nichterbenden suche man in den Nachbardörfern, wo der Boden wohlfeiler, ein Stück Land anzukaufen oder sie fänden im Heimathsdorfe selbst ihr Unterkommen. Wollte Einer, der bei solcher Erbtheilung zu kurz gekommen, gerichtliche Klage erheben, so würde das Gut zu gleichen Theilen zerstückt werden müssen. Keiner aber wage eine solche Klage, für die ihn die Verachtung des ganzen Hauses und der Gemeinde treffen würde (Riehl, Die Familie, Buch II, Kap. 2).

Dorfgenossen, in Nothfällen dem bedrängten Nachbarn hülf-
reich beizustehen, so galt diese Pflicht natürlich in noch viel
höherem Maasse dem Blutsverwandten gegenüber, wenn und
wo er der Unterstützung bedurfte. Nichts wahrscheinlicher
daher, als dass in Todtschlagsfällen die Sippe den unbemittelten
Thäter freiwillig mit Geldmitteln unterstützte, wenn es sich
darum handelte, einen Vergleich mit der Gegenpartei zu Stande zu
bringen und auf diese Weise dem Flüchtigen die gefahrlose
Rückkehr in die Heimath zu ermöglichen. Friesische Volks-
küren rechnen die Beisteuer zur Busse sogar ausdrücklich zu
den aus dem Verwandtschaftsbande hervorgehenden Rechts-
verbindlichkeiten [26]). Sie erklären es als Pflicht der Ver-

---

[26]) Ebenso im Dithmarscher Landrecht von 1447, § 72, im Jütischen
Low Lib. II, Kapitel 25, 27, 28 und in den Neumünsterschen und Bordesholmer Kirchspielsgebräuchen. Da die Neumünsterschen Gewohnheiten
durch grossfürstliches Regulativ v. 16. Dezember 1744 unter dem Namen
„Holsten Landrecht" die landesherrliche Bestätigung erhielten, so muss
gefolgert werden, dass im Neumünsterschen Amtsbezirk noch in der Mitte
des 18. Jahrh. die Solidarhaft der Verwandten für die verwirkte Busse
geltendes Recht war. Allerdings kam der Fall praktisch nur noch bei
Todtschlägen aus Nothwehr vor, indem das genannte Holsten Landrecht
in § 62 bestimmte, dass in solchen Fällen der Thäter den Herrn „brüchen"
(d. h. dem Gerichtsherrn das Friedensgeld zahlen) und mit des Entleibten
Freunden sich aussöhnen solle. Das Sühngeld betrug nach uraltem Brauch
(schon im Fehmarner Landrecht v. 1326 ist es auf so hoch bestimmt, vgl.
D r e y e r, Vermischte Abhandlungen, II, 1019) sechzig lübische Mark, davon
hatte die Vetterschaft des Thäters 40, dieser selbst 20 Mark zu erlegen.
Umgekehrt empfing die Vetterschaft des Entleibten 40 M., während der
Rest unter die nächsten Erben vertheilt wurde, wobei jedoch, wenn der
Entleibte eine Wittwe mit Söhnen und Töchtern hinterliess, die Söhne
ihre Mütter und Schwestern ausschlossen, weil das Sühngeld dem Mannsstamm folgte (vgl. S e e s t e r n - P a u l y, Die Neumünsterschen Kirchspiels-
und Bordesholmer-Amtsgebräuche, Schleswig 1824). Dieselben Grundsätze
herrschten im Geltungsgebiete des Jütischen Low, welches ebenfalls noch
im 17. Jahrhundert praktisches Recht war. Auch dort zahlte und bezog
die Vetterschaft zwei Drittheile der Busse und schloss der Mannsstamm
die weiblichen Hinterbliebenen aus. Vgl. Joachim Blütings ausführliche
und interessante observatio 10 zum Jütischen Low in: F a l k, Neues
Staatsbürgerliches Magazin, Bd. III, S. 212—241. In Westfalen scheint
zwar eine solche Theilung des Sühngeldes (ein ferner Nachklang der

wandten, ihr eigenes Blut nicht zu verlassen und ihrem missethätigen Freunde durch Beisteuer zur Busse behülflich zu sein,
damit er der Friedlosigkeit entgehen und seinen Hals lösen
könne [27]).

Den Hauptstützpunkt eines so lebendigen Familienbewusstseins bildete die Gemeinsamkeit der Wohnplätze. Wie die
urgermanische Gliederung des Volkes nach Familien in der
Heeresverfassung ihren Ausdruck fand, dergestalt, dass die
Familien- und Geschlechtsgenossen zu Heeresabtheilungen
vereinigt in der Schlacht neben einander kämpften [28]), so erfolgte auch die Besiedelung von Grund und Boden familien-
und geschlechterweise [29]). Die Mark- und Dorfgenossen waren
daher ursprünglich Geschlechtsgenossen. Allerdings verlor
dieses ursprüngliche Verhältniss in der Folgezeit durch Ausbreitung des Geschlechts, Ansiedelung einzelner Familien-
mitglieder ausserhalb der Mark, Aufnahme Fremder in die
Markgenossenschaft viel von seiner Bedeutung, bis zu einer
vollständigen Zersplitterung des Geschlechts ist es aber wohl
nur in sehr wenigen Ortschaften gekommen und bei den
Zurückbleibenden wirkte das System der Hausgemein-

---

germanischen Geschlechts- und Erbenbusse!) nicht stattgefunden, jedoch
auch hier der nächste männliche Nachkomme Wittwe und Töchter ausgeschlossen zu haben. In dem bei Meinders (De judiciis Centenariis,
Lemgo 1715) mitgetheilten Bruchstücke aus einem Ravensberger Rechtsbuche
betreffend die westfälischen Sühnegerichte wird u. A. die Frage gestellt:
„Wem das Sühngeld zustehe? Urtheil: Dem Nächsten vom Blute von
des Wirths Seite. Fernere Frage: Was man der Frauen geben solle?
Urtheil: Der das Geld empfangen hat, soll der Frau geben einen neuen
Beutel und sechs Pfennige darin." Durch die Darreichung eines Beutels
mit sechs Pfennige Inhalt wurde in scherzhaft-symbolischer Weise die
Ausschliessung der Frauen von der Theilnahme am Sühngelde angedeutet.

[27]) Es bezog sich dies auf die Fälle, wo auf gerichtliche Klage der
Thäter in die Acht gethan war.

[28]) Caesar, Bellum Gall, I, 51: Germani suas copias e castris eduxe-
runt, generatimque constituerunt.

[29]) v. Inama-Sternegg, Deutsche Wirthschaftsgeschichte, I, 72 f.
(Leipzig 1879); Kaufmann, Deutsche Geschichte bis auf Karl den
Grossen, I, 123 (Leipzig 1879).

schaften der Lockerung des Familienzusammenhalts hinreichend entgegen.

Noch harren die deutschen Hausgenossenschaften eines Historikers, wie ihn die französischen in Emile de Laveleye [30]) gefunden haben, so viel ist aber doch über allen Zweifel klar gestellt, dass auch in Deutschland die Hörigen eines Geschlechts nach denselben Grundsätzen, wie sie in Frankreich üblich waren und noch jetzt bei den Südslaven beobachtet werden [31]), in genossenschaftlicher Weise einen gemeinschaftlichen Haushalt führten, zusammen wohnten, arbeiteten, speisten und ihr Land auf gemeinschaftlichen Gewinn und Verlust gemeinsam bebauten [32]). Wenn bei allzustarker Zunahme der Geburten Ein Haus [33]) nicht mehr ausreichendes Unterkommen für alle Familienabtheilungen bot, wird wie anderwärts eine Absonderung in der Art stattgefunden haben, dass in unmittelbarer Nähe der früheren neue Häuser mit neuen Gemeinschaften sich bildeten und hieraus sowie aus dem Princip der geschlechterweisen Ansiedelungen mag sich

---

[30]) De la propriété et de ses formes primitives. Deutsch unter dem Titel: Das Ureigenthum, Leipzig 1879. S. 387 f. Die von Maurer, Fronhöfe, Bd. IV, S. 281 f. gegebene Schilderung der deutschen Familiengenossenschaften erschöpft weder den Gegenstand noch gewährt sie ein anschauliches Bild.

[31]) Vgl. Laveleye a. a. O. S. 371 f.: „Die Hauscommunionen bei den Südslaven" und L. v. Ranke's überaus anmuthige Beschreibung der serbischen Zadruga in: Serbien und die Türkei im 19. Jahrhundert, Leipzig 1879. S. 34 f.

[32]) Vgl. ausser den bei Maurer angeführten Quellen Grimm, W., IV, 350. 429, 22. 484. 486, 30. V, 104, 6. 200, 13. 268, 27. 503, 14. VI, 305, 38. Eine der ältesten Beweisstellen: Edictum Rotharis c. 167.

[33]) Zu „Reichenhall überfielen im Jahre 1037 zwei Brüder mit einem gedungenen Volkshaufen ihren Vatersbruder, tödteten ihn und steckten das Haus in Brand, in dessen Flammen seine sechs Söhne und deren Kinder sowie die übrige Hausgenossenschaft im Ganzen 50 Menschen ihren Tod fanden." (Annales Altahenses majores bei Pertz, Mon. Script. XX, 792.) Augenscheinlich haben wir hier das Beispiel einer solchen Hausgenossenschaft vor uns. Nach Kantzows Chron. Pommeran. hätte in Pommern und Rügen „jedwede Freundschaft und Geschlecht bei einander gewohnt", was man auf sächsisch eine „Hitzke" geheissen.

die Beobachtung erklären, dass noch in späterer Zeit in vielen Dörfern die Einwohner sämmtlich unter sich verwandt waren. So sollen z. B. nach einer Notiz in D r e y e r s Nebenstunden (S. 41 Anm. a) die Verfasser der Bergedorfer Polizeiordnung von 1594 die Wahrnehmung gemacht haben, dass die Eingesessenen der „Vierlande" bei Hamburg fast alle unter einander verwandt oder verschwägert waren; und wie J. H. S t e f f e n s (historische und diplomatische Abhandlungen, S. 60) mittheilt, hätten im nördlichen Deutschland noch im vorigen Jahrhundert ganze Dörfer aus lauter Vettern und Schwägern bestanden. Nach R i e h l führen noch heutigen Tages in vielen Ortschaften auf dem hohen Westerwald alle Bauern denselben Geschlechtsnamen.

Dass bei dieser engen Berührung der Geschlechtsverwandten Sitte und Familientradition treuere Pflege finden, die aus der Blutsverwandtschaft entspringenden Gefühle in stärkerer, leidenschaftlicherer Weise sich geltend machen mussten, als dies in der Neuzeit beobachtet wird, bedarf wohl keiner Auseinandersetzung. Wird ausserdem erwogen, wie sehr die anarchischen Zustände und der fehdesüchtige Charakter der Zeit der natürlichen Neigung, Gewaltthat mit Gewaltthat zu vergelten, entgegen kamen, so kann es nicht befremden, in den Dorfschaften der Blutrache noch weit ins 16. Jahrhundert hinein zu begegnen. Die Ursache ihres von da ab raschen Absterbens liegt weniger in den Fortschritten der Kultur als in der seit dem 16. Jahrhundert sich mächtig aufschwingenden, jeder Art von Selbsthülfe energisch sich entgegenstemmenden obrigkeitlichen Idee, welche in dem den Gesammteigenthums- und Genossenschafts-Verhältnissen feindlichen römischen Rechte einen kräftigen Bundesgenossen fand. Letzteres, indem es die Grundlagen dieser Verhältnisse zerstörte, hat mehr, als direktes Eingreifen der Staatsgewalt es vermocht hätte, zur Schwächung des Familienbewusstseins beigetragen. —

In der Verschiedenheit des Entwickelungsganges von Stadt und Land liegt der Grund, dass die Blutrache in den Städten viel rascher verschwand, als unter den Bauerschaften.

Mannigfache Bestimmungen in den den neugegründeten
Städten von den Landesfürsten ertheilten Rechtsbriefen
lassen erkennen, dass im Beginn der Städtegründung,
als die Unterschiede zwischen Dorf und Stadt in Bauart,
Lebensweise und Beschäftigung noch weniger scharf hervor-
traten — waren doch nicht wenige Städte aus Dörfern hervor-
gegangen — ein merklicher Unterschied in den Blutrache-
Zuständen nicht stattfand. Anders gestaltete sich die Sache,
je mehr die Städte ihre Eigenthümlichkeiten ausbildeten, je
schärfer sie sich allgemach von der ländlichen Umgebung in
Einrichtungen, Sitten und Verfassung abhoben. Schon der
enge, von Mauern und Thürmen umschlossene Raum liess
Bildungen, wie die dörflichen Hausgemeinschaften nicht, oder
mindestens nicht zur vollen Reife sich entwickeln; ausserdem
lag in dem fluktuirenden Charakter der Stadtbevölkerung ein
die Lockerung und Schwächung des Familienzusammenhangs
bewirkendes Element. Hierzu kam die bessere Organisation
des städtischen Polizeiwesens, welches Ausschreitungen der
Blutrache leichter verhinderte. Nichtsdestoweniger finden sich
Spuren, dass sogar in den volkreichsten und bestorganisirten
Städten die Blutrache unter den angesehenen Geschlechtern
noch im 16. Jahrhundert ihre Anhänger hatte. Von mancherlei
Fällen seien nur die folgenden angeführt. Im Jahre 1528
überraschte in Ulm der Barbier Caspar Herzog seine Frau
mit einem gewissen Anton Langenaner, der einer angesehenen
Ulmer Familie angehörte, im Ehebruch und erschlug beide.
In Ulm fand man diesen Fall etwas schwierig und wendete
sich deshalb an den Rath zu Nürnberg um ein Rechtsgutachten.
Letzterer antwortete: Die Familie des Langenaner habe keinen
Anspruch auf Bestrafung des Thäters, jedoch „weil des Entleibten Freundschaft vielleicht in einem tapfern (grossen) An-
sehen und etwas Statthafts (Stattliches) sein mögen und darumb der Thäter von ihnen Schaden und Sorg gewarten müsst"
(d. h. dass sie sich an ihm rächen würde), möchte der Ulmer
Rath den Thäter und des Entleibten Freundscbaft verpflichten,
sich vor dem Rath oder Stadtgericht zu vergleichen und soweit es ihm möglich, den Todtschläger vor thätlichen Angriffen

seiner Gegner schützen. (Anzeiger für Kunde der deutschen
Vorzeit. Neue Folge, Bd. XI, S. 134.) Bartholomäus Sastrow,
Bürgermeister von Stralsund, erzählt in seiner Lebens-
beschreibung (ed. Mohnike Bd. I.) Folgendes: 1523 geräth
sein Vater, Bürger in Greifswald, auf der Strasse mit einem
Privatfeind in Streit und ersticht ihn. Der Erschlagene ist
der Schwiegersohn des allmächtigen pommerschen Kanzlers
Stojentin. Der Todtschläger eilt sogleich ins Kloster der
schwarzen Mönche (Dominikaner), diese verstecken ihn in den
obersten Kirchengewölben. Er wird bei der Durchsuchung
nicht gefunden. In der Nacht halfen ihm die Mönche über
die Mauer. Die Verwandten des Erschlagenen streifen, ihn
zu fahnden, auf den Landstrassen um Greifswald. Einer sticht
in die Säcke, unter denen sich Sastrow verborgen hat. Ih
Stralsund erhält S. vom Rath Geleit, traut aber demselben
nicht, weil der Entleibte selbst unter herzoglichem Geleit gestanden hat. „So ist er in Dänemark, auch zu Lübeck, Hamburg und anderswo umhergestreift, bis er mit dem Landesfürsten um eine ansehnliche Summe Geld vertragen wurde,
die er auch baar bezahlen musste. Und obgleich später nach
vielfältigem Ansuchen, Fleiss und Arbeit meines Stiefgross-
vaters (eines Greifswalder Bürgermeisters) mein Vater mit der
beleidigten Partei auf Entrichtung von 1000 Mark Blutgeld
verglichen wurde, so konnte ihm doch wegen dieser Gegner
der Aufenthalt in der Stadt Greifswald nicht freigemacht
werden.“

Werfen wir schliesslich noch einen Blick auf den Adels-
stand. Auch hier verfolgen sich die Geschlechter mit Todtschlagsfehde. Namentlich scheint dieselbe unter den Ministerialen der Landesfürsten im Schwange gewesen zu sein [34]).

---

[34]) So heisst es in dem Waffenstillstand zwischen den Herzögen
Ludwig und Heinrich v. Baiern v. 10. Febr. 1280 (Monum. Wittelsb. V,
323): item statuimus, ut vicedominus supradictorum ducum inimicitias
singulares et odia inter homines utriusque ducis jam existentia infra
dies octo pacificent et tranquillent .... et si sedari non possent
inimicitiae capitales, saltem caveatur, ne u. s. w. — „Der Kärtner
Kolo von Trixen spürte bei allen Festen und Versammlungen, auf Gerichtstagen und Jahrmärkten dem Mörder seines Bruders nach. Als er

Die letzteren hatten oft alle Mühe, durch Ehestiftungen und
Entschädigungen die verfeindeten Familien zum Frieden zu
stimmen [35]). In welcher schonungslosen Weise die Geschlechter
gegen einander wütheten, davon zeugt u. A. jene grausige
That der Blutrache aus dem 14. Jahrhundert, die uns durch
die elsässische Chronik des Jakob Twinger von Königshofen
(bei Schilter S. 311) überliefert ist. Der Chronist erzählt:
Als man zählte nach Gottes Geburt 1374 Jahr, am St. Georgen-
tag nach Nachtessen, da erhub sich ein Krieg und ein Ge-
schelle bei St. Thomas zwischen den zwei Geschlechtern zu
Strassburg genannt die Rebenstöcke und die von Rosheim.
Und derer von Rosheim wurden drei erschlagen. Darum
wurde zwölfen von den Rebenstöcken die Stadt verboten
(d. h. wurden aus der Stadt verbannt), die zogen zuhand nach
Molsheim und waren da gesessen (machten sich daselbst an-
sässig). Als die von Rosheim erkundschafteten (befundent),
dass ihre Feinde zu Molsheim wohnten, da schlichen sie heimlich in die Stadt zu Molsheim und lagen so manchen Tag in
einem Hause verborgen und warteten, wenn sie über ihre
Feinde könnten kommen. Hierum wussten die Rebenstöcke
nicht und gingen ungewarnt zehren und essen auf der Edel-
leute Trinkstube zu Molsheim. Und als die Rebenstöcke eines
Mals alle zehn auf der Stube zu Nacht gegessen hatten und
bei einander waren, da liefen die von Rosheim heimlich aus
dem Hause, darin sie verborgen waren, und kamen gewaffnet
auf die Trinkstube über die Rebenstöcke und stachen ihrer
acht zu Tode und zwei junge Knaben, die entrannen. Und
als die von Rosheim ihre Feinde also erstochen hatten, da
liefen sie an die Ringmauer zu Molsheim und da es Nacht
war und die Pforten geschlossen waren, kamen sie mit Leitern

---

ihn endlich traf, geschah es in Gegenwart des Bischofs von Brixen, zu
dessen Füssen der Verfolgte Schutz suchte und fand. Ein zweites Mal
aber ist er dem Todesstreich nicht entgangen." Riezler, Geschichte Baierns,
I, 759.

[35]) Vgl. z. B. die Vergleiche zwischen den Herzögen Ludwig und
Heinrich v. Baiern v. 29. Mai 1276 u. 16. Juni 1290, in Monum. Wittelsb.
V, 299 u. 439.

und mit Seilen über die Mauer hinaus, wie sie es vorher bestellt hatten. Dies geschah an St. Valentinsabend nach
Gottes Geburt 1375 Jahr. Danach klagten die Rebenstöcke,
die noch zu Strassburg waren, vor dem Rathe diesen Mord
(d. h. sie erhoben die Klage auf Mord). Da erkannten Meister
und Rath, dass die von Rosheim keinen Mord damit hätten
begangen, dass sie ihre Feinde erschlagen hätten und verboten
jeglichen, die dies gethan, die Stadt zehn Jahr, wie man denen
thut, die einen Todtschlag begangen haben".

Zweites Kapitel.

Rechtliche Stellung und Bekämpfung der Blutrache.

Es ist das Verdienst Carl Georg v. Wächters, die Fehde des späteren Mittelalters auf ihre wahren Ursachen zurückgeführt und nachgewiesen zu haben, dass das Fehderecht des Mittelalters und das germanische Fehderecht zwei sowohl in ihrem Grundgedanken und Princip wie in ihren Einrichtungen von einander abweichende Institute sind, die nicht, wie es häufig geschieht, identificirt werden dürfen. In seinen „Beiträgen zur deutschen Geschichte" (Tübingen 1845) führt er aus, dass das germanische Fehderecht einen wesentlichen Theil des germanischen Strafrechts bildete und nur wirkliche Friedensbruchsachen zur Fehde berechtigten; während die Fehde des Mittelalters mit dem Strafrecht in gar keiner wesentlichen oder auch nur unmittelbaren Beziehung stand und nicht blos gegen den schweren Verbrecher, sondern gegen Jeden, der die geringste Verletzung zufügte, erlaubt, ja sogar wegen des unbedeutendsten civilrechtlichen Anspruchs gestattet war; ferner dass, während im germanischen Alterthum der Fehdeberechtigte die unbedingte Wahl hatte zwischen Fehdegang und Rechtsgang, die mittelalterliche Fehde nur gegen denjenigen erlaubt war, gegen welchen die Gerichte Recht zu verschaffen nicht im Stande waren. „Das Princip", heisst es a. a. O. S. 49, „auf dem das germanische Fehderecht beruhte, passte auf die geänderten Ansichten und Verhältnisse nicht mehr. Man ging immer mehr davon aus, dass durch schwere Verbrechen die ganze

Rechtsordnung gestört, der Friede mit der Gesammtheit gebrochen werde. Dieser Ansicht musste es aber widersprechen, wenn dem einzelnen Verletzten es gestattet worden wäre, sich durch Fehde Genugthuung zu verschaffen. Man hielt ferner immer mehr an dem Gesichtspunkte fest, den schon die Carolinger geltend zu machen anfingen, dass ein durch ein verübtes Verbrechen ohne Weiteres begründetes Fehderecht mit den staatlichen Verhältnissen unvereinbar sei. So kam man zu dem Grundsatze, dass wegen jedes Verbrechens nur durch Anklage vor dem Richter Genugthuung gesucht werden durfte, sei es durch Klage auf körperliche Strafe oder auch auf Composition. Allein bei der Anarchie, die vom XI. Jahrhundert an in Deutschland herrschte, durch welche die Wirksamkeit der Gerichte durchaus gelähmt wurde und bei der man sowohl in Civil- als in Criminalsachen auf gerichtlichem Wege seines Gegners unzählige Male nicht mächtig werden konnte, mussten Kaiser und Reich ein Recht zur Selbsthülfe wenigstens in dem Falle anerkennen, wenn durch die Gerichte keine Hülfe zu erlangen stand. Hier war es dem Beeinträchtigten überlassen, Fehde gegen den Gegner zu erheben und sich selbst Recht und Genugthuung zu verschaffen. Dadurch nun, dass so die Fehde blos ein Nothmittel wurde, von welchem nur dann Gebrauch gemacht werden sollte, wenn der Richter kein Recht verschaffen konnte oder wollte, fiel zugleich die Beschränkung des Fehderechts auf den Fall einer durch ein schweres Verbrechen erlittenen Verletzung weg, und nicht mehr der durch ein schweres Verbrechen verübte Bruch des Friedens war es, der ein Recht zur Fehde begründete, sondern lediglich die Unmöglichkeit, durch den Richter Recht zu erlangen. Wer daher Fehde erhob, ohne in eine solche Unmöglichkeit versetzt zu sein, brach selbst den Landfrieden und wurde als Friedbrecher bestraft. Dagegen konnte, wenn vom Richter nicht Recht zu erlangen war, wegen jeder Rechtskränkung Fehde erhoben werden, wenn sie auch in einer blossen Nichtanerkennung oder Nichterfüllung einer privatrechtlichen Verbindlichkeit bestand".

An dieser Darlegung [1]), so zutreffend sie im Allgemeinen
ist, erscheint nur das Eine auszusetzen, dass sie den Gegenstand nicht vollständig erschöpft, indem sie unerwähnt lässt,
dass die Fehde um Todtschlag in mehrfacher Beziehung einen
exceptionellen Standpunkt behauptete, und sowohl in ihrem
Grundgedanken wie in der Art der Ausübung der germanischen
Fehde näher steht als der des Mittelalters. Schon die Formalitäten der letzteren: Absage und Gottesfrieden (treuga dei)
passten nicht in den Rahmen der Fehde um Todtschlag
hinein. Der Bluträcher dachte nicht daran, dem Thäter und
dessen Magen den Frieden förmlich aufzukündigen und die
Fehde an vier Tagen in jeder Woche ruhen zu lassen, so dass
die Befehdeten an den Ruhetagen sich unbekümmert ihren
Geschäften hätten hingeben können. Ohne vorherige Warnung
umschlich er seinen Feind, überfiel ihn wo und wann sich
eine günstige Gelegenheit bot, die Rache zu vollziehen. Der
Rechtsanschauung des Mittelalters erschien ferner die Fehde
um Todtschlag keineswegs nur als ein Nothmittel, von welchem
nur dann Gebrauch gemacht werden durfte, wenn die Gerichte
gegen den Thäter nicht Recht verschaffen wollten oder
konnten; und wenngleich sie im übrigen Deutschland durchaus nicht jene uneingeschränkte Billigung genoss wie bei den
Friesen, Niedersachsen und Schweizern, wurden ihr dennoch
auch ausser dem Fall der Unmöglichkeit, durch den Richter
Recht zu erlangen, weitgehende Konzessionen gemacht. So
wird z. B. in einer Taidigung zwischen den Herzögen Ludwig
und Heinrich von Baiern vom 7. November 1287 beredet, dass,
wenn zwischen den Ministerialen der Herzöge ein Todtschlag
geschehe und der Herr des Getödteten Entschädigung ver-
lange, diese durch Hingabe eines Ersatzmannes von demselben
Werthe und Vermögen zu leisten, wogegen ein Ersatz nicht
zu gewähren sei, wenn der Thäter beweise, dass er in Nothwehr gehandelt oder dass der Getödtete sein Todfeind gewesen sei [2]). Also Todtschlag aus Blutrache galt nicht als

[1]) Vgl. desselben Verfassers Beilagen zu Vorlesungen über deutsches
Strafrecht, (Stuttgart 1877), S. 89—100.
[2]) Quellen zur deutschen und baierischen Geschichte, V, 417.

unerlaubte Handlung, machte nicht schadenspflichtig, den Gerichten nicht verantwortlich.

Denselben Standpunkt vertraten ältere Stadtrechte, falls der beleidigte Theil den auswärtigen Thäter hatte warnen lassen, sich in der Stadt zu zeigen. So bestimmte der Luzerner geschworne Brief v. 1252: „Habe einer der Bürger Todtfeindschaft oder andere Feindschaft mit einem Gast oder Ausmann, den solle er darum nicht beschweren noch kein Leid thun, ob dieser in die Stadt fahre, sondern er solle ihn zuvor warnen und mahnen mit ehrbaren Leuten. Der Gast solle dann sicheres Geleit der Bürger haben um heimzukehren, aber nie wieder in die Stadt kommen, bis er die Freundschaft des Bürgers wieder gewonnen oder sich mit ihm auseinandergesetzt habe. Wenn er trotz jener Warnung dennoch in die Stadt kommt, „was der Bürger dann dem Gaste thut", sagt die Rechtssatzung, „davon habe er kein Gericht verschuldet", d. h. er konnte dieserhalb nicht vor Gericht zur Verantwortung gezogen werden [3]. Aehnlich sagen die Statuten von Dinkelsbühl (aus dem 14. Jahrhundert): Ouch haben wir gesetzet, swenne ein burger gen einem uzman haz oder vintschaft hat . . . . swenne danne der uzman in die stat kumt unde daz der burger vernimt, so sol derselbe burger gan zuo der burgermeister und zuo etwie vil des rates unde sol den künden und sagen, er habe haz zuo dem uzman und sol die biten gen hin zuo dem uzman unde sagen im von des hazzes wegen der zwischen sin und min ist, unde biten in daz er nicht mer in die stat kome e daz er sich vor mit ihm gerithe und versuene. swenne daz dem uzman geseit und verkündet wirt, wil denne der uzman niht miden, er welle in die stat komen ane geleite, swaz danne der burger dem uzman tuot unde sine helfer, da vrevelt er niht an in keinen weg" [4].

Manche Stadtrechte verlangten nicht einmal eine vorherige Warnung. So sagt der Rechtsbrief von Nabburg

[3] Osenbrüggen, Alemannisches Strafrecht, S. 24.
[4] Gengler, Stadtrechte, S. 85.

(baierische Oberpfalz) von 1296: Wer in der Stadt Todtfeindschaft habe, der solle vor der Stadt bleiben und solle ihn
Niemand hineingeleiten ausser mit Verwilligung derjenigen,
denen der Schaden widerfahren. Des Weiteren wird in § 12
des Rechtsbriefs Allen, welche den Nabburger Jahrmarkt beziehen wollen, sicheres Geleit vom und zum Jahrmarkte zu-
gesichert, ausser bei Todtfeindschaft[5]). Wer sich
also Blutrache eines Nabburgers zugezogen hatte, erhielt kein
Geleit und handelte, wenn er sich trotzdem in die Stadt
wagte, lediglich auf eigene Gefahr.

In allen Rechten wird der geächtete Todtschläger der
Rache der beleidigten Familie preisgegeben, und in Strassburg ertheilt 1374 der Rath auf die Klage derer von Reben-
stock wegen des an ihren Geschlechtsvettern verübten Aktes
der Blutrache die Sentenz: „Dadurch dass die von Rosheim
Rache an ihrem Feinde genommen, hätten sie keinen Mord
verübt" (vgl. S. 33).

Die vorstehenden Beispiele werden genügen, die Stellung
des Mittelalters zur Blutrache zu kennzeichnen. Man sah in
dem Bluträcher sowenig einen Mörder und Friedensbrecher
wie in dem Ehemann, der den Treubruch seiner Frau an ihr
und ihrem Verführer rächte und selbst bei den öffentlichen
Behörden genoss die Fehde um Todtschlag auch ohne vorherige gerichtliche Belangung des Thäters in gewissen Grenzen rechtliche Anerkennung.

Das 13. und 14. Jahrhundert sind noch die Zeit des
lebendigsten Familienbewusstseins. Noch tritt offen und un-
verhüllt die Anschauung zu Tage, dass es Pflicht der Familie
sei, die Tödtung ihres Verwandten nicht ungerächt zu lassen.
Selbst der Anklageprozess war seinem Grundgedanken nach
nichts anderes als die rechtlich geordnete Blutrache,
indem der nächste Schwertmag des Todten die Mordklage
zu erheben und die Hinrichtung des Thäters zu vollziehen
hatte[6]). Die Rechtssprache des Mittelalters bedient sich da-

---

her allgemein für die Erhebung der Mordklage des Ausdrucks „rächen". „Rächen" und „Erben" sind in ihr synonyme Begriffe[7]). Hiernach ist es eine Unrichtigkeit, wenn W ä c h t e r, die Fehde des Mittelalters generalisirend, indirekt behauptet, dass auch die Fehde um Todtschlag begrifflich von der germanischen Fehde unterschieden und nur als Nothmittel bei verweigerter Rechtshülfe zulässig gewesen sei. Im Gegentheil knüpft sie unmittelbar an die germanische Fehde an und die Landesgewalten, ihre Berechtigung im Princip anerkennend, waren sehr geneigt, ihr erhebliche Zugeständnisse zu machen. Erst im 15. Jahrhundert beginnt die Gesetzgebung, die Spitze des Gesetzes gegen die Bluträcher zu kehren. Bis dahin und solange die mangelhaften Polizeieinrichtungen es bei der Lebendigkeit des Familiengefühls und der Stärke des Familienzusammenhanges nicht rathsam erscheinen liessen, den Thäter offen gegen seine rachedürstenden Feinde in Schutz zu nehmen und gegen diese angriffsweise vorzugehen, war und konnte das Hauptaugenmerk der Staatspolitik nur darauf gerichtet sein, vorbeugend diejenigen Institute organisch auszubilden, welche geeignet waren, den öffentlichen Frieden zu befestigen und der Blutrache auf indirektem Wege Einhalt zu thun. Das hervorragendste dieser Institute ist das F r i e d e n s - g e b o t.

Zunächst ist es Sache der öffentlichen Behörden, jeder Gefahr eines Blutvergiessens vorzubeugen. Sie sollen, wo Zwietracht besteht, den Verfeindeten Frieden gebieten. Aber auch jeder Nachbar und Dorfgenosse hat dieses Recht. Wer den Frieden verweigert, verfällt in Strafe; auch kann ihn die Obrigkeit so lange gefänglich einziehen, bis er Frieden gelobt[8]). Noch höherer Strafe unterliegt, wer den angelobten

---

[7]) Vgl. G r i m m, Weisthümer, I, 18, 3; II, 388; IV, 343. 345, 20; sähe er aber sinen anerbornen freund, den er zu rächen hetty, bluottrunsz, so u. s. w.

[8]) G r i m m, W., V, 216. III, 648 § 13. Das Mainzer Friedensbuch v. 1430 bedroht die Verweigerung des gebotenen Friedens mit einjähriger Verbannung aus der Stadt. M o n e, Zeitschrift für Geschichte des Oberrheins, VII, 19.

Frieden brechend, die Feindseligkeiten erneuert[9]). Wer trotz angelobten Friedens seinen Widersacher tödtet, verfällt als Mörder der schimpflichen Strafe des Rades[10]).

Als singuläre Rechtsbildung findet sich in östreichischen Weisthümern der **Friede bei Feuersgefahr.** Die dorfgenossenschaftliche Pflicht erfordert, dass jeder ohne Ausnahme dem gefährdeten Nachbarn[11]) zu Hülfe eilt. Angesichts der drohenden Gefahr sollen alle Privatfeindseligkeiten ruhen, bis das Feuer bekämpft und jeder wieder in seinem Hause ist. Der Bruch eines solchen durch die Rücksicht auf die Nachbarpflicht und das allgemeine Wohl geheischten Friedens, wird der Verletzung eines mit Hand und Mund gelobten Friedens gleich gestellt[12]). **Hauptfeindschaft** gereicht zur Entschuldigung[13]), jedoch nur dann, wenn sie gegen einen Dritten, nicht wenn sie gegen denjenigen geübt wird, bei dem das Feuer auskam, denn dieser soll bis zum dritten Tage nach gedämpfter Gefahr gegen jeden Angriff von privater oder öffentlicher Seite gefreit sein[14]).

---

[9]) Beispiele: Grimm, W., II, 502. III, 698. IV, 291. V, 122, 126, 140, 142, 152, 159, 165, 169, 176, 184, 191, 215, 222, 223, 282. Im rheingauischen Landrecht (Grimm, W., 1, 543) verliert, wer den Handfrieden (d. h. den durch Handschlag an Eidesstatt) gelobten Frieden bricht, die Fähigkeit zur Bekleidung eines öffentlichen Amts, wird ehr- und rechtlos. Item is lantrecht, so wer eynen vreden giebt mit der hant, und denselben vreden brichet, den er hette geben mit sinre eigen hant, wirt er des uberwunnen, er virluset XX phunt und sin eer, und mag dar numme zu recht wysen uber einen biderben manne und in deheiner wyse zu recht (Gericht) komen als eyscher ader als scheffe und man sal yn schryben in die tafel, und in machen erelois und rechtlois, als von alter herkomen. Besonders reich ausgebildet zeigt sich das Friedens-Institut in der Schweiz und in Dithmarschen; vgl. Geschichtsfreund, Bd. IX, S. 75 f. und Dithmarscher Landrecht (bei Michelsen, Sammlung dith. Rechtsquellen) S. 8 bis 12, 32, 42—46.

[10]) Grimm IV, 344. Augsburger Stadtrecht v. 1276, Art. 109.

[11]) In der Rechtssprache des Mittelalters heissen alle Angesessenen einer Dorfschaft, nicht blos die einander zunächst gelegenen „Nachbarn" (Nachbauern).

[12]) Kaltb. a. a. O. Nr. 13, 31. 28, 7. 65, 29.

[13]) Kaltb. a. a. O. Nr. 2, 47. Ausnahmen Nr. 13, 31.

[14]) Kaltb. Nr. 9, 61.

Freiung genossen auch der Weg zu Deichen und Dämmen [15]), zur Kirche, Mühle und Schmiede. „Die Kirchweg" sagt das Weisthum von Anthering (Oberöstreich), „sollen gefreit sein also, das ainer derselben orten ain stab und ain schnuer (Schnur, Strick) und kain ander weer sol tragen, damit von seinem veindt versichert sein, dergleichen, so ainer geen mül oder gein schmidten reidt, sol derselb fräflich von seinem veind oder nachpern nit angetastet werden" [16]). Den gleichen Frieden genoss der Bergmann auf dem Wege zum und vom Bergwerk [17]) und der Bauer in seinem Weinberg, ausser — wiederum ein Zeugniss der Anerkennung der Blutrache — bei Hauptfeindschaft [18]).

Als Friedensbruch galt ferner das Herausfordern aus dem Hause [19]). —

In einer Zeit von so überschäumender Lebenskraft und unbezähmbarer Lust an Kampf und Streit, dass schon der geringfügigste Anlass hinreichte, die Menschen in rasch auflodernder Leidenschaftlichkeit zum Schwert oder Messer greifen zu lassen, hätten Friedensordnungen wenig genützt ohne gleichzeitige Beschränkungen im Gebrauch der Waffen. Namentlich waren es die Städte, welche im Interesse der Aufrechterhaltung des Stadtfriedens schon frühzeitig Veranlassung nahmen, das Tragen von Waffen innerhalb der Ringmauern ausser zu öffentlichen Zwecken oder zum Schutze gegen drohende Lebensgefahr zu untersagen. Der Rechtsbrief von Saarbrücken von 1321 bedroht die Uebertretung des Waffenverbots mit 5 Schilling Geldbusse [20]), das Frankfurter Stadtrecht von 1352 mit 14 tägiger Verbannung aus der Stadt [21]). Das Mainzer Friedensbuch von 1430 lässt gegen

---

[15]) Dithmarscher Landrecht v. 1447 § 18 (Michelsen, Sammlung altdithmarscher Rechtsquellen S. 9).

[16]) Salzburger Taidinge S. 68, 36.

[17]) Salzburger Taidinge S. 200, 39.

[18]) Kaltb. a. a. O. Nr. 33, 70. 40, 67.

[19]) Grimm, W., III, 769. IV, 275, 18. V, 128, 26. Kaltb., Nr. 23, 27. 32, 63. 54, 11.

[20]) Grimm, W., II, 6.

[21]) Senkenberg, Selecta juris et histor., I, 26.

jeden Einheimischen, welcher öffentlich oder insgeheim, bei
Nacht oder Tage Schwert, Stechmesser (Dolch), Rutinger
(Stockdegen), Beseler (zweischneidiges Messer) ohne Erlaubniss
des Bürgermeisters bei sich führt, vierwöchentliche Ver-
weisung aus der Stadt, gegen den Fremden ebenso lange
Verhaftung eintreten [22]).

Besonders verpönt waren wegen ihrer Gefährlichkeit die
Stechmesser. Der baierische Landfriede von 1255 verbietet
bei Geldstrafe und Konfiskation des Gegenstandes, in Städten
und Wirthshäusern Stechmesser zu tragen; wer ein solches
in den Hosen oder einem andern Kleidungsstück heimlich bei
sich führte, büsste mit Verlust der Hand [23]). Noch härterer
Strafe unterlag, · wer gegen einen Andern das Schwert oder
Messer zog, auch wenn er von der Waffe keinen Gebrauch
machte (das sogenannte Messerzucken [24]).

Minder hervortretend ist das Waffenverbot in den nichtstädtischen Rechtsquellen. Zwar untersagt schon der Landfrieden K. Friedrichs I. von 1156 (Mon. L. L. II, 10) dem Landmann das Tragen von Lanze und Schwert, und besonders
reich an dergleichen Verboten sind die baierischen Landfrieden.
Indessen entsprang hier das Verbot einem ganz andern
Grunde als dem der Wahrung des öffentlichen Friedens. Noch
im 13. Jahrhundert liebte der Bauer sich nach Rittersart zu
tragen [25]) und mit Verdruss blickte der stolze Ministeriale

---

[22]) Mone, Zeitschrift für die Geschichte des Oberrheins, VII, 17. —
Vgl. Göttinger Stadtrecht bei Pufendorf, Observat., III, 159.

[23]) Quellen zur deutschen u. baierischen Geschichte, V, 150. Wiederholt im Landfrieden v. 1281 ebendaselbst S. 349.

[24]) Schon die Lex Burgund. bedroht Tit. 37 das Schwertziehen ohne
zu schlagen mit 12 Schilling Geldbusse. Das heutige Strafrecht ist milder.
Es straft nur noch den Gebrauch des Messers zum Zweck eines wirk-
lichen Angriffs. Reichs-Strafgesetzbuch § 367, Nr. 10.

[25]) Baier. Landfrieden v. 1244. Mon. Witt. V. 88: Item rustici cum
filiis suis capillos ad auriculas usque praecidant. Thoraces vel ysen-
hut vel colliria vel juppas de pukramo vel cultrum latinum aut aliquid
catenatum vel hostile privatis diebus non aliud quam simulum vel
reutil deferant. Haec autem omnia pro communi necessitate provinciae
et judicii exequendi et patriam ab incursu hostium defendendam, si velint,
in eorum domibus reservent. Item nobiliori quam griseo et viliori pla-

auf den Dorfbewohner, wenn dieser in Tracht und Geberde sich ihm gleichzustellen wagte. Hier lag das Motiv in der immer schroffer sich herausbildenden Absonderung der Stände. Schwert und Lanze sollten auch im Frieden die Auszeichnung des Ritters sein und von anderen Ständen nur zur Vertheidigung gebraucht werden. Das Tragen anderer Waffen, wie Spiess, Armbrust, Streitkolben u. s. w. scheint man dem Landmann nicht haben verbieten zu wollen, wie er denn thatsächlich bis nach Beendigung des Bauernkrieges (in Schlesien sogar noch nach dem 30 jährige Kriege) ausserhalb des Dorffriedens bewaffnet gegangen ist. Nur bei den Gerichtstagen war es ihm nicht gestattet, in Wehr und Waffe zu erscheinen; die spärlichen Waffenverbote in den Weisthümern haben daher hauptsächlich diesen Punkt im Auge[26]). Nur die östreichischen Weisthümer bajuwarischen Ursprungs machen darin eine Ausnahme. In ihnen erscheint das Waffenverbot fast zum System ausgebildet und der Missbrauch der Waffe je nach der Gefährlichkeit des Instrumentes unter Strafe gestellt. Ein Wurf mit einer Hacke kostet 2 ℔ 6 β ₰, ein Schuss mit der Armbrust 16 ℔[27]), Stechen mit einem Spiess 6 Schilling 2 Pf.; mit einem Gassenschwert ebensoviel; mit einem Reiterschwert 72 Pf.; mit einem Dolch 12 Pf.; mit einem langen Messer 6 Schilling 2 Pf.; mit einem kurzen 72 Pf.; mit einem Taschenmesser 12 Pf. Auf Messerzucken steht 72 Pf. Manche Weisthümer verdoppeln hier die Strafe, nämlich auf 50 Pf. aus und

batico veste non utantur et calciis bovinis, excepto, qui innatum alicujus domini officium obtinuerit. Reliqui cum hiis prohibitis spolientur inventi, et persona judici redimenda pro talento offeratur. . . . Baier. Landfr. v. 1255: Mon. Witt. V, 149: Dehein gebour sol tragen pantzir oder isenhut oder pukrames bambeis oder genippen oder er sol dem richter funf phunt geben.

[26]) Ez ensol nieman furbaz auf unser taidinch fürn armbrost, sper, pantzir, pechelhauben, verborgen hantschuch, verborgen hut noch dehein eisengewaut. Urkunde v. 1285 in Mon. Witt. V, 381. Siehe auch Grimm, Weisth., IV, 680. V, 148, 9.

[27]) 32 ℔ ist die Todtschlagsbusse. Schiessen mit der Armbrust galt somit als halber Todtschlag. Kaltb., Nr. 3, 20.

50 Pf. in die Scheide. Wer einen Stein aufhebt, um zu werfen, ihn aber ungebraucht wieder fallen lässt, büsst 72 Pf., wirft er aber, so gilt dies als ein halber Todtschlag und die Busse ist 16 Pfund. Hat der Wurf tödtliche Folgen, so wird der Thäter nicht als Todtschläger, sondern als Mörder behandelt und verliert das Asylrecht[28]). Es scheint hiernach, als wäre das Steinwerfen ebenso häufig als von traurigen Folgen begleitet gewesen.

Die Leidenschaft, welche Aventin dem baierischen Landmann des Mittelalters nachsagt: „er sitze Tag und Nacht beim Wein", scheinen auch des letzteren östreichische Stammesgenossen, Frauen[29]) wie Männer, getheilt zu haben, denn in keinen anderen Weisthümern wiederholen sich so häufig die Vorschriften über den Verkehr in den Wirthshäusern beim Wein, und zahlreiche Stellen beweisen, dass hier die blutigsten Händel ausgefochten wurden[30]). Besondere Aufmerksamkeit ist daher dem Waffentragen beim Wein geschenkt. Alle, die

---

[28]) Kaltb., Nr. 3, 20. 4, 4. 7, 29. 9, 22. 28, 26. Grimm, W., III, 713; vgl. übrigens die Busstaxen in Hardt, Luxemburger Weisthümer, S. 198 u. 472.

[29]) Kaltb., Nr. 9, 32: ob ein frauenspilt wolt vertrinken röck, männtl, schlair oder ander ding, so sol ir der leutgeb (Wirth) auf oder on pfandt on irs mans wissen und willen nit mer porgen dan 12 pf.

[30]) Daneben fehlt es nicht an Stellen derben Humors, die uns den östreichischen Winzer in seiner ganzen Naturwüchsigkeit zeigen. So heisst es im Haslacher Weisthum (Kaltb., Nr. 11, 6): Sässen Dorfgenossen im Wirthshaus hinterm Wein oder anderswo bei einem frommen Nachbar und es befände sich unter ihnen Einer, der die Anderen in ihrer Gemüthlichkeit störe, „nicht bei frid noch gemach wollt lassen", so sollten ihn der Wirth und die Bauern nehmen und ihn zur Thür hinauswerfen. Geriethen sie bei dieser Procedur mit ihm so unsanft an den Thürpfosten, dass er blutrünstig würde, so hätten sie ihm für den Schaden nicht aufzukommen." Noch launiger behandelt denselben Fall das Ströltzhofer Weisthum (Kaltb., Nr. 182, 19): „Käme ein muthwilliger Mensch zu guten Leuten, die gemüthlich beim Trunke sitzen und störe sie in ihrer Ruhe: sprächen sie zu ihm: Halt Fried, halt einen guten Muth und lass die Leut verfahren", wolle er das nicht thun, so sollen ihm die Andern einen Rock um den Kopf schlagen und mit ihm so lange von einer Wand zur andern laufen, bis er spreche „er wolle Fried haben und einen guten Muth."

Hacken, Dolch, Schwert oder Messer mit ins Wirthshaus bringen, sollen dieselben unter ihren Leib legen und darauf sitzen oder sie dem Wirth in Verwahrung geben [31]). Jeder Angesessene soll, wenn er zum Weine geht, seinen Haken oder Schneidemesser unter dem Gürtel haben. Bleibt er sitzen, nachdem er für einen Pfennig Wein genossen, so soll er die Werkzeuge dem Wirth in Verwahrung geben und wenn er es nicht thut, soll sie ihm der Wirth wegnehmen und dem Gaste erst beim Verlassen des Wirthshauses wiedergeben. Hält der Gast die Waffen, um sie sich nicht wegnehmen zu lassen, unter dem Mantel verborgen, so büsst er der Herrschaft 6 Schilling 2 Pf. [32]).

---

[31]) **Kaltb.**, a. a. O. Nr. 41, 34. 52, 23.

[32]) **Kaltb.**, Nr. 54, 19. 55, 19. 78, 39. 154, 16; vgl. die naive Stelle bei **Grimm**, W., III, 713. Auch das dithmarscher Landrecht v. 1447 verbietet (§ 22) das Tragen von Waffen bei Biergelagen und auf Bierbänken bei 90 Schilling Brüche. Dieses Verbot wird sehr erklärlich, wenn man sich vergegenwärtigt, was **Neocorus** (Chronik des Landes Dithmarschen ed. **Dahlmann**, I, 186, 142) von den Trinkgelagen der Dithmarschen und ihrer Neigung, im Streit sofort von der Waffe Gebrauch zu machen, erzählt: Dach und Nacht aneinander supen isz keine schande: It isz veel zankens under ehnen, alz under den Drunkenen plecht tho sin, solches geidt selden alleine mit Scheltworden aff, sondern it gescheen offt Wunden und Dottschlach daraver..... Dat menliche Herte averst und Heldenmoth isz no bi ehnen, so man anders solche schreckliche Dadt mit so ehrlichen Namen begaven mach, dat fast kein Landt mach under der Sunnen gefunden werden, darin so veel Dotschlages und Entlivung der na Got Geschapenen undereinander in gemeiner Conversation gehöret werd, dat derhalven Johan Peterssen wol sehen mach, mit wat Beschedenheit he ehnen tholecht, als scholden se sick, wo Horen under andern zanken und doch nicht van Ledder theen . . Letztere Bemerkung geht auf eine Stelle in Joh. **Petersons** holsteinischer Chronik, worin derselbe, oder vielmehr seine Quelle: der sog. „**Bremische Presbyter**" von den Ditmarschen behauptet, sie gäben sich einander die schmählichsten Worte, speiten sich einander an und dürften doch nicht vom Leder ziehen. Neocorus macht dazu die Bemerkung: „Wollte Gott, dass dies wahr wäre und es bei Scheltworten bliebe. Wäre so viel Todtschlages nicht im Lande, als, Gott bessers, täglich ist." — Wie dürftig auch bis jetzt die Anfänge zu einer Brutalitätsstatistik des Mittelalters sind, so gewähren dennoch die spärlichen Data eine hinreichende Erklärung für die frühzeitigen strengen Massregeln zur Beschränkung des Waffengebrauchs.

Ein Zweig desselben Stammes wie das Friedensgebot,
nur erheblich älteren Ursprungs, ist die Sühne. Wir begegnen ihr bereits in der deutschen Urzeit. Die öffentliche
Gewalt übernimmt die Vermittelung zwischen den sich be-
fehdenden Sippen behufs gütlicher Beilegung der Fehde. Aber
es ist kein selbständiges Eingreifen, denn sie wartet ab, ob
eine der Parteien ihre Hülfe beanspruchen wird. Unaufgefordert mischt sie sich nicht in den Streit der Geschlechter.

Die schnurstracks entgegengesetzte Maxime befolgen die
karolingischen Gesetze. Die Grafen werden angewiesen, von
Amtswegen, wenn nöthig zwangsweise, der Fehde ein Ende
zu machen. Wer sich nicht gutwillig fügt, soll festgenommen
und vor den Kaiser gebracht werden, der ihn zur Strafe
des Ungehorsams und Verhütung weiteren Blutvergiessens so
lange ins Exil schicken will, bis er sich zur Nachgiebigkeit
bequemt [33]).

In der nächstfolgenden Periode zeigt sich die öffentliche
Gewalt zwar ebenfalls bemüht, von Amtswegen den Frieden
wieder herzustellen, aber indem sie das Recht der Beleidigten

Nach Mone (Zeitschrift für die Geschichte des Oberrheins, Bd. VII,
S. 6) sind zu Speier v. 1333 bis 1340 fünfzehn Todtschläge verübt worden,
zu Lahr in dem einen Jahr 1356 sogar neunzehn. Das Stralsunder
Verfestungsbuch (herausgegeben v. O. Franke, auch unter dem Titel:
Hanseatische Geschichtsquellen, Bd. I, Halle 1875), welches übrigens
nicht mit Regelmässigkeit geführt zu sein scheint, weist von 1310—1399
121 Todtschläge und 103 solcher Körperverletzungen, welche theils den
Tod, theils den Verlust eines Körpergliedes, Siechthum oder Lähmung
zur Folge hatten, nach. Nach dem Liegnitzer Verfestungsbuche
(Schuchard, Die Stadt Liegnitz, Berlin 1868) geschahen daselbst in der
Zeit von 1339—1354, also in 15 Jahren 76 Todtschläge und 67 Körperverletzungen der vorbeschriebenen Art. In Breslau wurden inhaltlich des
bis jetzt noch ungedruckten Verfestungsbuches (Städtisches Archiv, Ur-
kunden-Register Nr. 496) von 1357—1399, also in einem Zeitraum v.
42 Jahren 243 Todtschläge und 242 Körperverletzungen der obigen
Kategorie verübt. Da die Verfestungsbücher nur über flüchtige, in die
Acht erklärte Thäter geführt wurden, kann man unter Hinzurechnung
der auf handhafter That abgeurtheilten, sowie der im Vergleichswege
beigelegten Fälle die Gesammtzahl der verübten Todtschläge weit höher
veranschlagen.

[33]) Capit. a. 779. Cap. Worm. a. 829.

zur Ausübung der Familienrache im Princip bestehen lässt, vermeidet sie so viel wie möglich den Weg physischen Zwanges und der offenen Gewalt; ihr Augenmerk geht vielmehr dahin, durch ein systematisch geregeltes Sühnverfahren, in welchem gütlicher Zuspruch mit der Anwendung moralischen Druckes und geeigneter Strafmittel wechseln, die erregten Gemüther dem Abschluss eines dauernden Friedens geneigt zu machen. Zu diesem Behufe ermächtigte das flandrische Recht des 12. und 13. Jahrhunderts die landesherrlichen Beamten und Schöffen:

1) sogleich nach verübter That von beiden Seiten Geisseln zu nehmen und dieselben bis zur Aussöhnung oder Verurtheilung des Thäters festzuhalten;

2) die Betheiligten zur Eingehung eines provisorischen Friedens (treuga) für eine bestimmte Zeit zu bewegen und anzuhalten. Wurde der Aufforderung nicht Folge geleistet, so musste sie zweimal in vorgeschriebenen Zeiträumen wiederholt werden. Bei der ersten und zweiten Weigerung zahlten die Widerspänstigen eine Geldbusse, bei der dritten wurden sie für rechtlos erklärt und ihr Vermögen eingezogen. Während des Waffenstillstandes wurde dann wegen des definitiven Friedens unterhandelt und beim Zustandekommen derselbe in Form eines Sühnegerichts unter Betheiligung der beiderseitigen Geschlechtsverwandten (Magen) abgeschlossen und beschworen [34]. — Aehnlich dem Flandrischen verfuhr das Münchener Stadtrecht. Von einem direkten Verbot der Fehde und gewaltsamen Einschreiten gegen die einem gütlichen Ausgleich Widerstrebenden ist auch hier nichts zu bemerken. Hier wie dort geht vielmehr das Bestreben dahin, durch Anordnung eines Waffenstillstandes (vorläufigen Friedens), dessen Nichtinnehaltung mit Strafe bedroht ist, den Boden für die Vermittelung und einen definitiven Ausgleich vorzubereiten. Der Stadtrichter und Rath gebieten zunächst einen vierwöchentlichen Waffenstillstand. Der Zuwiderhandelnde büsst an Richter und Stadt eine hohe Geldstrafe. Kann er

---

[34] Das Nähere bei Warnkönig, Flandrische Staats- und Rechtsgeschichte bis zum Jahre 1305, Bd. III, Abth. I, S. 181—209.

sie nicht zahlen, so muss er die Stadt räumen. Leistet er
der Ausweisung keine Folge, so darf man ihn als „einen
schädlichen Mann" gefänglich einziehen. Gelingt es nun
innerhalb des vierwöchentlichen provisorischen Friedens nicht,
die Parteien zu versöhnen, so soll der widerstrebende Theil
unter den vorigen Bedingungen einen abermaligen Waffenstillstand von einem Monat verwilligen und während desselben
der Sühneversuch erneuert werden. Vier vom Rath, zu
gleichen Hälften von den Parteien erwählt, sollen sich be-
mühen, den Frieden zu vermitteln. Schlägt der Versuch
fehl, so gebietet man abermals einen Waffenstillstand, und
nunmehr nehmen der Stadtrichter und der ganze Rath die
Sache in die Hand „und versuchen mit allem Fleiss rechte
Freundschaft". Wer jetzt den Friedensbemühungen wider-
strebt, zahlt an die Stadt dreissig Pfund oder muss dieselbe verlassen [35]).

Im Geltungsbereiche des F r e i s i n g e r Stadt- und Land-
rechtsbuches pflegte man den Blutsfreunden des Getödteten
in derselben Weise den Frieden abzunöthigen [36]). Im Ehehaftrecht von Altenthan (Oberöstreich) gebietet der Landrichter einen vierzehntägigen Waffenstillstand und versucht
inzwischen die Sühne mit weiterer Erstreckung des provisorischen Friedens, wenn der erste Versuch misslingt [37]). Im
r h e i n g a u i s c h e n Landrecht sind es die an der That nicht
unmittelbar betheiligten Magen, denen die Pflicht obliegt,
den Ausgleich zu vermitteln [38]).

Bereits oben wurde auseinandergesetzt, dass die auf ge-
waltsame Unterdrückung des Fehdewesens gerichtete Tendenz
der karolingischen Gesetzgebung sich gegen die Volksan-
schauung nicht behaupten konnte und die Politik der Folge-

---

[35]) Rechtsbrief von 1294 bei G e n g l e r, S. 293, und A u e r, Stadtrecht
von München, Art. 317 u. 247.
[36]) M a u r e r, Stadt- u. Landrechtsbuch Ruprechts v. Freysing, S. 243,
Anm. 31: man sol aber dez mans frunt piten umb. ainen frid, so mus
der richter und die purger sy wol benotten, daz sy frid gebeut.
[37]) S a l z b u r g e r T a i d i n g e, S. 27.
[38]) G r i m m, W., I, 543 Nr. 75.

zeit es aufgab, gegen den Strom zu schwimmen. Dieser Umstand erklärt zugleich die Eigenheiten des späteren Sühneverfahrens. Eine Staatskunst, der die widersprechende Aufgabe zufiel, einerseits mit der Familienrache als einem gewichtigen Faktor des Volkslebens zu rechnen, andererseits im Interesse der Aufrechterhaltung der öffentlichen Sicherheit der Entstehung und Ausbreitung von Todtschlagsfehden vorzubeugen, konnte bei aller Geneigtheit zu direktem Durchgreifen nur behutsam und auf Umwegen ihrem Ziele sich nähern. Hierzu kam als weiteres bestimmendes Moment die Mangelhaftigkeit der polizeilichen Einrichtungen. Wo die öffentliche Gewalt sich stark genug fühlte, den Frieden zu diktiren, wird dies schwerlich unterblieben sein [39]), aber sie fühlte sich eben selten stark genug, weder im platten Lande, wo weitverzweigte Adels- und Bauerngeschlechter fest unter sich zusammenhielten, einander gegenseitig in der Fehde Beistand leistend [40]), noch in den Städten, wo die Behörden, wenn durch den Todtschlag eine angesehene Familie in

---

[39]) Im Ehehaftrecht von Peitingau (Grimm, W., III, 648) kann der Grundherr den den Frieden verweigernden Grundholden so lange gefänglich einziehen und sein Vermögen mit Beschlag belegen, bis er sich zur Aussöhnung bequemt.

[40]) Von vielen sei nur an den in den Fasti Limburgenses S. 130 f. mitgetheilten Fall erinnert: Dittrich von Staffel lebt in Feindschaft mit dem Edelmann Henn Bretten von Heiresbach, Söldner und Hauptmann der Stadt Limburg. 1371 reitet von Staffel auf eine Hochzeit. Unterwegs sieht er seinen Feind, der auf dieselbe Festlichkeit reitet und setzt ihm nach. Als Staffel den Heiersbach eingeholt hat, zieht dieser sein Schwert, sticht hinter sich und trifft den Staffel in das Auge, dass dieser todt auf dem Felde bleibt. Hieraus entspinnt sich eine Fehde zwischen vier Geschlechtsvettern des Entleibten und der Stadt Limburg, die 9 Jahre dauert und im J. 1380 unter Betheiligung eines grossen Theils der benachbarten Ritterschaft zur Berennung und Ausplünderung Limburgs führt. Nach der Eroberung der Stadt wird durch Vermittelung des Erzbischofs von Trier ein Sühnevertrag geschlossen, in welchem die Limburger versprechen, den Todtschlag des Dittrich von Staffel zu „bessern" mit Bussfahrten, Errichtung eines steinernen Kreuzes, Stiftung einer ewigen Messe und Ampel, sowie Spendung von 1200 Pfund Wachs. Der Wortlaut des Vertrages bei: Hontheim, Historia Trevirensis dipl. et pragm., II, 290. Mit derselben Hartnäckigkeit und Erbitterung befehdeten sich

Trauer versetzt war, wegen des hinter ihr stehenden Anhangs nicht wagen konnten, mochte die Lage der Dinge noch so dringlich dazu auffordern, offen des Thäters oder seiner Verwandten Partei zu nehmen. So sah man sich denn durch die Macht der Verhältnisse auf den Vermittelungsweg gedrängt. Dieser Zwangslage entsprang zugleich die sichtliche Begünstigung, welche in Todtschlagsfällen die öffentliche Gewalt dem Freistättenwesen zu Theil werden liess. Wir berühren hiermit eine der merkwürdigsten Seiten des mittelalterlichen Rechtslebens, die so eng mit der Blutrache verflochten ist, dass sie hier füglich nicht umgangen werden kann.

---

die rheinischen Bauern. So erzählt Caesar v. Heisterbach (Mirac. XI, 56): In episcopatu Coloniensi duae generationes inimicitias mortales exercebant. Habebant autem duo capita, duos videlicet magnanimos ac superbos, qui semper nova bella suscitabant, suscitata fovebant, nullam fieri pacem permittentes.

Drittes Kapitel.

Die Freistätten.

Unsere Kenntniss des heimischen Asylrechts reicht nicht in die heidnische Vorzeit zurück. Ob es Stätten gab, die dem missethätigen Menschen ihre schützenden Pforten öffneten und wohin der Arm der den Todtschläger verfolgenden Gesippen nicht reichte, darüber existiren nur Vermuthungen. Solange die Germanen Wandervölker waren, welche, wenn „Erschöpfung der Jagd- und Weidegründe, Uebervölkerung oder das Nachdrängen mächtiger Nachbarn" zum Verlassen der bisherigen Ansiedelungen zwang, in geschlossener Masse als „wandernde Heere" mit Weib, Kind, Acker-, Jagd- und Weidegeräth, Sclaven und Vieh, aufbrachen, um neue Wohnplätze aufzusuchen[1]), kann, abgesehen von der durch die Heiligkeit des Hausfriedens geschirmten Heimstätte von Asylen, insoweit man darunter bestimmte, dem Wechsel nicht unterworfene Zufluchtsorte versteht, kaum die Rede sein. Wofern daher nicht schon im heidnischen Alterthum Wohnung und Nähe der Fürsten Schutz und Rettung gewährten, oder es dem flüchtenden Todtschläger nicht gelang, den schirmenden Urwald zu erreichen, dessen Dickicht ihn bald den Blicken der Verfolger entzog, seine Spur für immer verwischend, — vermochten ihn nur die Behausung der Priester und die

---

[1]) Vgl. über diese oft über lange Zeiträume sich erstreckenden Wanderzüge die interessanten Untersuchungen von Dahn, Bausteine, Berlin 1879, S. 282—315 u. 396—477, sowie Arnold, Deutsche Urzeit, Gotha 1879, S. 307 f.

4 *

Haine und Altäre der Götter vor der Wuth der nacheilenden Bluträcher zu schützen. Bestimmte Kunde besitzen wir zwar hierüber ebenfalls nicht, aber die wie bei allen jugendlichen Völkern geheiligte Stellung der Priester als Vermittler zwischen Göttern und Menschen und als oberste Theilhaber der öffentlichen Gewalt, eine Stellung, welche sie eben so sehr berechtigte wie verpflichtete, zwischen dem beleidigten Sippeverbande und dem Todtschläger zu vermitteln, lässt es sehr glaublich erscheinen, dass sie dem unter ihren Schutz geflüchteten Thäter eine Zufluchtsstätte bei sich eröffneten, von wo aus er Unterhandlungen mit seinen Feinden anknüpfen konnte und dass sie beim Misslingen des Vergleichs ihm zur Flucht behülflich waren.

Vielleicht ist es ein Nachklang dieser Schutzpflicht des priesterlichen Richteramts, wenn in den östreichischen Weisthümern bajuvarischen Ursprungs dem Richter zur Pflicht gemacht ist, dass, wenn der Thäter den Bruch des Rechtsfriedens durch Zahlung der Wette gesühnt oder für dieselbe hinreichende Bürgschaft geleistet hatte, der Richter ihn gegen die Bluträcher in Schutz nehmen und ihm zur Flucht in eine Freistätte oder über die Grenze des Gerichtsbezirks verhelfen, auch, wenn eine Versöhnung mit der Familie des Erschlagenen sich nicht bewerkstelligen liesse, die Habe des Thäters versilbern und ihm in den gewählten Zufluchtsort nachschicken sollte [2]).

---

[2]) Straitzesdorfer Pantaiding v. 1348 (Kaltb., Nr. 152, 19): Item ob ain man den andern slueg, das man den tod besorgt, dy weil der wundt man ein vedern mag geruoren mit dem adem vor dem mund, so sol der schuldig man des richters huld gevachen umb 5 *tt* zu wandel und schol ym die vergueten, das der richter unbesorgt sei, So schol der richter den schuldigen man hilflich sein gegen den statgericht und gegen seinen veindten, ob das wär, das sy an das tor kemen und dy weil der wundt man lebt, So schol ym der richter hynden davon helfen auf ein freiung und schol yn mit der ubermass, wan er betzalt wird seiner 5 *tt* *d*, seinen frum lassen schaffen in das landt und aus dem landt, wo ym sein not hin geschyecht.

Radendorfer Pantaiding v. 1434 (Kaltb., Nr. 18, 23): Schlecht ain unser gotzhaws ain andern ze tod, und mag der freund huldt nicht

Der historisch nachweisbare Beginn der Freistätten fällt zusammen mit der Ausbreitung des Christenthums unter den Deutschen. Schon seit Constantin dem Grossen war das Recht der Fürsprache für Verbrecher, dessen sich im römischen Reich die Priester, besonders die Vestalinnen, erfreuten, sowie die geheiligte Zuflucht der Tempel auf den Klerus und die Kirche übergegangen. Theodosius II. hatte dieses Vorrecht der Kirchen auf alle zu denselben gehörigen Höfe, Gänge, Häuser und Gärten ausgedehnt, und der Klerus säumte nicht, von seiner Befugniss in jedem dem Christenthum gewonnenen Gebiete alsbald den ausgiebigsten Gebrauch zu machen. Concilienbeschlüsse des 6. bis 9. Jahrhunderts verboten, einen an den Altar des Herrn geflüchteten Missethäter der Bestrafung halber gewaltsam von dort zu entfernen. Der Geistlichkeit sollte das Recht vorbehalten bleiben, allen dorthin Geflüchteten so lange Sicherheit zu gewähren, bis sie von denen, welche die Herausgabe forderten, das Gelöbniss erlangt hatten, des Lebens und der Gesundheit des Flüchtlings zu schonen [3]). Man berief sich dabei auf den Satz: „ecclesia non sitit sanguinem", auf das Beispiel Christi, der nicht den Tod des Sünders gewollt habe, sondern dass er sich bekehre und lebe, sowie auf die Mosaischen Gesetze: 4. Mos. 35, 12; 5. Mos. 19, 6; Josua 20, 3.

Besitzen diese Beschlüsse einestheils noch viel von dem

---

gewinnen, hat er guet das sol man Im mit seim Willen verkaufen und des richters huld davon gewinnen und sol Im das ubrig in ain ander landt sentten. Andere Beispiele bei Kaltenbäck a. a. O. Nr. 30, 41. 155, 32. 32, 40. 38, 30. 39, 17. Die richterliche Inschutznahme des Todtschlägers bildet überhaupt einen in anderen Rechten nicht wiederkehrenden Charakterzug der östreichischen Rechtsquellen. So, wenn das Wiener Stadtrecht v. J. 1221 dem Angeklagten, der die eingewendete Nothwehr nicht beweisen kann, eine Frist zur Flucht gestattet. Si vero homicida confessus fuerit, se homicidium perpetrasse vim vi repellendo, probet hanc „notwer" cum ignito ferro. Si non probaverit, habeat licentiam fugiendi per diem illum et noctem sequentem et judex eum proscriptum pronunciet. Si post has indutias deprehensus fuerit, judicetur de eo. Gengler, Stadtrechte, S. 530.

[3]) Wilda, Strafrecht der Germanen, S. 538 f. und die reichhaltige Literatur bei Wachter in Ersch u. Gruber's Encyclopädie 49. Thl. S. 94 f.

Geiste evangelischer Milde und lässt namentlich die Bezugnahme auf jene alttestamentlichen, von der Blutrache und den Freistätten handelnden Satzungen das Bestreben der Kirche erkennen, der durch die Einführung des Christenthums in Nichts gemilderten Blutrache eine Schranke zu setzen, so liegt andererseits in ihnen auch schon der Keim zur Einmischung der Kirche in die weltliche Gerichtsbarkeit, eine Einmischung, welche im Mittelalter so häufig der Anlass heftigster Conflikte zwischen der Geistlichkeit und den städtischen Behörden wurde, namentlich wenn Klöster und Orden gleichsam zur Verhöhnung der städtischen Rechtspflege den gröbsten Verbrechern das Asylrecht angedeihen liessen. Dann geschah es wohl, dass die Behörden ohne Umstände den Verbrecher aus dem Gotteshause herausholten, wofür dann der Klerus dadurch Vergeltung übte, dass er die Stadt in Kirchenbann that [4]).

Der Anspruch der Kirche auf Schonung des unter ihren Schutz geflüchteten Missethäters bahnte sich übrigens frühzeitig den Weg in das weltliche Recht. Schon die germanischen Volks- und Landesrechte enthalten zahlreiche hierauf bezügliche Bestimmungen [5]) und noch der Schwabenspiegel sowie die ihm verwandten Rechte ermächtigen den Pfarr-

---

[4]) **Heineccius**, Antiquit. Goslar., p. 329: Erat e fece hominum nescio quis, qui gravi delicto polluerat, justamque Senatus nostri promoverat animadversionem. Homuncio, vitae suae timens fugaque in curiam quandam claustralem se propitiens, lictorum insequentium celeritatem elusit. Ideo Senatus sceleris ultor reum e curia extrahi jussit. Graviter ea res commovit Canonicorum Capitulum. Hinc litem movit senatui, prolatisque Pontificum Caesarumque privilegiis, quibus de plena securitate ecclesiae cautum fuerat, ostendit, civitatem re ipsa excommunicationis sententiam incidisse. Suspensis aliquamdiu sacris, ac lite diutius protracta demum cognoscendae causae judex deligitur Henricus Hildesiensis (Hildesheim) Episcopus, cujus industria iis legibus concordia restabilitur, ut civitas ab excommunicatione soluta lumen perpetuum in ecclesia aleret a violandisque ecclesiae bonis imposterum abstineret; ecclesia vero tabernas publicas civitati detrimento futuras penitus abrogaret. Transactum negotium anno 1313. — Andere Beispiele bei **Osenbrüggen**, Alamannisches Strafrecht, S. 129. **Kriegk**, Deutsches Bürgerthum im Mittelalter, Bd. I, S. 204.
[5]) **Wachter** a. a. O. S. 101 f. — **Wilda** a. a. O. S. 542.

herrn, die Auslieferung eines in die Kirche geflüchteten Verbrechers zu verweigern. Selbst den Gerichten wird bei hoher Geldstrafe untersagt, dem fliehenden Missethäter in die Kirche nachzufolgen, ja, wenn derselbe auch nur den Ring der Kirchthür zu erfassen im Stande war, sollte ihm der Schutz der Kirche zu Theil werden [6]).

Die päpstliche Gewalt erstreckte im Laufe der Zeit das Asylrecht der Kirche auf die Klöster, Kirchhöfe, Altäre, Kreuze und andere dem kirchlichen Dienst geweihte Gegenstände, konnte jedoch, wenigstens in Deutschland, mit diesem Anspruch niemals vollständig durchdringen, denn während man dem Kirchengebäude mit Allem, was die Kirchhofmauer umschloss, ipso jure die Eigenschaft von Freistätten zugestand [7]), scheint man den Klöstern das gleiche Recht bestritten zu haben. Hierfür spricht besonders der Umstand, dass die Klöster, vornehmlich die städtischen, von Kaisern und Fürsten sich das Asylrecht besonders ertheilen liessen. Auch geschah es nicht selten, dass die letzteren ein Kloster, dem sie besonders wohlwollten, aus fürstlicher Gnade unaufgefordert damit beschenkten. So verlieh Heinrich Pfalzgraf zu Rhein und Herzog von Bayern 1335 dem Kloster zu Sossau bei Straubing, in dem seine Gemahlin, wenn sie nach Regensburg reiste, zu rasten pflegte, zum Zeichen seiner gnädigen Gesinnung das Asylrecht [8]), ingleichen Ludwig II. im Jahre 866 dem Kloster zur heiligen Jungfrau in Lindau; K. Friedrich I. a. 1188 den Chorherren der Kirche zu Goslar; K. Friedrich II. a. 1228 dem Kloster zum heiligen Grabe in Speier; K. Heinrich VII. a. 1225 dem Schottenkloster in Nürnberg; K. Wenzel a. 1392 dem Stift Reichenau im

---

[6]) Schwabenspiegel, Ausgabe von Lassberg, § 329, S. 144. — Stadt- und Landrechtsbuch Ruprecht's v. Freysing c. 209. — Augsburger Stadtrecht vom J. 1276, Art. 13; vgl. auch Glosse zum Weichbild, Art. 9.

[7]) Oeffnung von Embrach (Kanton Zürich) v. Jahre 1518. Grimm, Weisthümer I, 113: die kilch, der kilchhoff und die hussre daruff, als wytt die mur darum gat und begrifft, sind also gefrytt, ob jemandt darin flüchtig wurd, dem sol nieman nachilen, darinn vachen, verpietten oder bekümbern...

[8]) Monumenta Boica XIV, 59.

Bodensee u. s. w. [9]). Der Besitz eines solchen Freiheitsbriefes war für die Klöster von Wichtigkeit, um, wenn es zwischen ihnen und den städtischen Behörden zu Streitigkeiten wegen Herausnahme von Verbrechern kam, ihr Privilegium urkundlich beweisen zu können. Und nicht blos der Berechtigte selbst, sondern auch der in die Freistätte Geflüchtete konnte sich eintretenden Falls auf das Asylrecht seines Zufluchtsortes berufen. So besass die würtembergische Abtei Hirschau von Altersher das im Jahre 1495 durch K. Maximilian I. erneuerte Asylrecht für ihre beiden Klostergebäude und ein zwischen inne belegenes, zum Stifte gehöriges Wirthshaus [10]). Als nun die weltliche Gewalt einen in diese öffentliche Herberge geflohenen Strassenräuber dort aufheben liess, machte dieser den Einwand und bewies aus Dokumenten, dass daselbst seit langer Zeit eine Freistätte sei, die schon manchem Verbrecher als Zuflucht gedient habe. In Folge dieser Beweisgründe wurde er vom Gericht in die Freistätte zurückversetzt [11]).

Gleichzeitig mit dem kirchlichen entwickelte sich in reicher Mannigfaltigkeit das Asylrecht nichtkirchlicher Lokale und Oertlichkeiten. Der Ursprung der bezüglichen Freistätten liegt meistens im Dunkel, doch wird man kaum irre gehen, wenn man ihn mit Ausnahme der Fronhöfe der Mehrzahl nach auf kaiserliche und fürstliche Gnadenakte

---

[9]) Joh. Jac. Moser, Deutsches Staatsrecht, V, 288. Heineccius, Antiqu. Goslar. lib. II, 185. Myler, Tract. de Asylorum jure, c. 6.

[10]) J. J. Moser a. a. O. S. 290.

[11]) Besold, Documenta Monast. Hirs., p. 611 f. Solche Zurückversetzungen in die Freistätte waren nichts Ungewöhnliches (vergl. z. B. Bamberger Stadtrecht, Art. 187; Reyscher, Sammlung altwürtembergischer Statutar-Rechte, S. 104) und kamen noch in ziemlich später Zeit vor. Im Jahre 1619 wurde ein Reitersmann, der wegen eines an einem Kameraden verübten Todtschlags in dem würtembergischen Städtchen Neuenburg Zuflucht gesucht und gefunden, durch einen Lieutenant nebst 10—12 Mann seines Regiments mit Gewalt von dort herausgeholt. Als jedoch die Stadt über diese Verletzung ihres altverbrieften Asylrechts bei dem Regimentsobristen Markgrafen Carl von Baden-Durlach Beschwerde führte, liess dieser den Todtschläger in die Freistätte zurückversetzen. Myler a. a. O. c. 6.

zurückführt. Solche Freistätten waren z. B. die Städte B a r -
m e n [12]), L a u s a n n e [13]), T ü b i n g e n [14]), N e u e n b u r g im
Würtembergischen [15]), F r i e d b e r g in Bayern, dessen sich
haupsächlich die Augsburger als Zufluchtsort bedienten [16]),
R e u t l i n g e n in Würtemberg und das ¹/₂ Stunde davon entfernte P f u l l i n g e n [17]), das Oertchen B e a u f o r t im Luxemburgischen [18]), das Dorf I s t e i n am rechten Rheinufer nörd-
lich von Basel [19]). Im Markt K i r c h b e r g (Unteröstreich)
gab es vier gefreite Privathäuser, welche alle Freitage nach
Schluss der Messe für Flüchtlinge offen stehen mussten. War
dies nicht der Fall, und wurde in Folge dessen ein Flüch-
tiger ereilt und überwältigt, so musste ihm der Hauswirth
für den Schaden aufkommen [20]). Als Freistätten werden

[12]) G r i m m, Weisthümer, III, 11.

[13]) G r i m m, W., V, 2.

[14]) S e n k e n b e r g, Selecta juris, II, 239.

[15]) M y l e r a. a. O. S. 52 f.

[16]) S e b a s t i a n M ü n s t e r, Kosmographie.

[17]) Reutlingen besass das Privilegium, dass Leute, welche wegen
Todtschlags in diese Stadt geflüchtet waren, während ihres Aufenthalts daselbst nicht zur Verantwortung gezogen werden konnten. Die
Reutlinger missbrauchten jedoch dieses Recht, indem sie auch bei sog.
gefährlichen Tödtungen, d. h. Morden, die Auslieferung des Thäters verweigerten. Die Herzöge v. Würtemberg übten deshalb das Wiederver-
geltungsrecht, indem sie das ¹/₂ Stunde entfernte Pfullingen zur Freistätte
für diejenigen erhoben, welche innerhalb Reutlingens einen Todtschlag
begangen hatten. L ü n i g, Reichsarchiv, P. spec. X, 313. J. J. M o s e r
a. a. O. S. 289. M y l e r a. a. O. S. 51.

[18]) Auch wan der herr ein gefangenen hat und durch die freyheit B.
führet, dasz der gefangener bürgerrecht rufft, alsdann sollen die bürger
dem hern den gefangenen aus seiner handt nehmen, denselben in eines
scheffen haus führen und ihn auff seinen kosten daselbst hütten sex
wochen und drey tag, kan der gefangener drey fuss baussen die thür
kommen und wiederumb hindersich in onverhindert, so gehet die ziel
auff ein newes an, waneh aber die sex wochen undt drey tag umb seindt
undt sich der gefangener binnendt dero zeit nicht verantwortet, so sollen
die bürger dem heren den gefangenen wiederumb lieberen, alsdann soll
er ihn richten lassen oder nach verdienst belohnen. H a r d t, Luxemburger Weisthümer, S. 65.

[19]) G r i m m, VI, 378.

[20]) K a l t e n b ä c k a. a. O. Nr. 95, 21.

ferner genannt zehn freie Bauerhöfe[21]) in der Ortschaft
Mockstadt (Wetterau — jetzt Grossherzogthum Hessen-
Darmstadt), das Gerichtshaus Wilpartswiesen an der Queich[22]),
das Küsterhaus zu Cönen (Obermosel), das Spital, das Pfarr-
haus und das Haus „zum Storch" in Echternach[23]), der
Fischmarkt zu Freiburg im Schwarzwald[24]), der Heils-
bronner Hof in Nürnberg, der Bruderhof in Strassburg,
der Seidenhof zu Basel[25]), die sogenannte „Schwabenschüssel",
ein grosser steinerner Trog vor der Kathedrale zu Speier[26]),
die Feste Asperg[27]), die Feste Ramis in Tyrol[28]), das
Schloss Kranichberg in Unteröstreich[29]). Sogar einzelne
Bänke (sog. Freibänke) in schweizerischen Wirthshäusern, z. B.
im Adler in Brunnen, am Rothenthurm, an der Treib unter
dem Seelisberg besassen den Charakter von Freistätten. So
ferner ein hinteres Stüblein im Wirthshause zur Gans in
Altstetten[30]). Wer sich während des zweitägigen Michaelis-
Jahrmarktes in Zülpich unter das am Markte aufgepflanzte
Banner des Cölner Erzbischofs flüchtete, durfte, bis die
Sonne am zweiten Markttage zur Rüste ging, von Niemandem
festgenommen werden[31]). —

Die Ausdehnung des Asylrechts auf alle Missethäter,
gleichviel, welche That oder Veranlassung sie in die Freistätte getrieben hatte, musste bald zu den grössten Un-
zuträglichkeiten führen. Es war noch nicht der grösste
Nachtheil dieser Asylfreiheit, dass auf diese Weise mancher

---

[21]) Grimm, III, 437.
[22]) Grimm, V, 558.
[23]) Hardt, Luxemburg. Weisth., S. 171 f.
[24]) Grimm, I, 359.
[25]) Myler a. a. O. S. 56.
[26]) Lehmann, Speierische Chronik, I, 4.
[27]) Reyscher, Statutar-Rechte, S. 104.
[28]) Tyrol. Weisthümer, II, 313.
[29]) Oestr. Bergtaidinge I, 497.
[30]) Osenbrüggen, Studien, S. 13.
[31]) Grimm, W., VI, 680. Einen ebensolchen Freimarkt besass
Bochold in Westphalen (Wigand, Archiv für Geschichte u. Alterthumskunde Westphalens, II, 339).

schwere Verbrecher der verdienten Bestrafung entging, ein
noch viel grösserer lag in der Gefährdung der öffentlichen
Sicherheit, indem die Freistätten dem verworfensten Gesindel,
Räubern, Brandstiftern, Mördern, Dieben u. s. w. als Zufluchtsstätte dienten und die öffentlichen Behörden nur auf
die Gefahr schwerer Conflikte hin es wagen konnten, diese
Nester und Brutstätten des Verbrechens auszuräumen. Rich-
tige Erkenntniss der hierin liegenden Gefahr veranlasste
schon im 13. Jahrhundert die Kaiser, bei Ertheilung neuer
oder Bestätigung älterer Privilegien Beschränkungen in der
Art eintreten zu lassen, dass gewissen Arten von Verbrechern
die Unantastbarkeit der Freiheiten nicht zustatten kommen
sollte [32]), und weil namentlich die Ritterorden mit dem Asylrecht den grössten Missbrauch trieben, liessen sich die Reichs-
städte gegen die in ihren Ringmauern befindlichen Ordens-
höfe Privilegien ertheilen, schädliche Leute von dort heraus-
nehmen zu dürfen. So musste 1350 Poppo von Henneberg,
Landcomthur des deutschen Ordens in Franken, versprechen,
dass im deutschen Hause zu Nürnberg weder Mördern, noch
Dieben, noch Nothzüchtern solle Freiung gegeben werden [33]),
und gegen das deutsche Ordenshaus zu Heilbronn ertheilte
K. Karl IV. im Jahre 1364 der Stadt ein Privilegium, worin
der Kaiser seine Missbilligung über den von den Ordens-
rittern mit dem Asylrecht getriebenen Unfug in folgenden
Worten äussert: „da etlich übelthetige Leut sich enthalten
in dem Teutschen Haus zu Hailbronn und die mit aufsatz

---

[32]) So ertheilte K. Friedrich II. a. 1228 dem Kloster zum heiligen
Grabe (S. 55) das Asylrecht nur für Todtschlag und schwere Körperverletzung,
Räuber und Mörder sollten davon ausgeschlossen sein (J. J. Moser a. a.
O. S. 288) und Kaiser Ludwig IV. verordnete 1341 für Nürnberg, dass
Verbrecher auf der Burg nicht länger Freiung und Frieden haben sollten
als drei Tage und drei Nächte, ausgenommen die Mörder, welche weder
auf der Burg, noch zu St. Gilgen, noch bei den deutschen Herren
Freistatt haben sollten. Jene Verordnung wegen der Mörder hat Karl IV.
wiederholt und verordnet, dass einen, der „einen mördlichen und fährlichen
Mord" begangen, der Schultheiss und die Bürger aus der Freiung nehmen
dürften. Siebenkees, Beiträge zum deutschen Recht, IV, 221.
[33]) Siebenkees a. a. O. S. 222.

und bedachtem muthe thun Mort und mortlich Sachen und ent-
weichen dann weiter in das vorgenant teutsch Haus, auf das,
das sie da der freiheit, die darinne ist, meinen zu geniessen
und dass ihr missetat bleibe ungestraft, das haben wir angesehen, dass unbillich were, ob sollich Morderei und Missetat ungestraft bleibe und erlauben mit Craft dieses Briefs
dem Burgermeister, Rat und der Stat gemeiniglich zu Hailbronn, dass sie dieselben Mörder und übelthetige Leut nemen
mögen aus dem genannten deutschen Haus und mit ihn thun
als recht ist und sullen sie gen uns noch gen niemands daran
haben gefrevelt. Doch mainen und wollen wir, dass sie nie-
manden sollen nemen aus dem vorgenannten .teutschen Haus
dann um Mord, Brand, Raub und Notzogen . . . und ob wir
dem teutschen Haus um die vorgenant Sach einicherlei Freiheit hetten geben, die widerrufen wir mit diesem Brief[34]).

So arg waren die Missbräuche, dass sogar Kirchenfürsten
sich veranlasst sahen, beschränkend gegen die Asylfreiheit einzuschreiten[35]), doch blieb sich die Praxis hierin nicht gleich,
denn während z. B. das Erzbisthum Köln schon im 13. Jahrhundert Beschränkungen für angezeigt erachtete[36]), be-
liehen noch im 14. Jahrhundert die Bischöfe von Paderborn
und Minden neugestiftete Kirchen und Klöster mit dem un-
eingeschränkten Asylrecht[37]).

Ungeachtet aller Schwankungen in Beziehung auf den
Umfang des Asylrechts hatte sich doch allmälig unter dem
Einfluss der für die Sicherheit ihrer Territorien besorgten
Landesfürsten[38]) ein bestimmtes Gewohnheitsrecht gebildet,

---

[34]) Lünig, Pars spec. IX, 894. Andere Beispiele bei Wachter a. a. O. S. 114 f.

[35]) Grimm, Weisthümer, I, 113 und Weisthum zu Casel an der Mosel (kirchliche Immunität) II, 299: . . . . wysen einen fryhen hob zu Iselbach, der ist also fry, wann eyner den lyb verwirkt hette und in den hob queme, soll er 6 wochen und 3 tage lybs sicher darin sein . . . allein öffentlich mordere, und dieb und diebery ussgescheyden.

[36]) Statuta synodalia des Erzbischofs Siegfried von Cöln v. J. 1280 c. 13 bei Lünig, Spicil. Eccles. P. I. Fortsetzung S. 384.

[37]) Wachter a. a. O. S. 107 f.

[38]) Landfriede der baierischen Herzöge Stephan, Albrecht und Wil-

so dass schon die Bamberger Halsgerichtsordnung und nach
ihr die beiden Entwürfe der Carolina die Regel aufstellen
konnten, dass Räuber, Mörder und Brenner von dem Schutze
weltlicher wie geistlicher Freistätten ausgeschlossen seien [39]),
und wenn es auch zu keiner Zeit an missbräuchlichen Ueber-
schreitungen des Asylrechts gefehlt haben mag [40]), so kam
doch die im Strafrecht des Mittelalters einen so hervorragen-
den Platz behauptende Unterscheidung zwischen ehrlichen
und unehrlichen Sachen auch für die Freistätten dergestalt
mehr und mehr in Aufnahme, dass schon seit dem 15. Jahrhundert das Asylrecht als Rechtsinstitution nur noch
für solche Delikte, welche nicht an die Ehre gingen, insbesondere für im Affekt oder fahrlässigerweise verübte Todtschläge, in dieser Beschränkung aber allerdings weit über
das Mittelalter hinaus, praktische Bedeutung behielt [41]). So

---

helm v. 1352 (Quellen zur deutschen u. baier. Geschichte VI, 421): „Bei
erstem wollen wir, dass alle unsere Amtleute und auch alle Leut gemeiniglich zu Niederbaiern allen schädlichen Leuten, es seien Räuber,
Brenner, Mörder oder Diebe unser Land verbieten und sie daraus ent-
schlagen also, dass sie an keiner Stätte, in alter noch in neuer Freiung,
Fried noch Sicherheit haben sollen".

[39]) Zöpfl, Die peinliche Gerichtsordnung Karl's V., S. 152 u. 153,
Leipzig 1876.

[40]) S. die interessanten Beispiele aus der Vorgeschichte Frankfurts
bei Kriegk a. a. O. S. 294—296.

[41]) Pantaiding zu Grimmenstein (am Wienerwald): so vermelt ich
den Herrn zu Gr. eine gefürste freiheit . . . wo einer käm und hett gehandelt
um ehrbar sach und hätte einen gebracht vom leben zum tod, so mag
er die freiheit erlangen, käm aber einer auf die freiheit als ein schädlicher
man, es wäre ein mörder, ein brenner oder räuber, ein dieb oder einer der
frauen oder jungfrauen wolle schaden an ihren ehren, der hat kein freiheit. —
Weisthum von Kessendorf (Oberöstreich) v. J. 1437. Salz-
burger Taidinge S. 31: wir haben alhie ein freiung mit marchen umb-
fangen . . . . . welcher umb erbar und redlich sachen darein fleucht,
der hat freiung ein monat und drei tag.
Hofmarktsöffnung zu Fischorn (Pinzgau) v. J. 1497. Salzb.
Taidinge S. 281: es hat ein jeder pfleger zu Vischorn Freiung zu geben
um mannslaht die mit redlicher tat beschicht . . . .
Weisthum v. Zistersdorf, Kaltenbäck a. a. O., Nr. 211: der
pfarrhof und die Wieden hat söllich fürstliche freiung um erber sach . . . . .

haben noch in den Jahren 1556—1619 sechs Todtschläger in Neuenburg [42]) und 1740 drei Bauernburschen wegen desselben Vergehens in der kaiserlichen Freiung Prichsenstadt bei Ansbach [43]) Aufnahme gefunden. Im Jahre 1650 erhielten die Grafen von Rantzau durch K. Ferdinand III., 1671 die Fürsten zu Schwarzenberg, 1675 die Grafen von Königseck, 1680 die Freiherren von Ingelheim, 1691 der Graf von Schwarzburg-Sondershausen, sämmtlich durch K. Leopold, und 1707 der Graf von Wartenberg durch K. Joseph I. für sich und ihre Erben und Erbeserben das Privilegium in und auf ihren Schlössern und Wohnungen, soweit sich deren Umfang mit Höfen, Häusern, Gärten und sonstigen Zubehörungen erstreckte, „alle und jede Todtschläger und dergleichen unsichere Personen und Missethäter (doch offene Mörder und diejenigen, welche jemanden fürsetzlicher, mörderischer Weise entleibt hätten, ausgenommen etc.) hausen, höfen, ätzen, tränken und mit ihnen Gemeinschaft haben zu dürfen, nach ihrer Nothdurft, Willen und Wohlgefallen, dass auch solche Todtschläger oder dergleichen unsichere Personen, daselbst Jahr und Tag Freiung haben und weder mit noch ohne Recht, von einiger Obrigkeit, daraus genommen werden möchten" [44]). Nach Maurer [45]) waren noch bis zu Anfang des 19. Jahrhunderts Missethäter, welche in die ehemalige Hofmark Maxelrain in Oberbayern flohen, sobald sie den die Herrschaft umgebenden Grenzgraben erreicht hatten, frei von jeder weiteren Verfolgung.

Während es sich in Obigem darum handelte, einen allgemeinen Ueberblick über die Entwickelung des Freistättenrechts in Deutschland zu geben, ist nunmehr auf die spezielle Beziehung desselben zur Blutrache überzugehen. Hierbei kommen hauptsächlich zwei Rechtsbildungen in Betracht: das Asylrecht des eigenen Hauses und das der Fronhöfe.

---

[42]) Myler a. a. O. S. 54.
[43]) Stieber, Nachrichten vom Onolzbach, S. 684.
[44]) J. J. Moser a. a. O. S. 291 f.
[45]) Fronhöfe, IV, 251.

„Es liegt in der Natur der Sache", bemerkt Hälschner [46]) zur Charakterisirung des germanischen Hausfriedens, „dass je weniger der öffentliche Friede gesichert, je weniger die öffentliche Gewalt der Privatperson helfend und stützend zur Seite steht, der Hausfrieden um so höher und heiliger geachtet wird. Dass Jedermann in seinem eigenen Hause und dem zugehörigen umschlossenen Raume, in seinen vier Pfählen Frieden haben solle, ist ein uralter Grundsatz des germanischen Rechts und nicht nur gegen jede widerrechtliche Gewalt, sondern auch gegen die des Klägers und Richters schützte der Hausfrieden bis zu erfolgter Verurtheilung."

In Todtschlagssachen hielt auch das Mittelalter noch streng an diesem Grundsatz. In städtischen wie nichtstädtischen Rechtsquellen finden wir den Todtschläger durch den Frieden seines Hauses vor unmittelbarem Angriff und Verhaftung geschützt und selbst wenn er sich zu Recht zu stehen erbot, konnte, falls er sich nicht freiwillig dem Gerichte stellte, das Verfahren nur in einer den Hausfrieden wahrenden Form vor sich gehen. In Petri's Geschichte der Stadt Mühlhausen [47]) wird erzählt, dass noch im Anfang des 17. Jahrhunderts jeder Bürger in seinem eigenen Hause für seine Person derartig gefreit war, dass er selbst wegen eines Todtschlags in demselben nicht verhaftet werden durfte, sondern dass auf sein Begehren das Gericht vor dem Hause abgehalten werden musste, wobei es dem Thäter gestattet war, von einem Fenster desselben aus seine Vertheidigung zu führen.

Aber nicht blos dem Herrn des Hauses, sondern jedem Hausgenossen und jedem Hineinflüchtenden wurde dasselbe in Folge der Unverletzlichkeit des Hausfriedens in gleichem Falle zum Asyl [48]), aus dem er nur mit Bewilligung des

---

[46]) System des preuss. Strafrechts, Bd. II, S. 193.

[47]) Osenbrüggen, Alamannisches Strafrecht, S. 52.

[48]) Pantaiding v. Baumgarten (Kaltb., Nr. 9, 17): Ain jeder Hausgsnos hat in seinem haus gefürste freiung sambt allen den, so bei Im sein oder wonen oder hineinfliehen . . . .

Pantaiding v. Ober-Döbling bei Wien (Kaltb., Nr. 204, 28): wann ain Man flüchtig wirdt umb Erbare sach zu ainem from Man in

Hausherrn [49]) oder (so namentlich in den thüringischen Stadt-
rechten) erst nach erfolgter Verurtheilung genommen werden
durfte. So bestimmt das Stadtrecht von Orlamünde von 1381:

> Item gesche eyn tat jn eyns burgers huse oder
> wiche eyn teter jn eyns burgers huss, So mag der
> richter nachfolgen vor die tür, daselbist sal her dann
> bencke setzin und eyn gerichte bestellin und den teter
> usz des burgers huse gewinnen mit gerichte und rechte [50]).

Also hinein bis in das Haus, wohin der Thäter sich geflüchtet hatte, durften die Gerichtsdiener ihn nicht verfolgen,
sie mussten an der Pforte des Hauses mit der Verfolgung
innehalten [51]), doch war dem Richter gestattet, sofort vor dem
betreffenden Hause eine Gerichtssitzung zu constituiren (sal er
dann bencke, d. h. die Schöffenbänke setzen) und wenn in
dieser der Flüchtling für schuldig erklärt wurde, ihn aus dem
Hause herauszunehmen. Allerdings war in manchen Rechten
das Schutzrecht des Hausherrn zeitlich beschränkt, so z. B.
im Mosheimer Weisthum (Grimm, VI, 16) auf eine Nacht,
andererseits durfte er aber dem Thäter zur Flucht verhelfen,
ohne dadurch der Freundschaft des Entleibten oder dem Gerichte sich verantwortlich zu machen [52]).

---

sein hauss, sollen Ime seine feindt ferrer nit nachkhomen, dan drey tritt
von des hauss Tachtropfen . . . . . .

[49]) Mosheimer Weisthum (Bayern). Grimm, VI, 116: Ist das
ein man umb ein ungetat hin in geflohen chumt auf daz aigen oder auf das
lehen, den sol das gericht vordern auzzerhalb des tors; antwurtt in der
wirt her auz oder wil in verantwurten, wol und gut; ist des nicht, so sol
das gericht die hofstat vil wol bewaren, uentz her aus ge. Vgl. auch
Grimm, I, 335.

[50]) Bei Walch, Vermischte Beiträge zum deutschen Recht, II, 71.
Dieselbe Freiheit genoss, wer wegen Todtschlags in das Rathhaus von
Gera flüchtete. Walch a. a. O. S. 112.

[51]) Anders im Bamberger Stadtrecht § 188 (Zöpfl, Urkundenbuch,
S. 54). Folgte das Gericht dem Mörder so eilig nach, dass es ihn noch
im Hause ansichtig wurde, so musste der flüchtige Verbrecher ihm herausgegeben werden.

[52]) Münchener Stadtrecht v. 1294 (Mon. Witt. VI, 51) § 28:
Swer ainen schaden tut, chumpt der flvchtiger in eins frumen manes hus,
der selb frum man, durch sin hus ere sol in bergen und sol in hin

Alles Vorstehende bezieht sich jedoch lediglich auf den nichtverfesteten Thäter. Den Verfesteten schützte nur der Friede seiner eigenen Wohnung, keine fremde. Ihn zu bergen und zu speisen war streng verboten [53]).

---

helfen. choment sin veint hin nach, vor den sol er in bergen und beschirmen, so er best mack, chumpt aber der rihter hin nach oder sin boten, den sol er uf tun sin haus und allez, daz verspart (versperrt) ist in sinem hus und sol in da lazzen suchen, und sol doch jenem hin helfen, ob er mack und ist darumb niemen chainer buzz schuldick.

Bamberger Stadtrecht § 189: Tet aber einer einen mort und fluhe in ein haus e daz gerichte dar zu kom, und daz im das gericht nicht nach volget het biz in das haus, und kom denn der Morder davon und wurd im von geholfen, wer daz in dem haus tet da ist der wirt noch dy seinen noch nymant der in dem haus wer nichtz schuldig umb ze antworten und nichts vervallen von rehtz wegen, als daz von alter her komen ist.

Pantaiding des Klosters Heiligenkreuz (Unteröstreich), Kaltb., Nr. 1, 27: Ob zween auf der gassen mit einander slaghaft wurden und ainer den andern vom leben zum todt bracht, derselb, der dy manschlacht gethan hat, fluch in aines erbern manes haws, ee wann das gericht, die freundschafft oder yemand's annder khem, Im nachsteen oder vahen wolten, möcht Im der wirt hinden aus, neben! aus oder voraus gehelffen, er wär nichtz darum verfallen. — So auch im Marktrecht von St. Leonhard v. J. 1406, welches noch weiter ging, indem es sogar den Thäter selbst ausser Verfolgung setzte, wenn es dem Hauseigenthümer gelang, vor Ankunft des Gerichts jenem davon zu helfen. Oberbaierisches Archiv für vaterländische Geschichte, Bd. 21 S. 84. Andere Weisthümer (wahrscheinlich neueren Ursprungs) verboten dagegen das Davonhelfen. Vgl. Kaltb., Nr. 52, 25; 136, 6; 151, 4 mit Nr. 30, 47; 55, 14; 65, 19.

[53]) Vgl. J. W. Planck, Das deutsche Gerichtsverfahren im Mittelalter. Braunschweig 1879. Bd. II., S. 296 f. und die daselbst angeführten Quellen. Ferner Grimm, W., Bd. I, 200. V. 11. Auch die Städte waren in diesem Verbote inbegriffen. Die Constitutio pacis Friedr. II. (Pertz, Mon. L. L. II, 113) untersagte ihnen, wissentlich Aechter aufzunehmen und in ihren Mauern zu dulden. (Nulla civitas vel oppidum proscriptum teneat scienter etc.) Viele Städte nahmen deshalb Veranlassung, sich gegen die ihnen aus der unwissentlichen Aufnahme von Aechtern drohenden Nachtheilen privilegiren zu lassen. Ausnahmsweise erlangten jedoch Städte specielle Befugniss zur Aufnahme offenkundiger Aechter, z. B. Ueberlingen durch Privilegium des K. Ruprecht v. J. 1402: „undt haben ihnen (den Bürgern von Ueberlingen) diese besondere Gnade gethan . . also, dass sie alle und jegliche Aechter, die heimlich oder offenbar Aechter seindt, sie wären

Dem Hausfrieden nahe verwandt, aber ungleich reicher entwickelt war das Asylrecht der Fronhöfe. In den davon handelnden Weisthümern hat zugleich die Poesie im Recht ihre schönsten Blüthen gezeitigt.

„Fron- oder Herrenhof hiess bei sämmtlichen germanischen Völkerschaften die Wohnung des Grundherrn nebst allen dazu gehörigen Gebäuden, Hofräumen und Gärten. Jeder freie Grundbesitzer, der König ebensowohl wie der grössere oder kleinere Grundherr besass einen solchen Fronhof, namentlich auch wegen ihres freien Grundbesitzes die hohe und niedere Geistlichkeit" [54]). Selbstverständlich standen alle dem Hausfrieden entfliessenden Rechte auch dem Fronhofsbesitzer zu. Aber die Fronhöfe waren der Regel nach zugleich Immunitäten [55]), d. h. von der öffentlichen Gewalt eximirte Bezirke. Kein öffentlicher Beamter durfte sie zum Behufe der Vor-

---

ihnen vorkündiget oder nicht, aufzunehmen, enthalten, husen und hofen, und alle Gemeinschaft mit ihnen haben mögen als mit andern Leuten und soll damit wider uns, das Reich, noch niemand anders nicht gethan noch überfahren haben und das auch nicht weder an Leibe noch Gute vergelten". . . . . Uebrigens galt auch bezüglich des Aechters der Grundsatz, dass ihm der Herr des Hauses vor Ankunft des Gerichts ungestraft davon helfen durfte. Baierisch. Landfriede v. 1300 § 38 (Quellen z. deutsch. u. baier. Geschichte VI, 117): Swelh aehter chumt in eines mannes haus, dez hausherre sol iem helfen, daz er an schaden dar auz chom, und dar umb sol er niht in der acht sin. Wirt aber der achter in dem haus funden, mag sich der wirt niht bereden, er en wesse, daz er in aehte waer (d. h. wenn er nicht darzuthun vermag, unwissentlich einen Aechter behauset zu haben) so sol man daz haus und den wirt in die aehte tun.

[54]) Maurer, Fronhöfe, Bd. I, S. 2. Im weitern Sinne umfasste der Fronhof gleichzeitig alle zu einem Fronhofe gehörigen Ländereien und Besitzungen. War eine solche Grundherrschaft sehr ausgedehnt, oder aus mehreren Grundherrschaften nach und nach zusammengebracht, so erhielt jede kleinere Grundherrschaft wieder ihren eigenen Fronhof. Maurer, ebendaselbst S. 3 u. 4 und Schmidt, Graf Albert v. Hohenberg. Stuttgart 1879, Bd. II, 31 f.

[55]) Ueber Begriff und Ursprung der Immunität: Maurer a. a. O. S. 282 f. Zöpfl, Rechtsgeschichte, II. § 41. Dessen Alterthümer Bd. I, S. 39—43. 52 f. 185. 215. 259—261. Bd. II, S. 9. 14. 61 f. Ersch und Gruber, I, Bd. 49 s. v. Freiung.

nahme von Rechts- und Amtshandlungen betreten, insbesondere keine Verhaftungen darin vornehmen. Hiernach lag es
in der Natur der Sache, dass die Exemtion des Fronhofes
sich auch auf den hineinflüchtenden Verbrecher erstreckte,
wofern ihn der Grundherr resp. der ihn vertretende oberste
Beamte des Fronhofes bei sich dulden wollte[56]), und wie in
diesem Falle der Fronhof den Flüchtigen vor dem Angriff
der Gerichte schützte[57]), so natürlich auch vor jeder Verfolgung von privater Seite[58]). Die Herausbildung der Fronhöfe zu Freistätten lag demnach schon im Charakter der
Immunität, ausserdem besassen sie das Asylrecht aber in der
Regel auch noch auf Grund ausdrücklicher Verleihung[59]).

War schon die Verfolgung des Thäters in eines Privat-
mannes Haus mit Strafe bedroht[60]), um so viel mehr die

---

[56]) Freihof zu Esslingen (Reyscher, Altwürtb. Statuten, S. 19):
so fer ain Abt, Convent oder Ir Anwalt daselbs, zu der Willen und gefallen
solch Personen ein, und der Freiheit geniessen zu lassen, steen soll, so-
lichs zugibt und vergünnet . . .

[57]) Dingrodel v. Zarten (Schwarzwald) v. J. 1397, (Grimm, W.,
I, 339: wer ouch, das dehein man des vogtes ungnade verschuldet hette
mit unzüchten, flühe der ze sant Märien in den ettern, so sol im der
vogt nüt nachfolgen weder zu rosse noch ze fusse untz an den ettern
(Umzäunung) wand das gotzhus von alter also gefryet ist, das man da
nieman vahen noch slahen sol. Als eine Ausnahme ist es zu betrachten,
wenn es in dem Pantaiding von Stoitzendorf (oberhalb Wien) Kaltb., Nr.
33, 16 heisst: ob einer in das Gslos (Schloss) fluchtig wurde, es wär umb
erber oder unerber sach, so mag Im der richter nachkomen und nach-
eilen bis für ains herrn tisch on desselben Einred und widersprechen,
also ist es von alter herkomen.

[58]) Weisthum v. Efringen (Schwarzwald), Grimm, W., I, 323: Man
so loch wissen, dz der hof ze Efringen ein frier hof ist, und dz nieman dem
andern da kein leid frevelich noch ungemach tun sol und wer, dz jeman
den andern vor dem hof frevelich schlagi oder verwundet oder ze tod
schlugi weler der ist, wenn er komet in den hof, so sol er fried han
und sol im nieman nach löffen noch kein leid tun in dem hof . . . . .

[59]) Ueber die Ursachen der Verleihung vgl. Maurer, a. a. O. IV,
S. 259.

[60]) Pantaiding v. Ober-Döbling, Kaltb., Nr. 204, 28: wan ain
man fluchtig wierdt um Erbare sach zw ainem fromen Man in sein hauss,
sollen Ime seine feindt ferrer nit nachkomen dann drei tritt von des

Verletzung der Freiheit des Fronhofes. Gewaltthätige Miss-
achtung der Freiung galt als Bruch eines höheren Friedens
und zog schwere Folgen nach sich, entweder hohe Geldbussen [61]), oder den Verlust eines Gliedes [62]), nicht selten sogar
die Todesstrafe, welche der Vorsteher des Hofes (Meier, Hofmann)
sofort an dem Friedbrecher vollstrecken durfte. So sagt das
Schaurer und Bruchweiler Weisthum v. 1511 (Grimm,
II, 138): „Die sieben scheffen haben geweist, ob einer be-
kummerdt oder ein missthediger man in der frien hoeff einen
lieff, derselbig soll frei sein und ob ime nachgevolgt von eim
herrn, knecht werde oder ein ander, so sol der hofman von
inen richten, ein galgen uber das dohr machen und ihnen
daran hencken, den bauch innen keren und den ruck (Rücken)
herausser“, und von den Freihöfen zu Epfendorf bei Rotweil
in Schwaben erzählt die Chronik des Werner von Zimmern [63]):
„Diese höf seind auch so frei gewesen, was ain teter begangen
und in deren höf ainen kommen, ist er gleich so sicher gewesen, als ob er in die Kirchen kommen wer. und ob der,
dem der teter etwas zugefüegt, denselben in dieser höf ainem,
darein er fluchtweis kommen, mit gewalt hinausziehen oder
sonst gewaltige handt an in legen welte, so ist der mair der
den hof besitzet in zu beschürmen schuldig. wa aber der
erst nit nachlassen will, so mag er im den kopf auf seinem
hausschwellen abhawen und soll im drei heller uf das herz

---

hauss Tachtropfen, so ainer weiter nachkhumbt, bis uber das Trischubel
(Thürschwelle), so ist er der herrschaft verfallen 5 ℔ ₰ an alle gnadt.

[61]) Grimm, W., I, 673, 703, IV, 156. Hardt a. a. O. S. 195. Kaltb.,
Nr. 145, 2. Die daselbst angedrohten 32 ℔ ₰ sind die Todtschlagsbusse. Gewaltthätiger Bruch der Freistätte wurde sonach dem Todtschlage
gleich geachtet.

[62]) Grimm, W., I, 679, 790, II, 131, IV, 398. Dem insolventen Friedbrecher sollen nach dem Wartensteiner Pantaiding (Grimm, III, 12) alle
vier abgehackt werden. Aehnlich in dem Kirchberger Pantaiding bei
Kaltb., Nr. 95, 10: Ist er aber ein gemeiner Man, der ist verfallen das
man Im abhackh alle viere und leg Ims aufn Pauch, damit er hinfür
khein freiheit zuprech.

[63]) Bibliothek des litterarischen Vereins in Stuttgart XCIII. Bd. 3
S. 40.

legen. hiemit hät er in gebüeszet und ist weiter darumb niemand nichs schuldig [64])".

Die Aufnahme in die Freiung bezw. die Genehmigung zum Aufenthalt in derselben musste beim Grundherrn oder dem ihn vertretenden Beamten besonders nachgesucht werden. Im westlichen Deutschland scheint eine formlose mündliche Bitte genügt zu haben [65]), wogegen sich im Geltungsgebiete der östreichischen Weisthümer der Flüchtige durch eine Geldabgabe (2—12 Pfennige) förmlich in die Freiung einkaufen musste. Man nannte das „die Freiung be- oder erstehen" [66]). Selbst Gefahr im Verzuge befreite nicht von Erfüllung dieser Formalität, aber das in den Rechtssatzungen so häufig zu Tage tretende, von edlem Mitgefühl geleitete Bestreben, dem Thäter, der im Streit, in der Hitze des Zorns, vielleicht gar nur aus Unachtsamkeit eine Blutschuld auf sich geladen, das Entkommen zu erleichtern, verleugnete sich auch an dieser Stelle nicht. Waren dem Flüchtigen die Bluträcher oder die Gerichte auf den Fersen, und blieb ihm keine Zeit, den Einlass in die Freiung in aller Form nachzusuchen, so genügte es, wenn er die Abgabe oder an Stelle derselben ein Pfand im Werth von zwei Pfennigen oder ein „Freizeichen", war es ein Hut, ein Stein oder eine Hacke in die Freistätte warf. So heisst es in dem Ehafttaiding von Helmansöd (Oberöstreich), Grimm, W., III, 685:

> Ob ainer von seinen Feinden geeilt wurd und die freyung von ainer obrigkhait nit bestehen mecht, so mag er alsdan in die berüerte freyung werfen zwei

---

[64]) Die drei Heller waren die Scheinbusse, welche nach gemeinem Gebrauch für die Tödtung des Hausfriedensbrechers (vgl. Grimm, W., III, 42 § 15; 308 § 9; Kaltb., Nr. 91, 26; Nr. 92. 13; Nr. 95, 31), sowie nach rheingauer Landrecht (Grimm, W., I, 543) für die Tödtung des vogelfreien Mörders zu zahlen war.

[65]) Cologne de Hochstade (Elsass) Grimm, W., IV, 87:... à charge par lui de s'adresser dans l' intervalle au seigneur censier et lui demander l'asile.

[66]) Grimm, W., III, 712, 687. Kaltb., Nr. 91, 8, 92, 2. 95, 12. 184, 5.

zwei pfenning werth und sprechen: hie besteh ich
meines gnädigen herrn von Stahremberg freyung! die
ist im alsdan verliehen . . . .

Noch anschaulicher und poetischer drücken dasselbe aus:
Pantaiting zu Grimmenstein (Grimm, W., III, 716):

Nun so vermelt ich dem herrn zu Grimmenstein ein
gefürste freiheit, als weit und breit ir grundt weret,
wo einer käm und hett gehandelt um ehrbar sach und
hätte einen bracht vom leben zum tod, so mag er die
freiheit erlangen 14 tag umb 2 pfening; wo er aber
so sehr quält wurde von seinen feinden und möcht die
freiheit nicht erlangen und wurff nur seinen hut hinein,
so hätte er die freiheit schon erlanget.

Pantaiding zu Tachenstein (Kaltb., Nr. 184, 4):

Ob zweene im unwillen oder krieg sich gegen einander aufwurffen, von wort zu Streichen kämen undt
der aine erreichet den Grundt zur herschaft Tachenstein gehörend mit einem Huet, Stein oder Hacken
und spräch dreymal: Hie freyung": so soll er zu hand
versichert sein mit der freyung, so wohl, als wäre er
im Schloss Tachenstein [67]).

Nach dem Gutenstädter Pantaiding durfte der Flüchtige, wenn er über den Rain in den Freiungsbezirk kam, den
nächstgelegenen Nachbar um Aufnahme in die Freiung ansprechen. Dieser sollte sie ihm dann gegen Entrichtung von
12 Pfennigen, und wenn der Flüchtige nicht soviel bei sich
hatte, nöthigenfalls um 6 auch 2 Pfennige verstatten. Hatte
der Aufnahmesuchende aber auch nicht einmal so viel bei
sich, so sollte der Nachbar in seine Tasche greifen und Jenem
die 12 Pfennige leihen, um sich damit in die Freiung ein-
zukaufen [68]).

---

[67]) Andere Beispiele Grimm, III, 684, 687. Kaltb., Nr. 14, 9;
145, 2; 497, 4, 500, 2; 507, 12.

[68]) Chabert, Bruchstück einer Staats- und Rechtsgeschichte der
deutsch-östr. Länder. Denkschriften der Wiener Akademie der Wissen-
schaften IV, 44. Während nach den im Text angeführten und anderen
Belagstellen z. B. Kaltb., Nr. 11, 9; Salzburger Taidinge S. 336, b,

Der Regel nach [69]) beschränkte sich der Friedensbezirk auf den Raum innerhalb der Umwallung oder Umzäunung des Hofes. Aber gerade dass in Folge dieser Umschränkung die Rettung noch im letzten Momente scheitern und den Thäter im Angesicht der Freistätte das Schicksal ereilen konnte, sei es, dass sich ihm die Pforte des Hofes nicht rasch genug aufthat, oder er wegen eines andern Hindernisses ausserhalb desselben von seinen Feinden ereilt wurde, führte allenthalben zu theils symbolischer, theils faktischer Erweiterung des Friedensbezirks oder zur Beseitigung aller bei Gefahr im Verzuge das Betreten der Freistätte erschwerender Hindernisse. So bestimmt in Anlehnung an die Satzung des Schwabenspiegels das Weisthum zu Lemen (an der Mosel) vom J. 1516 (Grimm, W., II, 463): Käme der flüchtige Todtschläger an den Ring der Hofpforte, solle er so frei sein und freier als in der Kirche. Zu Offingen in Schwaben diente gleichem Zweck ein Stein vor der Pforte des Herrenhofes:

> Und hat dieses gut die freiung, ob einer den andern zu tot schlüge oder wasz ungetat er da dete, dasz er flüchtig würde, kombt er dann auf den stein der vor dem haus neben dem türlein ist gelegen und mag (sc. vermag) nit in den hof komen, so ist recht freiung auf demselben stein als im hof. (Grimm, W., IV, 205.)

in Ober- und Unteröstreich das Freiungsgebiet über den ganzen gutsherrlichen Bezirk sich erstreckte und der Flüchtige innerhalb der Grenzen desselben sich frei bewegen konnte, scheint im westlichen Deutschland und in der Schweiz die Freistätte auf den mit Mauern und Zäunen befriedeten Raum beschränkt gewesen zu sein. Grimm, W., I, 2. II, 68. IV, 25.

[69]) Bezüglich der Ausnahmen s. die vorige Anmerkung. Von Schloss und Markt Hohenberg bei Eger berichtet Haltans, Gloss., S. 631: das Freiheitsrecht des Schlosses wird durch vier Geleitssäulen (früher Kreuze) angedeutet, welche eine ziemliche Weite vom Markte stehen. Wenn sich ein Todtschläger denselben soweit nähert, dass er seinen Hut über diese Säulen hineinwerfen kann, so ist er von der Verfolgung des Bluträchers frei. Diejenigen, welche ohne Vorsatz einen Todtschlag begangen und sich hierher flüchten, die bei dem hochfürstl. Beamten angeloben, den Freiheits-Artikeln nachzuleben und 21 gute Groschen erlegen, finden daselbst Sicherheit. Sie dürfen frei aus- und eingehen, doch nicht über die Gerichtssäulen hinaus.

Konnte also der Verfolgte auch nur diesen Stein erreichen, so war er gesichert. Im Weisthum von Q u e i c h h a m b a c h v. Jahre 1382 (G r i m m, W., V, 562) weisen die Schöffen es als ein Recht des Fronhofes, dass, wenn derselbe geschlossen wäre und einer der Freistätt begehrte, so brauche er nur seinen „Plunder" (d. h. seine mit sich führenden Habseligkeiten) hinüberwerfen und seinen Fuss an den Hofzaun stellen, dann solle er so frei sein, als befände er sich mitten im Hof. Gleichlautendes Recht besass der Fronhof von E i s e n - b e r g in der Pfalz, nur mit dem Unterschied, dass hier der Todtschläger sich mit dem Rücken unter das Vordach der Hofmauer stellen musste[70]. Nach manchen Weisthümern sollte das Hofthor, damit der Thäter desto ungehinderter in den Hof gelangen konnte, offen bleiben oder mit einem unverschlossenen Nebenpförtchen versehen sein[71]) und auf den Gütern der Herrschaft R i e n e c k in Franken der Fronhof bei jedem Auflauf unverzüglich geöffnet werden[72]). Im B o c k e - n a u e r Weisthum v. Jahre 1487 (G r i m m, W., VI, 500) ist dem Meier sogar eine Instruktion für vorkommende Fälle ertheilt:

> Zum achten maile haben sie gewist, das derselben obgenante presentzen hof in gudem gewunlichen buwe und beschlaiszen sal sin, also, abe vientschaft queme[73]), so sal sich ein hofmann naher thun und of ein sit rucken (d. h. er soll sich nicht mitten ins Thor, son-dern an die Seite stellen) und dieselben die in dem hoefe von vorcht wegen fliegen zu sich nemen, und sall die dure (Thür) die zu der kuchen gait rumen,

---

[70]) Das interessante Weisthum ist mitgetheilt in: Zeitschrift für deutsche Kulturgeschichte. Neue Folge, II. Jahrgang, S. 454.

[71]) G r i m m, W., IV, 87. I n a m a - S t e r n e g g, Tirol. Weisthümer, II, 313.

[72]) G r i m m, W., III, 520.

[73]) Unter der „Feindschaft" versteht das Weisthum die Bluträcher und wer sich sonst an der Verfolgung des Thäters betheiligte. Es lag in der Natur der Sache, dass das Geschrei und Getöse, ohne welches die Jagd auf den Thäter ja nicht abging, schon von weitem zu den Ohren der Hofbewohner drang, so dass der Meier hinreichend Zeit hatte, die vorgeschriebenen Massregeln zur Aufnahme des Verfolgten zu treffen.

of daz man zu noeden si balde moecht treffen und of thun.

Auf dem Fronhofe zu B r e n i c h bei Bonn a. Rh. sollte die Pforte nicht „härter" geschlossen sein, als dass sie beim ersten Anlauf könnte aufgestossen werden. Im Nothfalle genügte aber schon die Berufung auf die Freiheit des Hofes [74]).

Wie zu Offingen ein Stein, markirte zu R h e i n a u bei Schaffhausen eine G r u b e vor dem Freihof den Beginn des Schutzbezirks:

> „were daz jemand dem andern etwas thäte mit wun-
> den old (oder) mit dem todschlag, ald wass er gethan
> hat und er entgieng, so er für die gruob in kere, di
> dat lit zu fronhoff, so soll er frid han und soll ihn nit
> fürbass jagen. (G r i m m, W., I, 288.)

Sehr glücklich versinnlicht hier die Gegenständlichkeit der mittelalterlichen Rechtssprache durch den (öfters wiederkehrenden) Ausdruck „jagen" die Situation: „der Mörder wie ein gehetztes Wild in athemloser Hast seinen Lauf nach der Freistätte lenkend, die Meute der Bluträcher hinter ihm drein, ihn zu erhaschen trachtend, bevor er die schützende Stelle erreicht. Es ist ein Zug von schöner Menschlichkeit, wenn das Wendhagen'sche Bauernrecht [75]) dem Thäter die Möglichkeit bietet, auf dieser Hetzjagd eine Weile zu verschnaufen. Der Richter frägt: „Wenn es sich zutrüge, dass Jemand

---

[74]) G r i m m, W., VI, 689: auch weisen die gesworen, dasz die pfort des hofs nicht harter geschlossen sall sein, dasz man sie in einem lauf kan auflaufen; obs sach were, dar gott vor sei, dasz einer einen dodtschlagh gethon hette, dasz er der freiheit vonnöten hette, und queme vor die pfort und kont nicht in komen und würde ereilt und vor der freiheit angehalten mit seinem leib; derselb würde sich auf das recht auf dem hoff beruefen, der halfen sall denselben auf seinen freien fuss setzen. (Ueber die Bedeutung von Halfen = Halbbauer vgl. G r i m m's Wörterbuch s. v. halfen.) Aehnlich sagt das Weisthum von St. Wibrod's Kloster zu Echternach (H a r d t, Luxb. W., S. 195): „wenn ein mensch sein leben vermacht hett und kundt uff meins herrn freiheit kommen und r u f f t f r i e d t, s o s a l m a n h a n d a b t h u n . . .

[75]) S p a n g e n b e r g, Beiträge zu den deutschen Rechten des Mittelalters. Halle 1822. S. 200. Vgl. G r i m m, W., III, 312.

einen Andern niederschlüge, wie lange man dem auf der Flucht Zeit und Frist gönnen solle"? Darauf weisen die Schöffen: „Wären die Verfolger hinter ihm her und er käme über Feld an ein Paar aufgerichtete Eggen, dort möge er sich bergen so lange als man an einem Wecken für einen Pfennig isst und dann „fort" [76]). —

Die Aufnahme in die Freiung verpflichtete den Grundherrn resp. seine Beamten, den Flüchtigen gegen jede Gewalt zu schützen. Er sollte sich frei und ungefährdet innerhalb der Grenzen der Freistätte bewegen können [77]), doch musste er beim Eintritt seine Waffen abliefern und durfte während des Aufenthalts nur ein Messer mit abgebrochener Spitze bei sich führen [78]). Ueberhaupt genoss er den Schutz der

---

[76]) Die Erweiterung des Schutzbezirks ist als eine Singularität der fronhöfischen Freistätten anzusehen, denn obwohl den nichtfronhöfischen nicht vollständig unbekannt, wird sie bei denselben doch nur selten angetroffen. Ein Beispiel wurde in Note 69 angeführt, ein anderes ist das durch Kaiser Ferdinand I. im J. 1533 mit dem Asylrecht belehnte Hospital zu Biberach: „dass in angezeigtem Spital und als weit dieselbigen Hoffstatt eingefangen ist und zu rings darum, fünf Mann Schritt braith Kais. und Königl. Freiheit sein, ein jeder, was Standts oder Wesens der sei, so in gedachter Statt Biberach uss Zorn, Hitz oder ander Bewegnissen unbedächtlich Todtschlag thuen oder ander Malefitz begehen und in obgemelt Spithal flüchtigen Fuss setzen oder den Gezirk der fünf Schritt, der mit gedachter Kais. Majestät und Unserm und des Reiches Wappen ausgezeichnet werden soll, begriffen, die sollen u. s. w. Moser a. a. O. S. 291. Hierher gehört auch die von Myler a. a. O. S. 53 mitgetheilte „Freiheit" des Städtchens Neuenburg in Schwaben: „Item auch so haben die Burger und die Stadt die Freiheit, wäre es, ob ein Mensch, der sich hätte übersehen in Zorn . . . dass er weichen müsste von den Seine ndurch Forcht seines Leibes oder Gut und komet zu, umb und an die Stadt also nahe, dass man möchte mit einem Wappen-Handschuch werfen an die Stadtmauer, so sollen wir Burger dem Menschen helfen in die Freiheit und darnach so hat derselbe Mensch die Freiung sechs Wochen und drei Tage . . . .

[77]) Cologne de Hochstadt: Grimm W. IV, 87: afinque si quelqu' un en tuait un autre, il puisse se refugier dans la cour et y rester en sûreté. . . . Freihof zu Esslingen, Reyscher, Altwürtemb. Statuten, S. 19: also — das sy (sc. die Flüchtigen) darinne nit bekümert, belaidiget, beswerdt, noch daraus genomen oder Hand an Sy gelegt werden.

[78]) Grimm, W., III, 687.

Freistätte nur so lange, als er sich still und bescheiden betrug. „Er sollte sich", wie es in einer Rechtsweisung heisst, „halten wie ein Freiunger" [79]). Daher zogen Uebertretung des Waffenverbots, ungebührliches Betragen, Verübung von Unfug den Verlust der Freiung nach sich, doch war es dem Verwiesenen unbenommen, in eine andere Freistätte zu flüchten [80]).

In Betreff der leiblichen Verpflegung war die Rechtsübung ziemlich überall dieselbe. Der Flüchtige hatte für Speise und Trank auf seine Kosten zu sorgen und den Meier, wenn er an dessen Tische speiste, dafür schadlos zu halten [81]). In Armuthsfällen geschah zwar die Verpflegung unentgeltlich auf Kosten des Grundherrn, bestand aber dann auch nur in den nothdürftigsten Reichungen [82]).

Die Aufnahme in die Freiung gab ausser dem Frieden

---

[79]) Es ist wahrscheinlich, obwohl die Quellen darüber nichts besagen, dass der Schutzbedürftige bei der Aufnahme in die Freiung auf die obigen Verhaltungsmassregeln verpflichtet wurde. In Reutlingen las man den flüchtigen Todtschlägern eine Asylordnung vor, in der es u. A. heisst: „So lang ihr auch hie liegen und euch der Freiheit behelfen, sollen ihr in der Stadt kein Degen, Messer oder ander Waffen antragen, bei keinem offnen Wirth zehren, in kein offen Zehr- oder Trinkstube gehen, euch gebührlich und wohl halten, mit niemandts zanken; wo das nicht geschehen, wird man euch strafen nach eines Erbarn Raths Gefallen, dass ihr deren fürohin nicht fähig sein werden, doch mögen ihr umb einen Tag, Wochen oder Jahr lang dienen. Lünig, Pars spec., X. 313. Im Stift Reichenau musste die Asylordnung (sie bestand aus 9 Artikeln und ist mitgetheilt bei Myler a. a. O. S. 143) von dem Schutzsuchenden („Freiheitsmann") beschworen werden. Vgl. die Geleits-Artikel der Freistätte Hohenberg (Anmerkung 69) bei Helfrecht, Histor. Abhandlung von den Asylen. Hof 1801. S. 47.

[80]) Grimm, W., II, 244. III, 687.

[81]) Grimm, W., I, 652. II, 81. 244. 289. 299. 369. III, 796. IV, 364. Reyscher a. a. O. S. 20.

[82]) Weisthum zu Welschhillich (Eifel) vom J. 1595. Grimm, VI, 561: und da der miszthedig nit also häbig, noch des vermögens were, dasz er die leibzucht an seinen gütteren haben kunt, sollen die herren des thumbs ihme geben alle tag ein viertheil brods und ein kroch (Krug) mit wasser, damit der arme mann nit erschmähe.

sicheres Geleit zum und vom Gericht⁸³) und man erwartete,
dass der Thäter diese vortheilhafte Lage⁸⁴) benutzen werde,
sich vor Gericht wegen seiner That zu verantworten oder mit
der Blutsfreundschaft des Erschlagenen die Sache ins Gleiche
zu bringen. Wo in den Rechtsquellen dieses Zwecks nicht
ausdrücklich Erwähnung geschieht, wurde er stillschweigend
vorausgesetzt. Am unverkennbarsten zeigt sich das an der
Befristung des Asylrechts. Die Wege, welche in dieser Beziehung bereits von den Karolingern eingeschlagen wurden⁸⁵),
scheinen zwar in der Folgezeit nur beschränkte Nachahmung
gefunden zu haben, denn weder in den älteren kaiserlichen
Privilegien noch in den älteren Rechtsquellen zeigt sich mit
einzelnen Ausnahmen das Asylrecht an eine Frist gebunden⁸⁶).

---

⁸³) Ochtendunger Weisthum (Untermosel): Grimm, W., II, 472.
Und were sach, das ein missdediger .mensch uff den hoff quem, der sall
da uf frey sein und mein gnädiger herr sall den uf seiner gnaden kost
enthalten sechs wochen und drey tag und sall in alle viertzehen tag vor
gericht füeren, kan er sich verantworten, wol, ist das nit, sall man in
lassen gebrauchen der freyheitten des hoeffs . . . .
    Metternicher W. (Untermosel) v. J. 1563. Grimm, W., II, 508:
und der hoiff hait auch die freiheit, abe sich ein mensch versegh mit
einem dodtslagh, so mag er ainsoechen (ersuchen) ain v. gn. h. schulteis
umb geleidt 3 tag und 6 wochen, wanne aber die 3 tag und 6 wochen
umb seint und nit mit -der oberkeit und fruntschafft zufreden kann
werden, so . . .
    ⁸⁴) Wer sich auf handhafter That oder nach erhobenem Gerüfte er-
greifen liess, konnte nur in sehr beschränkter Weise zum Unschuldsbeweise verstattet werden (Planck, Das deutsche Gerichtsverfahren im
Mittelalter, I, 765 f. Schwabenspiegel Art. 100. Bamberger Halsgerichtsordnung Art. 23). Für die Rechtsvertheidigung war es demnach von
grosser Wichtigkeit, sich nicht auf frischer That betreten zu lassen.
Darum gab das Bamberger Stadtrecht (§ 69) seinen Bürgern den Rath,
im Falle einer Mordthat unverzüglich in ein Asyl zu flüchten und sich
dort aufzuhalten, bis sie ihrer Rechtsvertheidigung halber zu Gericht
„beleitet" würden (d. h. sicheres Geleit erhielten).
    ⁸⁵) Capitul. v. Jahre 779. c. 8.
    ⁸⁶) So enthalten z. B. sämmtliche in Grimm's W. mitgetheilte Weis-
thümer des Unterelsass, welche von Freistätten handeln (es sind dies die
W. von Gruszenheim, Scherweiler, Boffisheim, Euchhofen, Bassenheim,
Greszweiler, Marweiler, Sermersheim und Grendelbach) keine Befristung

Dagegen beschränken neuere Privilegien und namentlich die Weisthümer jüngerer Abfassung das Asylrecht fast stets auf einen bestimmten Zeitraum, und zwar meistens auf die Dauer von sechs Wochen und drei Tagen[87]. Diese 6 Wochen und 3 Tage entsprechen den drei Rechtstagen, welche in Zwischenräumen von je 14 Nächten dem abwesenden Verbrecher bei vernachteter Klage wegen Ungerichts gesetzt werden mussten, bevor er in die Acht (Verfestung) gebracht werden konnte[88]. Da zufolge dieses Rechtsgrundsatzes der in eine Freistätte geflüchtete Todtschläger, wenn er sich überhaupt dem Gericht stellen wollte, dies nicht vor dem dritten Rechtstage zu thun brauchte, so erklärt sich auf einfache Weise, weshalb die Schutzfrist der Fronhöfe sich gerade auf diese Zahl von Wochen erstreckte. Die 45 Tage sind die sechswöchentliche Vertheidigungsfrist des in die Freistätte geflohenen Todtschlägers mit der üblichen Zugabe von

---

des Asylrechts. Bei denjenigen dieser neun Weisthümer, bei denen das Jahr der schriftlichen Abfassung angegeben ist, fällt die letztere in die erste Hälfte, zum Theil sogar in den Anfang des 14. Jahrhunderts. Auch wo kein Datum angegeben ist, lässt der rechtsalterthümliche Inhalt auf ein hohes Alter der Abfassung schliessen. Dieselbe Erscheinung ist auch bei anderen Weisthümern, z. B. Grimm II, 84; III, 437; V, 545, 562; VI, 6 zu beobachten.

[87] Vielleicht ist aus der Thatsache, dass die ältesten Hofweisthümer die Dauer des Aufenthalts in der Freistätte nicht auf eine bestimmte Zeit beschränkten, zu folgern, dass, wie die Beschränkung des Asylrechts auf die sog. ehrlichen Sachen, auch die Befristung sich erst allmälig herausgebildet hat. In den Weisthümern des 15. bis 17. Jahrhunderts erscheint sie als die Regel und zwar so vorwiegend in der Begrenzung auf die Dauer von 6 Wochen und 3 Tagen, dass die Abweichungen (sie schwanken zwischen drei Tagen bis Einem Jahre) beinahe wie Ausnahmen erscheinen. Von 80 auf diesen Punkt von mir durchforschten Weisthümern mit Befristung haben nur 15 nicht die Frist von 6 Wochen und 3 Tagen, sondern eine theils kürzere, theils längere Frist. Diese Minderheit vertheilt sich auf die Länder: Franken, Baiern, Schweiz, Tirol und Oestreich, während das linke Rheinufer und die Nebenflüsse Saar und Mosel mit verschwindenden Ausnahmen an der Regel festhalten.

[88] Planck a. a. O. I, 342, 784 f.; II, 290 f. Bamberger Halsgerichtsordnung Art. 229 f.

d̃rei Tagen [89]). Gelang es demselben nicht, sich wegen der That zu rechtfertigen [90]) oder innerhalb der Schutzfrist mit der Verwandtschaft des Erschlagenen zur Aussöhnung zu gelangen, so war er gezwungen die Freistätte zu verlassen, denn beim Misslingen des Sühneversuchs nahm das peinliche Verfahren seinen Fortgang und endigte mit der Mordacht, und den Aechter konnte die Freistätte nicht schützen. Der Thäter gerieth dadurch in eine äusserst kritische Lage. Indem nämlich von seinen Feinden oder den Dienern der Obrigkeit der Tag, an welchem die Schutzfrist ablief, genau berechnet werden konnte, pflegten dieselben den Ort scharf zu bewachen, um sich seiner beim Verlassen der Freistätte sofort zu bemächtigen. Theilnahme für den Flüchtling eröffnete ihm aber auch in diesem zweiten gefahrvollen Momente den Weg zur Rettung. Konnte der Thäter, nach Zurücklegung einer kurzen Strecke umkehrend, den Fronhof wieder erreichen, ohne seinen Verfolgern in die Hände zu fallen, so begann die ursprüngliche Schutzfrist von Neuem. In den meisten Weisthümern sind drei Fuss oder Schritt vorgeschrieben [91]). Partikulär ist die Entfernung aber auch länger bemessen, z. B. im Helfanter W. (Grimm, II, 257) auf

---

[89]) Grimm, Rechtsalterthümer, I, 221 u. 222.

[90]) Beispiel einer solchen Rechtfertigung bei Osenbrüggen, Alaman. Strafrecht, S. 125.

[91]) Weisthum v. Sechten (zwischen Bonn und Brühl). Grimm W., VI, 685: und ob sach were, dasz einer gemördet, gerauft oder sons missethaten und das leben verwirkt hätt, und könt kommen auf dies hoeff oder vorschreben hoeffsgüter, so soll er freiheit haben sechs wochen und drei tag, dasz ihn kein herr oder herrendiener angreifen oder wäldigen mach. und wan solche sechs wochen und drei tag umb weren und könt dan der miszthätiger drei fusz davon und wieder daraus kommen und nicht angetast würde, soll er wieder wie vor die freiheit haben und so dick und manigmal er das zu wege bringen mögt. Weisthum v. Trittenheim (Untermosel). Grimm, W., II, 324 Und ob sache were, dass der missthediger wiederumb baussent den hof keme drey schriedt weidt, und von seinen feinden verfolg wirdt, so er wiederumb in den hoff kommen mocht, und den porten ringh angreiffen kundt, solte derselbiger wiederumb sechs wochen und drey tag freiheit han.

fünf Schritt, im Weisthum von W e l s c h b i l l i g (G r i m m, VI,
561) auf drei Klafter, im Weisthum von N a u d e r s in Tirol,
(I n a m a - S t e r n e g g, Tirol. Weisthümer, II, 313) auf neun
Schritt, theils ist sie wie im folgenden Weisthum von N e n n i g
(G r i m m, II, 254) vom Zufall abhängig gemacht:

Und wanie die sechs wochen und dry tag umb sein, soll
der arme sunder ein stein gegen der porten des hoeffs
uberwerfen und so er dahin komen möcht (d. h. an
die Stelle, wo der Stein niederfällt) und uber den
stein drey foëss und kan weder zuruck komen an den
hoff, so soll er abermals im hobe so lang, wie vor-
geschreben, fryheit haben.

Aehnlich, nur noch eigenthümlicher war die Sache geregelt im Weisthum von H ü n s d o r f (im Luxemburgischen):

Wannehe aber die ziell der obg. sechs wochen und
drey tagh umb und verlauffen weren und dieselbige
persone drey füsz auszerhalb des hausdruppenschlagh
khomen und ein kolter uberrücks uff bemeltes freyhaus dagh (Dach) werffen kundt, das so lang liegen
verplieb, dasz die misthedige personne wiederumb in
gerürtes freyhaus khomen möchte, so soll dieselbe
abermall die ziell von sechs wochen und dreyen tagen
darin gefreyet werden. Sobaldt aber die andere und
letzte ziell der sechs woechen und drey tagh auch umb
und verlöschen, so möchte der misthediger seine sach
gott und dem richter befehlen, dann desselbigen haus
freyheit innen (ihn) lenger nicht freyen noch erhalten
kahn [92].

---

[92] H a r d t, Luxemburger Weisthümer, S. 354. Das betreffende
Weisthum ist vom Jahre 1607, also eines der jüngsten, in welchen sich
noch Spuren der praktischen Uebung des Asylrechts finden und auch insofern von besonderer Bedeutung, als während in anderen Weisthümern
aus der 2. Hälfte des 16. Jahrhunderts die Befristung des Asylrechts
bereits zu einer leeren Formalität herabgesunken ist, indem sie (vgl.
G r i m m, W., II, 508) ohne weitere Bedingung von Neuem beginnt, sobald
ein Ausgleich noch nicht zustande gekommen, im obigen Weisthum die
Prolongation an schwierigere Voraussetzungen geknüpft ist.

Durch die Prolongation der Schutzfrist wollte man dem Verfolgten Gelegenheit geben, neue Vergleichsunterhandlungen mit der Verwandtschaft des Entleibten anzuknüpfen. Blieben dieselben abermals erfolglos, so begann auf manchen Fronhöfen so oft eine Wiederholung der ursprünglichen Frist, als der Thäter nach Zurücklegung der üblichen drei Schritt den Fronhof unangetastet wieder erreichte[93]), während er auf der überwiegenden Mehrzahl nach erfolglosem Verlauf der zweiten Frist nunmehr — aber allerdings, wie gezeigt werden wird, nicht ohne einen letzten Rettungsversuch — seinem Schicksal überlassen wurde[94]). Wollte der Thäter es auf den Wiedergewinn der Freistätte als zu gefährlich nicht ankommen lassen oder konnte der Fronhof den Flüchtigen nicht länger schützen, so durfte er dennoch der Rache seiner Feinde nicht ohne Weiteres preisgegeben werden. Das Recht gewährte ihm vielmehr noch eine letzte Gunst. Wie nämlich der Fronhofbesitzer verpflichtet war, in eigener Person oder durch den ihn stellvertretenden Meier dem Thäter bei den Vergleichsunterhandlungen behülflich zu sein, so musste er, wenn es ihm nicht gelang, denselben mit der Freundschaft des Getödteten auszusöhnen, dem Flüchtigen auf dem Wege, den dieser einschlagen wollte, eine Strecke weit das Geleit geben[95]). In

---

[93]) Pantaiding von Tachenstein, Kaltb., Nr. 184: Mag oder kann er sich mitler Zeit mit seinem gegentheil vertragen, ists ihm zugelassen: Ob nit, wann dass Jahr ein Ende hat, sol er drey Tridt vor das Thor hinaus thun undt wieder mit drey pfenning die freyheit bestehen auf ein ganzes Jahr zu austragung der Sachen, als offt es Noth thuet. Vgl. auch Grimm, W., II, 135 u. VI, 685.

[94]) Schöffenweisthum des St. Wilbrods Gotteshauses zu Echternach bei Hardt, a. a. O. S. 295: Kann er davon kommen sechs fuesz oder drei schritt und wieder hinder sich drumb daruff, das er dargethun kann mit wahrhafftiger kontschaft der zu glauben sei, soll er die freiheit noch ein mall hain, darnach helff im gott.—Nach diesem Beispiel musste also der Thäter, um abermalige Aufnahme zu finden, durch glaubhafte Zeugen erweisen, dass er die vorgeschriebene Strecke wirklich zurückgelegt habe. Ein anderes Luxemburger Weisthum bei Hardt a. a. O. S. 591 verlangt den Beweis durch „unparteiliche getaufte Kundschaft". Die Zeugen durften also keine Juden sein.

[95]) Weisthum zu Gillenfeld (Untermosel) vom J. 1561. Grimm,

dieser Geleitspflicht lag für den Thäter ein nicht zu unter-
schätzender Vortheil, indem der Vorsprung, den er dadurch
vor seinen Feinden gewann, möglicherweise hinreichte, ihn in
sein Heimwesen oder — was bei der Kleinheit der Territorien
selten Schwierigkeiten unterlag — über die Grenze des
Jurisdiktionsgebietes, in welchem er die Frevelthat begangen
hatte, gelangen zu lassen und jenseits des letzteren war er
gesichert. Denn bis über die Grenze durfte die Verfolgung
sich nicht erstrecken [96]), und wofern nicht zwischen einzelnen
Territorien resp. Städten Auslieferungs- oder Verträge zu
gegenseitiger Rechtshülfe bestanden [97]), oder wofern nicht die
Verwandten des Entleibten, was ihnen allerdings freistand,
noch in einem zweiten und ferneren Gerichte Klage erhoben, konnte selbst die Achtserklärung dem Thäter nichts
anhaben, da dieselbe nur innerhalb desjenigen Gerichts-

W., II, 412: und wann die zeit umb wäre und derselbig nit weiters darin
(sc. der Freistätte) gehalten wollte werden, sollen die herren den geleyden
ein banmeile wegs, wohin dass er begehrt und die herren von St. Florin
und die vögte sollen solches geleythe thun. Kombt er davon, so haben
beyde herren vollthain und der scheffen hüllfft ihme sein glück loben.
Weisthum des Fronhofs zu Lymersdorf (bei Remagen) vom J.
1559. Grimm, W., II, 648: wann aber die versöhnung binnen der VI
wochen und III tagen durch die herren nit erlangt mögt werden, sollen
die herren den missthedigen schuldig sein mit freyem geleydt zu lieberen
biss uff die Roidtbach bei Wichtrich und ihme allda drey genge strassen
wysen und speisen mit drey pfenningh brot und lassen ihn dan hin gain.
Andere Beispiele: Grimm, W., I, 317. II, 469. III, 461. 520. 677. IV,
164. VI, 66. 539.

[96]) Vgl. z. B. das Ehehaftrecht der Grafschaft Peitingau (im süd-
westl. Baiern) vom Jahre 1435. Grimm, W., III, S. 647, Nr. 8 u. 9,
woselbst eine genaue Beschreibung der Grenzen, bis wohin die Nacheile
gestattet war, und den Bericht des holsteinschen Amtmanns Blome in
Steinburg an König Christian III. v. J. 1553 (bei Falk, Neues staatsbürgerliches Magazin, IV, 250 ff.): Ein Todtschläger seines Amtsbezirks
hatte 3 seiner Geschlechtsfreunde wegen Vergleichs zu dem Amtmann geschickt. Mittlerweile hatte sich aber der Thäter von einem Adeligen der
Nachbarschaft als Unterthan unter dessen Gerichtsbarkeit ziehen lassen
und ging jetzt keck sogar vor den Augen der Freunde des Erschlagenen
umher.

[97]) Vgl. über diese Verträge: Planck, a. a. O. II, 173. 196. 297. 298.

sprengels Rechtswirkungen erzeugte, in welchem sie ergangen war [98]).

[98]) Planck, a. a. O. II, 295 ff. — Von dem Mittel, den Aechtungs-bezirk durch Klage bei mehreren Gerichten zu erweitern, wurde in praxi nicht selten Gebrauch gemacht. Ein Fall dieser Art ist enthalten im Codex Diplomaticus Silesiae Bd. IV, S. 64 (auch unter dem Titel: „Ur-kunden schlesischer Dörfer v. A. Meitzen, Breslau 1863): Christoph Skopp, Erbherr von Domslau hatte mit Hülfe seines Bruders Heinrich und zweier Anderen einen gewissen Jax Roth auf der Schwelle der Domkirche zu St. Johannes in Breslau erstochen. Die Brüder des Ermordeten Hans und Peter Roth machten die Sache zunächst beim Stadtgericht und Hof-gericht des Bischofs zu Breslau anhängig und nachdem diese beiden Ge-richte über den Thäter und seine Helfershelfer die Acht ausgesprochen hatten, brachten demnächst die beiden Brüder des Ermordeten die Sache vor das Land- oder Provinzialgericht (judicium provinciale) zu Breslau, dessen Jurisdiktion sich über das ganze Fürstenthum Breslau-Neumarkt erstreckte. Dieses erliess, nachdem Peter Roth für sich und in Vollmacht seines Bruders die Klage auf Mord erhoben, und durch ein Zeugniss des Stadt-gerichts zu Breslau die Verfestung des Thäters und seiner Genossen durch die genannten niederen Gerichte nachgewiesen hatte, eine Sentenz dahin, dass die Thäter vor das Landgericht zur Verantwortung zu laden seien. Nachdem dies geschehen und die Angeklagten auf dreimalige Ladung nicht erschienen waren, erging am 5. September 1458 nach-folgendes Urtheil: Also als die erbarn foit, richter und geswornen scheppin der stat Breslaw bekant habin noch ordnunge des rechten bey dem eyde, das vor in in gehegten dinge vorrechtiget und vorfestint sint Christoff Skop selbschuldiger, Heincze Skop sein bruder, Jancke Bleichir und Christoff Skops knecht, wie der genant ist, umb den mordt und frevil, den der genante Christoff Skop an Jaxen Rothen begangen und in wider got und alle recht frevelichen dirmordt und dirstochen hat uff der swellen der Thumkirchen zu sandte Johannis zu Breslaw, als dennen auch die erbarn foyth, richter, geswornen, mannen und sitczer uff des bischoffs hofe zu Breslaw vor en in gehegtin dinge bekant und ge-czeugit habin noch laute irer gerichtesbriefe dorobir, des hat Petir Roth vor sich und in macht Hanns Rot seines bruders, die Ochte (Acht) in des landis Ochte geczogen und mit rechten Ortiln gewonnen; also ist der vor-genante Christoff Skop selbschuldiger, Heincze Skop sein brudir, Janke Bleichir und Christoffs knecht, wie der genant ist, geheischin zum irsten mol, zum andirn mol, zum drittemol, wie recht ist, und zum vierdemol obir recht, und sie nicht komen sint sich zu verantworten, und noch der haischunge sint sie und alle die do folleist, hulffe, rat und tat dorczu getan und gegeben haben in des landes Ochte mit rechten ortiln gekün-diget, vorfestint, vorlobit und vorschribin, also das nymandt an en, die-

Selbstverständlich war es dem Thäter unverwehrt, schon vor Ablauf der Schutzfrist seinen Fuss weiter zu setzen und auch in diesem Falle verlangte die Sitte, ihm eine Strecke weit das Geleit zu geben [99]). Ebenso waren der Meier und die hofhörigen Leute befugt, jederzeit dem Thäter heimlich auf und davon zu helfen. „Wolle“, heisst es in einem Weisthum vom linksrheinischen Deutschland [100]), „der flüchtige Mann vor Ablauf der 6 Wochen und 3 Tage vom Hofe gehen, weil es ihm an Zehrgeld gebreche, so solle der Schultheis des Abends die hofhörigen Leute heimlich entbieten und vor Tagesanbruch den Mann eine Bannmeile geleiten bis zu der Stelle, wo die drei Wege zum Hofe stossen, von denen möge er einen kiesen zu wandeln. In einem elsässer Weisthum

---

weile sie in solcher ochte sint, frede vorwirken mag; in sint alle recht benomen, ire weibir witwen, ire kinder weisen geteilet, sonne und mond, lob (Laub) und gras, wege und stege vorsagit, genomen ihren frunden, gegebin iren findin und wer sie hawset adir hofet, forderunge, hulffe adir rat tut, als weit als fürstentume Breslaw Newmargt wendit, die sint beruffen in dieselbe Ochte und also hoch bestandin, als der selbschuldiger selber; moglichen von rechts wegen.

Nach dem ungedruckten Achtbuche der Stadt Breslau (Nr. 496 des städtischen Archivs) gelang es dem Christoph Skopp drei Jahre später (1461) sich aus der Acht zu ziehen auf Grund eines durch den Herzog Conrad von Oels zwischen dem Thäter und den Brüdern des Ermordeten im Jahre 1459 vermittelten Sühnvertrages, in welchem Thäter sich verpflichtete, eine Rente von fünf Mark jährlich zu kaufen, welche fünf Mark zum Seelenheil des Erschlagenen durch den Rath von Breslau an arme Leute vertheilt werden sollten. Dieser Sühnevertrag befindet sich auf der Breslauer Stadtbibliothek (Signaturbuch pro 1459) und ist im Wortlaut mitgetheilt unter Nr. 21 des dieser Schrift angehängten Urkundenbuches.

[99]) Im Geltungsgebiete der östreichischen Weisthümer musste jedoch wie für die Aufnahme auch beim Abzuge eine mässige Geldabgabe an die Herrschaft entrichtet werden. „Abfreien“ nannte das die Rechtssprache. Ob er aber die freiung nit haben wolt, so mag er sye wieder mit 12 ₰ abfreyen und sol man Jm das geleidt geben von dem Schloss als weit ainer mit einer armbrost schiessen mag . . . Und so er ab der freiheit wekh will, so sall er sich gegen der Frauen Priorin oder Jren Anwalden abfreien mit 24 ₰ und man soll den belaitten zwo oder drei gwanten weg, ziech er darnach hin, wo er hin will. Kaltb., a. a. O. Nr. 91 u. 95.

[100]) Grimm, W., II, 463. Vgl. auch II, 68. 257. 369. 402. VI, 445.

vom Jahre 1585 ist jedoch das Weghelfen nur so lange gestattet, als der Aufenthalt des missethätigen Mannes in der
Freistätte von seinen Verfolgern nicht erspäht war [101]).

Das Asylrecht der Fronhöfe genossen in den Gegenden
des linken Rheinufers einschliesslich der Saar und Mosel die
Häuser der Schöffen [102]), die Burghäuser [103]), die zu den Fronhöfen gehörigen Bannmühlen und Backhäuser [104]). In Schöf-
fenhäusern, deren Eigenthümer Kaufmannschaft oder Gast-
wirthschaft trieb, beschränkte sich indessen dasselbe auf das
Schlafgemach des Wirths [105]).

Betrachtet man das deutsche Recht des Mittelalters von
seiner poetischen Seite, so wird der Gedanke, dem flüchtigen
Missethäter eine Stätte zu eröffnen, wo er aufathmen und
Schutz vor seinen Verfolgern finden kann, und noch mehr
die gemüthreiche, von einer Fülle sinniger Gebräuche be-
gleitete Art, wie dieser Gedanke zur Ausführung gebracht
ist, den anmuthigsten Zügen mittelalterlichen Rechtslebens
beigezählt werden können. Anders dagegen scheint das
Urtheil lauten zu müssen, wenn man die rechtliche Seite der
Sache ins Auge fasst. Eine Staatsgewalt, welche sich selbst
die Hände bindet, indem sie Schranken aufrichtet oder zu-

---

[101]) Grimm, W., IV, 232: Were aber, das jenre, dem der schade geschehe oder sin gewisz botte des gerichtes botten brechte für den hoff
und sü den sehent wandeln in dem hofe, der den schaden tet, so mügent
sü sin wol warten an den hoffe, das er jn halte uffrecht. Siht jn aber
der kleger noch der botte nicht, so mag im der hof wol hinweggehelfen
und tut daran der hoff noch des hoffes botte dekein unrecht.

[102]) Grimm, W., II, 84. 127. 131. 244. 284. 411. IV, 28. Hardt,
Luxemb. Weisthümer, S. 15. 40. 42. 46. 47. 75. 591.

[103]) Grimm, W., II, 81, 560.

[104]) Grimm, W., II, 25. 81. 85. 110. 117. 244. 254. Luxemb. W.,
S. 591.

[105]) Grimm, W., II, 244. VI, 650. Hardt, a. a. O. S. 591. Der
Grund liegt darin, dass in einem Laden oder Gasthaus an dem Betreten
der zum Verkehr bestimmten Räume niemand gehindert werden konnte.
Der Hausfrieden schützte hier nur die Privaträumlichkeiten des Hausherrn.

lässt, welche die Verfolgung des Verbrechens vereiteln oder erschweren, versäumt nach unseren heutigen Begriffen im höchsten Maasse ihre Pflicht. Sie provocirt das Verbrechen, gefährdet die öffentliche Sicherheit, gerade so wie das Strafgesetz, welches den Verletzer der Rechtsordnung nicht mit der gebührenden Stenge trifft und wie der Richter, der immer nur die humane Seite herauskehrt.

Dass die Freistätten für die öffentliche Sicherheit eine Gefahr, und zwar eine grosse Gefahr enthielten, ist nicht zu leugnen. Will man indessen der Staatspolitik des Mittelalters gerecht werden, so muss sie nicht vom Standpunkte unseres geläuterten Rechtsbewusstseins, sondern von dem einer Zeit beurtheilt werden, in welcher Rechtsordnung und Selbstherrlichkeit noch so gewaltig um die Oberherrschaft rangen, dass die Staatsgewalt sich nur zu häufig genöthigt sah, dem Lauf der Gerechtigkeit Einhalt zu thun.

Es ist wahr! das unbeschränkte Asylrecht war ein Unfug, und soweit die Kaiser selbst gewisse Stätten damit privilegirten, resp. durch die Einrichtung der Immunitäten dem Freistättenwesen indirekt Vorschub leisteten, haben sie sich gegen die Pflicht der Sorge für die öffentliche Sicherheit schwer versündigt. Aber mit nichten trifft sie die alleinige Schuld; der grössere Vorwurf trifft die Kirche, welche durch ihre Anmaassung des unbeschränkten Asylrechts der Rechtspflege unendliche Schwierigkeiten bereitete; ein anderer Theil der Schuld fällt zu Lasten der mangelhaften Organisation der Gerichte, welche dem Schutzbedürftigen und unrechtmässig Verfolgten Schutz und Schirm bald in böser Absicht, bald aus Furcht und Schwäche nur zu häufig versagten.

Nach dieser Richtung hin waren die Freistätten nützlich und heilsam und gegenüber den Blutrache-Zuständen sogar eine Nothwendigkeit. Frühzeitig war man sich bewusst, dass das Recht, den Todtschlag zu strafen, nur der Staatsgewalt zustehen könne [106]). Denn die Bestrafung den Belei-

---

[106]) Lex Bajuvar. VIII, 8. — Hludovici et Hlotharii Capitulare de anno 827 (Pertz, M. L. L., I, 310): et ubicunque homicidia inventa

digten überlassen hiess: sie ungebührlicherweise zum Richter
in eigener, Sache machen. Allein der Staatsgewalt fehlte
nicht bloss die Organisation, um die Widerstrebenden unter
das Staatsgesetz zu zwingen; es spielte auch noch ein anderes
Moment hinein. Wo Sitte und Recht noch nicht streng ge-
schiedene Gebiete sind, sondern so vielfach in einander
fliessen, wie dies im Mittelalter der Fall war, da ist die Sitte
eine Macht, mit der gerechnet werden muss. Noch bis in
die letzten Jahrhunderte des Mittelalters lebte im Volke so
fest die Ueberzeugung von der Pflicht der Erben, die Tödtung
des Blutsverwandten zu rächen, so vorherrschend war dabei die Neigung, dies mit Umgehung des Rechtsweges zu
thun, soweit es die Umstände zuliessen, Gewaltthat mit Gewaltthat zu vergelten; dass die öffentliche Gewalt, auch wo
Veranlassung und Wille dazu verhanden waren, schon wegen
Mangels der erforderlichen Hülfskräfte nicht immer wagen
konnte, den Thäter gegen seine rachedürstenden Feinde in
Schutz zu nehmen. Um so dringender erschien die Nothwendigkeit, ihm einen Rettungsweg zu eröffnen, und hierbei
leisteten die Freistätten eine so wenig zu unterschätzende
Hülfe, dass, während das spätere Mittelalter dem Asylrechte
im Allgemeinen nicht günstig war und dasselbe mannigfachen
Beschränkungen unterwarf, die Fälle des im Affekt verübten
Todtschlags hierin eine exceptionelle Stellung einnahmen.
Offenbar würde die Rechtentwickelung nicht bei der Beseitigung des Asylrechts für die Vergehen aus unehrenhafter Gesinnung stehen geblieben sein, sondern auch die Todt-
schlagsdelikte erfasst haben, hätte nicht in der lebendig
fortwirkenden Sitte der Blutrache in Verbindung mit der
Strenge des Rechts gegen den auf frischer That ergriffenen

---

fuerint, a judicibus nostris secundum legem . . . . vindicentur. Constitutio pacis Frider. II. (Mon. L. L, II, 313): ad hoc magistratus et
jura prodita sunt, ne quis sui doloris vindex sit, quia ubi juris cessat
auctoritas, excedit licentia saeviendi. Statuimus igitur, ut nullus in qua-
cunque re damnum ei vel gravamen fuerit illatum, se ipsum vindicet,
nisi prius querelam suam coram suo judice propositam secundum jus
usque ad definitam sententiam prosequatur.

Todtschläger ein praktisches Bedürfniss, die Freistätten in dieser
Beziehung aufrecht zu erhalten, sich herausgestellt [107]). Wie
die Menge sich stets von der ersten Aufwallung urtheilslos hin-
reissen und beherrschen lässt, untersuchten ja auch die Bluts-
freunde eines Erschlagenen wohl nur selten oder niemals, ob
der letztere nicht vielleicht nur das Opfer seiner eigenen
Vermessenheit oder eines unglücklichen Zufalls geworden war.
Blind darauf losstürmend, nur die blutige That, nicht deren
Veranlassung und Motive ins Auge fassend, liessen sie dem
Thäter nicht die Zeit, ein Gericht zu verlangen, um sich zu
verantworten; er schwebte von Stund an in beständiger
Todesgefahr und musste vor Allem darauf bedacht sein, seine
Person in Sicherheit zu bringen. Hierzu trat, wie schon bemerkt, die Strenge des Rechts, welches den auf frischer That
oder auf der Verfolgung ergriffenen Todtschläger nur in sehr
beschränktem Maasse zum Unschuldsbeweise zuliess. Gegenüber solchen Zuständen, bei denen auch der Unschuldige seines
Lebens nicht sicher war, erwiesen sich die Freistätten als
ein wichtiges Mittel zur Unterstützung der Rechtsordnung,
denn sie gewährten dem Thäter die Möglichkeit, unter
sicherem Geleit mit allen Mitteln des Rechts vor Gericht
seine Vertheidigung zu führen oder einen Vergleich mit seinen
Feinden anzubahnen, wozu die Aussichten günstiger lagen,
sobald der „erste Zorn verraucht war und das Wetter sich
etwas verzogen hatte“.

---

[107]) Selbst die gegen Todtschläge nichts weniger als glimpfliche
tyrolische Landesordnung v. 1526 bestätigt nicht allein „für die
redlichen und unbedächtigen“ Todtschläge das Asylrecht, sondern
ordnet für diesen Zweck sogar die Vermehrung der Freistätten an.

Viertes Kapitel.

Der Rechtsgang.

Die deutsche Urzeit behandelte den einfachen Todtschlag als Privatangelegenheit der Betheiligten, in welche die öffentliche Gewalt nur auf Ansuchen eines oder beider Theile sich einmischte. Auf welche Veranlassung hin er dieses seines privatrechtlichen Charakters entkleidet und in die Zahl der mit öffentlicher Strafe bedrohten Vergehen eingereiht wurde, ist unklar. Am besten ist auch hier von den Geschlechtsgenossenschaften auszugehen. So lange die Genossenschaft mit ihrem Vermögen für die That des Gesippten einstand, lag ein Bedürfniss zur Reform des bestehenden Rechtszustandes nur insoweit vor, als das fortschreitende Staatsbewusstsein in der Tödtung eines Freien nicht mehr lediglich eine Verletzung des betreffenden Sippeverbandes, sondern zugleich des öffentlichen Friedens erkannte, was zur Folge hatte, dass der Thäter wegen des durch den Todtschlag verübten Friedensbruches mit einer an den König zu entrichtenden Geldbusse belegt und nur durch deren Entrichtung des Gemeinfriedens wieder theilhaftig wurde [1].

Anders gestaltete sich die Sache, als mit der Zerbröckelung der Geschlechtsgenossenschaften die Gesammthaftung des thäterischen Sippeverbandes in Wegfall kam, während andererseits, um durch Anstachelung des Geldinteresses der Fehde entgegenzuwirken, das Wergeld nicht unbeträchtlich erhöht

---

[1] Wilda, a. a. O. S. 264 ff. 438 ff. Sohm, Altdeutsche Reichs- und Gerichtsverfassung, S. 108 ff.

wurde[2]). Zerbröckelung der Geschlechtsgenossenschaften auf der einen Seite, Erhöhung des Wergeldes auf der andern bewirkten, dass die armen Leute mit kleinem Besitzthum sich ausser Stande sahen, die Bussen zu leisten. Liess sich auch keiner ihrer Verwandten hierzu bereit finden, so ergab sich — sollte anders der Thäter nicht straflos ausgehen — von selbst die Nothwendigkeit, dem Wergelde für den Unvermögensfall eine andere Art der Ausgleichung zu substituiren, und diese konnte unter der Herrschaft des Talionsprincips keine andere sein als der Tod[3]). Deutlich erkennbar wird dieser Entwickelungsgang an dem Gesetz der Salischen Franken. Zunächst konnte der zahlungsunfähige Thäter durch Abtretung seines Vermögens die Wergeldspflicht auf die Verwandtschaft bis zum 4. Grade abwälzen. War diese gleichfalls insolvent, so fiel nunmehr die Haftung wiederum auf den Thäter zurück. An vier Dingtagen wird er den entfernteren Verwandten zur Auslösung vorgestellt. Findet sich keiner zur freiwilligen Wergeldszahlung bereit, so zahlt der Thäter mit dem Tode — tunc de vita componat[4]).

---

[2]) Lex Rothar. c. 74. Wenngleich nur das langobardische Gesetz der Wergeldserhöhung ausdrücklich Erwähnung thut, so ist dennoch kaum ein Zweifel, dass die Wergeldssätze der anderen Volksrechte ebenfalls nicht mehr den ursprünglichen entsprechen, sondern wie die langobardischen eine Erhöhung erfahren hatten.

[3]) Noch unter der Herrschaft der Stadt- und Landrechte steht das Talionsprinzip im Vordergrunde. Rechtsbrief v. Holzminden v. 1245: Si quis alium occiderit — collum pro collo vadiabit. Augsburg. Stadtrecht Art. 28: ist daz ein man den andern ze tode sleht, daz unlangen ist, wird der gefangen und wirt fur das gerichte bracht, da enhoret anders niht zu wan lip wider lip . . . . Ludovici Imp. Sententia an. 1344 bei Schilter, Comm. J. Feud. Alam., p. 414: „Und wan unser egenanter sun . . . wizzentlich vorbracht, daz im die sinen wurden erslagen zu Mosbach etc., Do wart met gesameder hand urteiln erteilt: Daz ein tot wider den andern gehort“, . . . Weisthum v. Kirchzarten (Schwarzwald) an. 1395: Sleht ouch einer den andern ze tode und wirt der begriffen, der den schaden hat getan, da sol man bare gen bare stoszen. Grimm, W., I, 133. Vgl. I, 183.

[4]) Lex Salica Tit. de chrenechruda. Vgl. Childeberti II. et Chlotarii pactum a. 593 c. 2. Et si facultas deest, tribus mallis parentibus offeratur. Et si non redimetur de vita componat.

Dass die meisten anderen Volksrechte über die Todesstrafe schweigen und lediglich Wergeldsbestimmungen enthalten, darf nicht zu der Ansicht verführen, dass zur Zeit
der Aufzeichnung der Volksrechte die strafrechtliche Stellung
des Todtschlags wesentlich noch die frühere gewesen sei.
„Rechtssätze, welche in der Ueberzeugung und Kunde Aller
lebten und täglich geübt wurden, pflegten bei der Aufzeichnung gewöhnlich übergangen zu werden" [5]). Dass aber bereits
damals die Ueberzeugung von der Todeswürdigkeit wenigstens
des im Frevelmuth begangenen Todtschlags sich herausgebildet hatte, kann nach Lage der Rechtsquellen nicht be-
zweifelt werden. So sagt das Dekret des fränkischen Königs
Childebert II. v. J. 595 (c. 5): „ut quicunque ausu temerario
alium sine causa occiderit, vitae periculum feriatur et nullo
pretio redemptionis se redimat aut componat . . . quia
justum est, ut qui injuste novit occidere, discat juste moriri
und in gleichem Sinne bestimmt Lex Burgund. Tit. II. c. 1:
Si quis hominem ingenuum . . . occidere damnabili causa aut
temeritate praesumserit, non aliter admissum crimen quam
sanguinis effusione componat [6]). Statt daher in der Bestimmung der lex Salica das erste Aufdämmern einer strengeren
Auffassung des Todtschlags, insbesondere des Eintritts desselben in das öffentliche Recht zu erkennen, sind wir viel-

---

[5]) Stobbe, Geschichte der deutschen Rechtsquellen, I, 19.

[6]) Vgl. Cap. Franc. v. J. 779 c. 8. Capit. Langob. v. J. 779 c. 8.
Einen Kommentar, in welchem Sinne das „ausu temerario, ausu damnabili
et temeritate" zu verstehen, liefern die Leges et Statuta Familiae S. Petri
des Bischofs Burchard v. Worms v. J. 1024, Grimm, W., I. 804, woselbst
es c. 30 heisst: propter homicidia autem, quae quasi cotidie fiebant intra
familiam sancti Petri, more bellino, quia saepe pro nihilo, aut per ebrie-
tatem aut per superbiam alter in alterum insana mente ita insurgebat,
ut in curriculo unius anni XXXV servi sancti Petri sine culpa a servis
ejusdem ecclesiae sint interempti, et ipsi interfectores magis inde gloriati
sunt et elati, quam aliquid poenitudinis praebuissent. Diese Leichtfertig-
keit scheint auch zu erklären, weshalb das Dekret Childebert's II. in Fällen,
wo dem Thäter nachgelassen wird, sich durch Busszahlung von der
Todesstrafe zu lösen, den Eltern und Verwandten des Thäters bei Strafe
eines Wergeldes verbietet, ihm zur Zahlung behülflich zu sein.

mehr anzunehmen berechtigt, dass der subsidiarische Charakter, in welchem dort die Todesstrafe erscheint, als der
Schlusspunkt derjenigen Periode sich darstellt, in welcher
ältere und neuere Rechtsauffassung um die Herrschaft stritten
und dass schon zur Karolingerzeit je nach der Individualität
des Falles bald auf Tod, bald auf Wergeld erkannt wurde [7]),
so dass die Busstaxen nur noch als Norm für diejenigen Fälle
dienten, wo der Thäter zur Wergeldszahlung zugelassen [8])
oder die Sache im Vergleichswege beigelegt wurde.

In der darauf folgenden Periode der Ausbildung der
Territorialherrschaft, mit welcher die Capitularien und Volks-

---

[7]) Carta de homidio im Salzburger Formelbuch in: Quellen zur
deutschen u. bayer. Geschichte, Bd. VII, S. 84: .. unde et vitae
periculum incurrere potuit . . . hac igitur de causa judicatum
esse ei ab ipso comite scabinis pagensibus loci illius, ut illam leudem
per suum vadium componere debet. Der Herausgeber setzt (Einleitung,
S. 20) die Enstehungszeit der Formelsammlung in die Zeit um 821.

[8]) Wenn man vom späteren Mittelalter auf die frühere Zeit zurück-
schliessen darf, so wird es allerdings sehr häufig vorgekommen sein, dass
auf Zahlung des Wergelds erkannt oder die Todesstrafe in letzteres um-
gewandelt wurde. Hierfür spricht u. A. die epistola Alati Nr. II (Quellen
zur deutschen und bayerischen Geschichte, Bd. VII, S. 172), wonach sich
für Fürbitten auf Umwandlung der Leib- und Lebensstrafe in Geldbusse
bereits eine stehende Formel folgenden Inhalts gebildet hatte: Quidam
homo vester N. ante altare sancti Stephani venit et ibi quaerebat auxilium eo quod occiderit alium hominem vestrum necessitate compulsus,
sicut iste nobis referebat ex ordine, petivitque ut sibi weregeltum ejus
componere licuisset. Ideo precamur, ut quia auxilium ab isto loco quaesierat
misericordia vestra ab eo non recedat et delicta peremendet. Wenn
Sohm (Fränkisches Recht u. Römisches Recht, Weimar 1880, S. 14, 62)
recht hat, dass schon im Beginn des 11. Jahrhunderts alle Volksrechte
mit Ausnahme des langobardischen untergegangen, bezw. durch das salisch-
fränkische Recht verdrängt waren, so würde damals überhaupt nur noch
die Busstaxe der lex Salica im praktischen Gebrauch gewesen und daher
überall das Wergeld nach den Grundsätzen des salisch-fränkischen Rechts
bemessen worden sein. — Uebrigens durfte Keiner auf die Intercession
der Kirche und Erlass der Todesstrafe rechnen, der nicht vor der
Losbitte gelobte, sich der öffentlichen Kirchenbusse zu unterwerfen.
Ducange, Gloss. med. aev. ed. Heutschel V, 320. ff. s. v. Poenitentia.
Ueber die Kirchenbusse des Todtschlägers: Reginonis Libri duo de
synodal. caus. ed. Wasserschleben, S. 216.

rechte ausser Gebrauch kamen, scheint alsdann die Wandlung sich vollständig vollzogen zu haben, denn schon in den ältesten Stadt-Rechtsbriefen und Städtewillküren erscheint der Todtschlag mit wenigen Ausnahmen mit Todesstrafe bedroht [9]).

---

[9]) Rechtsbrief v. Freiburg i. Br. v. J. 1120 (Gengler, Stadtrechte, S. 125): Si quis irato animo infra urbem die aliquem vulneraverit et vulneratus moriatur, idem malefactor decollabitur.

Willkür von Soest v. J. 1120 (Gengler, S. 441): Si quis infra murum hominem occiderit, capite truncabitur.

Rechtsbrief v. Medebach v. J. 1144 (Gengler, S. 281): Si vulneratus moritur, ille decollabitur.

Rechtsbrief v. Stade v. J. 1209 (Gengler, S. 456): Ubi aliquis in calore et vehementia animi sui cum altero conflictum fecerit et gladium eduxerit pacemque in sanguinis effusione violaverit, ita quod reus sanguinis capite plecti vel manu truncari debeat.

Rechtsbrief v. Passau v. J. 1225 (Gengler, S. 344): Si quis mortis alterius reus extiterit, juxta legis preceptum mortis sententia, nisi gratia et misericordia pro ipso subvenerit, condempnetur.

Rechtsbrief v. Holzminden v. J. 1245 (Gengler, S. 206): Si quis alium occiderit — collum pro collo vadiabit.

Stadtrecht v. Ulm aus der 2. Hälfte d. 13. Jahrh. (Gengler, S. 502): Quicunque civium alium civem occiderit, reus est mortis.

Die Strafe hat hier noch hervorstechend den Charakter der Talion. Viele älteren Stadtrechte, z. B. die thüringischen (vgl. Walch, Beiträge zum Deutschen Recht, Th. I, S. 19; Michelsen, Rechtsdenkmäler aus Thüringen, S. 48; Förstemann, Neue Mittheilungen, Bd. I, Heft 2, S. 61 u. 64; Bd. III, Heft 1, S. 44 ff.) liessen nur Verbannung und Geldstrafe eintreten. Gestraft wurde hiermit nicht sowohl der Todtschlag, als die im letzteren inbegriffene Verletzung des Stadtfriedens. Daher wirkte auch die Aussöhnung des Thäters mit der Familie des Entleibten nicht den Wegfall der Verbannungsstrafe. Stadtordnung für Jena Art. 37 bei Michelsen a. a. O.: Schlecht eyn burger den andern in gerichte adir weychbildt zu Jhen todt, wirdet er aut handhafftiger tat begriffen, sol man in nach aufgesatzten recht richten; kompt er aber darvon, so sol er in die stadt nicht gelassen werden, er hab sich dann zuvor mit des entleibten freundschaft, dem gerichte und rathe vortragen und sol in funfzehen jharen (anfänglich stand hier in „dreyen jharen") und nicht eher in die stadt komen. Ist aber der theter nicht bürger, er sol ewiglich aus der stadt verweist sein. In ganz demselben Sinne bestimmt das Stadtrecht von Schlettstadt (bei Gengler, Stadtrechte, S. 414), dass man den flüchtigen Todtschläger nicht nur ächten, sondern gleichzeitig auf

Setzt man mit W å ch t e r [10]) den Unterschied zwischen öffentlichem und Privatdelikt in das Kriterium, dass bei jenem die Strafe gleichsam an den Staat, beim Privatdelikt dagegen an den Verletzten zu verbüssen ist, so gehörte in der eben genannten und nächstfolgenden Zeit der Todtschlag ungeachtet der öffentlichen Natur der darauf gesetzten Strafe in überwiegendem Maasse noch zu den Privatdelikten, denn im Vordergrunde steht nicht die Verletzung der Rechtsordnung, welche durch den Tod vergolten werden soll, sondern die Verletzung der Familie des Getödteten. Der Anklageprozess dieser Epoche ist nicht sowohl ein selbständiger Akt der öffentlichen Strafgewalt, als vielmehr **d i e B l u t - r a c h e i n d e r v o m S t a a t g e b i l l i g t e n F o r m.**

Dieser privatrechtliche Charakter des Anklageprozesses ergiebt sich hauptsächlich aus folgenden Punkten:

1. Das Gericht eröffnet auf die Anzeige eines Todtschlags nicht sofort von Amtswegen die Untersuchung, sondern wartet zuvörderst ab, ob Jemand aus der Blutsfreundschaft des Erschlagenen als Ankläger auftreten wird [11]). Am unverhülltesten tritt diese Selbstbeschränkung des Gerichts

---

zehnjährige Verbannung gegen ihn erkennen solle „ane alle hoffenunge, wieder ze komen, der vorgenante übelwerker süne sich früntlichen mit lieplichen (leiblichen) frunden des getodten . . ader nicht."

[10]) Beilagen zu den Vorlesungen über das deutsche Strafrecht. Stuttgart 1877, S. 8.

[11]) Hinsichtlich des Verfahrens wird verwiesen auf: M a u r e r , Gerichtsverfahren, S. 224, 151; G r i m m , Rechtsalterthümer, S. 872 ff.; H o - m e y e r , Richtsteig Landrechts, S. 205 ff., 214 ff., 400 ff.; „Würzburger Brückengericht" (sehr anschaulich) im Archiv des hist. Vereins von Unterfranken etc. Bd. 25, S. 235 ff. G r i m m , W., III, 827 ff. u. a. m. Siehe die Citate bei M a u r e r a. a. O. S. 224. — In dem dieser Schrift beigefügten Urkundenbuche ist unter Nr. 70 ein peinliches Halsgericht aus dem 17. Jahrh. über einen geflüchteten Todtschläger mitgetheilt. Es soll einestheils dem mit den obigen Quellenschriften nicht versehenen Leser zur Veranschaulichung des Verfahrens, anderntheils als Belag für die lange Lebensdauer der sogenannten Mordklage dienen. Zwei gleichartige Prozesse sind noch in den Jahren 1652 u. 1656, der erstere zu Schalkau (einem Dorfe bei Breslau), der letztere am Stadtgerichte zu Breslau verhandelt worden.

hervor in den östreichischen Weisthümern. Hier schreitet
der Richter von Amtswegen mittelst Verhaftung des Thäters
und Arrestschlages auf dessen Vermögen überhaupt nur insoweit ein, als es ihm zur Sicherung des Geweddes [12]) erforderlich erscheint [13]). Wird dasselbe gezahlt oder dafür aus-
reichende Sicherheit geleistet, so lässt das Gericht den Thäter
unbehelligt, bis von den Blutsfreunden des Entleibten die
„Mordklage" erhoben wird [14]).

In vielen Distrikten wird zwar bereits im 14. Jahrhundert
die Anklage von Amtswegen erhoben, wenn, wie beim Todtschlag „elender Leute" kein Kläger vorhanden war oder der
zur Klage Berechtigte aus irgend einem Grunde die Sache

---

[12]) Treffende Definition des Geweddes bei Planck, a. a. O. I, 39.
Die östreichischen Rechtsquellen bedienen sich statt Gewedde des Wortes
„Wandel, Todtwandel".

[13]) Kaltb., a. a. O. Nr. 38, 29: ob geschäch, das ainer den andern
zetod slueg, so sol Jn der amtmam dorumb nicht anfallen,
hüet sich nur vor seinen veindten, aber der ambtman sol zuegen und sol
oberhalb desselben Nachpaurn zween nemen und niderhalb zwen, und
dieselben vier sullen hineingen in sein haus und sullen sein hab be-
schauen u. schätzen und . . . sollen der frawen und Jren kindern her-
fürgeben, das sy haben zu essen auf viertzehn tag und das ander sein
guet sullen sy versperren . . .

[14]) Kaltb., Nr. 204, 32: ob ainer den andern zw todt schlueg und
in ain Richter darumb anfiell unbeschriern, khombt dann ainer der
32 ₰ ₰ werth hat und verspricht für Jhn dem Richter das wanndl, soll
in der Richter geen lassen und nicht aufhalten . . . . . Kaltb., Nr. 97,
11: wer ainen ze todt schlecht, der ist verfallen der herrschaft 32 ₰ ₰. . .
und ain Jeder, der dazu hülff, der ist zu wanndl 10 ₰ ₰ und kumbt der
Richter und will dieselben vahen umb seins herrn wanndl
und der Todtschläger hiet Jemant seiner freundt oder annder, die umb
sollichen wanndl u. Pönfall für Jn oder sein helffer versprachen und guet
darumben wären, so soll sy der Richter lassen lauffen, khumbt aber der
klager oder des leiblosen Manes freundt und begert sy, ainen oder mer
zu vachen, das soll der Dorfrichter thun u. solliches dem Lanndtrichter
verkünden, wenn er (der Dorfrichter) soll Jhm (dem Landrichter) den
oder sein mitgesellen am ersten, am andern u. am dritten tag umb die
missethat antworten an die statt (Gerichtsstätte) als von Alter herkomen
ist. Vgl. Kaltb., Nr. 2, 24. 210, 6. Ebenso in Oberöstreich. Salz-
burg. Taidinge S. 338, 7 u. in der Schweiz: Grimm, IV, 344, 13.

nicht anhängig machen wollte [15]); aber auch hier verleugnet der Anklageprozess nicht seine Privatnatur, indem sich der öffentliche Ankläger nicht weniger wie die klagende Partei selbst mit dem Thäter vergleichen konnte [16]). Allerdings schützte

---

[15]) Grimm, W., II, 6. G. L. v. Maurer, Das Stadt- und Landrechtsbuch Ruprechts von Freysing, S. 237 Anm. 11. Zöpfl, Bamberger Recht, S. 135 u. Urkundenbuch, §§ 162, 163. Behrend, Magdeburger Fragen, I, 2 d, 14. 15. III, 1, d. 1. Laband, Magdeburg-Breslauer Schöffenrecht, II, 2. c. 74. Waren die Hinterbliebenen eines Erschlagenen bekannt und am Orte, so forderte nach dem Frankfurter Stadtrecht v. 1578 der Stadtschultheiss dieselben auf, sich binnen einer bestimmten Frist zu erklären, ob sie den Todtschläger vor Gericht peinlich beklagen wollten. Erklärten sie sich hierzu bereit, so liess man ihnen den Vortritt. Lehnten sie ab oder erklärten sie sich gar nicht, so wurde nach Ablauf der Frist die Anklage durch den obersten Richter der Stadt von Amtswegen erhoben. Lebten die Verwandten des Erschlagenen auswärts, so wurden sie schriftlich von der Entleibung in Kenntniss gesetzt und zur obigen Erklärung aufgefordert. Das Stadtrecht bezeugt, dass dieser Modus auf altem Herkommen beruhte. — Im Ganzen war die Offizialklage ziemlich selten. In den 76 Todtschlagsfällen des Liegnitzer Verfestungsbuches (vgl. S. 46 Anm. 32) wurde 72 mal von Verwandten und nur 4 mal von Amtswegen die Mordklage erhoben. Zweimal fungirte der jeweilige Bürgermeister als öffentlicher Ankläger.

[16]) Lünig, Reichsarchiv in: Spicileg Ecclesiastic. Cont. II. p. 307: und so ein elender Mensch erschlagen, des Schwertmagen nicht vorhanden noch erfaren mochte werden, (sol der Schultheis) Abtrag und Suhne mit den Thätern bereden, davon er uber sechs gulden vor sich Gerichts halben nicht behalten und das ubrige des elenden erschlagenen Seele zu Hulffe und Trost kehren und wenden. — Bei den Klagen von Amtswegen zeigt sich so recht die Neigung der Zeit, den einfachen Todtschlag lieber „nach Minne" als nach strengem Recht zu behandeln. Man hatte die Offizialklage eingeführt, damit in Fällen, wo kein Kläger sich meldete, der Todtschlag nicht ungerichtet bliebe, nichtsdestoweniger war man weit entfernt, gegen den Thäter die volle Strenge eintreten zu lassen. Gewöhnlich liess man ihn sich mit einer Geldsumme abfinden, und selbst in Fällen, wo man die Sache strenger nahm, kam es nur selten zur Hinrichtung. So wird 1433 zu Breslau ein Todtschläger verurtheilt, drei Stein Wachs an die Kirche zu entrichten, eine Rom- und Achfahrt zu thun und in der Stadt niemals wieder ein Messer zu tragen. Von zwei Anderen, welche einen Ausschänker erstochen hatten, wird ebendaselbst der eine zur Verrichtung einer Romfahrt verurtheilt, der andere muss ihn mit den nöthigen Geldmitteln versehen. Im Jahre 1464 ver-

diese Art der Ledigung den Thäter nicht gegen die Eventualität einer nachträglichen Anhängigmachung der Mordklage
seitens 'der Blutsfreundschaft des Erschlagenen und gegen die
Verpflichtung, in dem solchergestalt eröffneten peinlichen
Verfahren zu Recht zu stehen[17]). Die Beilegung der Sache,
insoweit sie ohne Betheiligung der dabei interessirten Verwandtschaft des Erschlagenen erfolgte, hatte daher stets nur
die Natur eines Provisoriums und geschah in der Regel nur
unter ausdrücklichem Vorbehalt der Rechte des beleidigten
Theils. So klagte, als bei einem in einem Frauenhause zu
Braunschweig 1424 erfolgten Todschlage kein anderer Kläger
auftrat, der Rath und vertrug sich mit dem Thäter dahin,
dass dieser dem Rath 3 Mark zur Sühne und 10 Schilling
für die Entlassung aus der Verfestung (vor de vestinghe)

urtheilt das Stadtgericht einen Todtschläger, eine Romfahrt im Büsser-
gewande zu thun und eine Marter an die Stelle setzen zu lassen, wohin
ihm der Rath befehlen wird. In demselben Jahre verpflichtet sich der
Schlosser Ulrich Herbst wegen eines „ihm zu Gnaden gewandten" Todtschlags der Stadt ein gutes Schloss zu dem neuen Kornhause zu machen
und 1520 wird ein Todtschläger verurtheilt, so lange er lebt, jährlich
14 Tage „der Stadt zu Gute" ohne Lohn in der städtischen Ziegelscheuer
zu arbeiten. (Libri Excessum [Handschrift des Breslauer städtischen
Archivs] v. 1433, 1450, 1464 u. 1520). Oefters wurde dem Thäter auch
nur aufgegeben, sich mit der Familie des Getödteten zu vergleichen. — Die
Breslauer Malefizbücher weisen für die Zeit v. 1450 — 1525 im Ganzen
nur 10 Hinrichtungen wegen Todtschlags nach, von denen übrigens durchaus zweifelhaft ist, ob sie auf Grund einer Offizial- oder Verwandtenklage
erfolgten. Die Zahl der während derselben Zeit in Breslau geschlossenen
Sühnen beträgt ungefähr das Vierfache. — Auf die milde Behandlung des
Todtschlags in Offizialklage-Fällen mag es sich vielleicht beziehen, wenn
die Maximilianische Halsgerichtsordnung für Tyrol v. 1499 und die Ty-
roler Landesordnung v. 1526 vorschreiben, dass die Todtschläger „nicht
so liederlich begnadigt", sondern nach der Strenge des Rechts mit dem
Schwert gerichtet werden sollen.

[17]) Direkt findet sich dieser Grundsatz ausgesprochen in einem von
Bischof, Steiermärkisches Landrecht des Mittelalters, Graz 1875, S. 128
mitgetheilten Banntaiding v. J. 1431: „Wird einer erschlagen und der
Thäter nicht auf handhafter That ergriffen, »so geb er«, heisst es, »dem
richter ein halb phunt ph. und zwen plutpphennig, so ist er von im be-
sichert, aber von des erslagen freundteu nicht".

geben sollte. Würden aber Befreundete der erschlagenen Weibsperson sich noch einfinden und der Sühne mit Recht widersprechen, so solle obige Verhandlung nicht bindend sein, der Verklagte die 3 Mark und 10 Schilling zurückerhalten und derselbe „wedder komen in de overtale, also he vor was", wobei hinzugefügt ist „und hir up licht des doden wyves hand noch by dem rade (Rath), offte van maghen und frunden we queme, de desse zone wedder spreken wolde und de hand dar to bederven (bedürfen)[18].

---

[18] Zeitschrift für deutsche Kulturgeschichte. Neue Folge. Bd. II, S. 766. Aus der Erwähnung der „todten Hand" ergiebt sich unzweideutig, dass die Beilegung der Sache von Amtswegen einer nachträglichen Mordklage von Seiten des beleidigten Theils keineswegs präjudizirte und letzteren Falls die Sache in die ursprüngliche Lage zurückversetzt, d. h. gegen den Thäter das mit der Verfestung desselben endende Criminalverfahren wie gegen einen abwesenden Todtschläger eröffnet wurde (und derselbe wedder komen in de overtale (Acht) also he vor was). Um den Thäter in die Acht zu bringen, bedurften aber die Kläger eines Leibzeichens. Denn noch zu Schwarzenberg's Zeit gehörte es zu den (damals allerdings nicht mehr unerlässlichen) Formalitäten des Anklageprozesses gegen den abwesenden Todtschläger, dass der Leichnam des Erschlagenen oder die blutbefleckten Kleider, oder die rechte Hand des Todten von den Klägern vor Gericht gebracht werden mussten. Ehe daher das Gericht die Genehmigung zur Beerdigung ertheilte, pflegte es dem Todten die rechte Hand ablösen zu lassen und diese oder die Kleider, welche der Todte bei der Ermordung getragen hatte, in Verwahrung zu nehmen. Man nannte dies „das Leibzeichen nehmen" und den prozessualischen Gebrauch des Vorzeigens der Hand des Todten „mit der todten Hand klagen". Do gunt das gericht den frunden, das man den doden begröbe; da man moist die cleider, da der dode man in gewonnt was, mit dem blode dem gericht geben und hynder das gericht legen, umb des willen, abe der morder queme und wulde sich verantwortten, das man im die cleider wiese mit dem blode. Grimm, W., III, 828. — Werez aber, daz daz lantrecht nit verslagen enwere, und die sache nit mochte gesunet oder abgetan werden by sunnenschyn, so sal man daz berechten als lantrecht und herkomen ist, und sal der amtmann ader sin gewerte bote dem doden man syn rechte hand abgewynnen mit rechte und fundnus der scheffen; fort so sal der neste nailmage ime die rechte hand abslahen, und mag man darna denselben doden man begraben, und mit der doden hand clagen, glich als der gantze licham dar geinwortig wer. Grimm, W., I, 542. Vgl.

Einen anderen derartigen Fall enthält das (dem (Kgl. Preuss. Staatsarchiv zu Breslau einverleibte) Stadtbuch von Neumarkt in Schlesien. Dort hatte im Jahre 1448 ein Schulmeister seinen Gehülfen Procopius auf dem Kirchhofe der Pfarrkirche erschlagen. Der Pfarrer und seine Caplan suchten bei der Stadt um die Begnadigung des verhafteten Thäters nach. Diese wurde denn zwar gewährt, jedoch nur vorbehaltlich des Anklagerechts der Verwandten des Erschlagenen. „Ouch ab des ehegenanten procopii frunde her-

---

Bamberger Halsgerichtsordnung, Art. 229, 230, 232. Bamberger Stadtrecht bei Zöpfl, § 154 a. E. War der Prozess, sei es im Vergleichswege oder durch Verfestung des Thäters beendet, so wurde die todte Hand feierlich in dem Grabe des Erschlagenen oder an einer anderen geweihten Stelle beigesetzt. In dem mehrerwähnten Ravensberger Sühnegericht bildet die Ceremonie des Begrabens der todten Hand den ersten Akt des Vollzugs der Sühne. „Int erste, wan de Dode mit Vigilien und Missen, mit Pronen und Opfer in der heiligen kerken begraffen ist, so schall der Handdeder by dat Graff gan sitten, tegen den negsten blode des Doden over. Und begehren durch Gott, datt men eme den dotslag vergeve:.... dann schall man den Handdeder de hand over dat Graff reeken und laten sie dan fallen in de Erden." Das Klagen mit der todten Hand scheint hauptsächlich im deutschen Norden üblich gewesen zu sein. Vgl. die Citate bei Haltaus, S. 1791, und die interessanten Nachweisungen bei Dreyer, Nebenstunden, S. 87—90. Nach einer lübeckischen Urkunde v. 1441 war der Thäter entflohen und dem Leichnam die rechte Hand abgelöst worden. Als es später zum Vergleich kam, konnte die Hand nicht aufgefunden werden, „war des doden hand vorbistert", daher verpflichteten sich in dem Sühnvertrage die Erben „effte de hand von jemende worde vorgebracht, dem wolden se de hand mit III marken lub. und IV schillingen losen". Zeitschrift des Vereins für lübeckische Geschichte und Alterthumskunde, Bd. 3, S. 279 ff. Inhaltlich eines Aufsatzes im Anzeiger der Kunde der deutschen Vorzeit, Jahrgang 1862, S. 326 ff., 366 ff. hat man noch im vorigen Jahrhundert an verschiedenen Orten Westfalens eine scharf abgeschnittene, mumienartig eingetrocknete rechte Menschenhand theils in Gräbern, theils in Vertiefungen von Kirchhofsmauern gefunden. Unzweifelhaft hängen diese Funde, die der Verfasser des Aufsatzes sich nicht zu erklären wusste, mit der erwähnten Rechtssitte zusammen. Das Begraben der Hand des Erschlagenen ist im Stift Corvey noch im Jahre 1501 gebräuchlich gewesen. Zeitschrift des hist. Vereins für Niedersachsen, 1853, S. 275 Anm.

nochmols quemen und kegin em (den Thäter) der rechte
begerten, die sulde man und kunde sie nicht rechtlos
·lassen". (S. Anhang Urk. Nr. 9 und die Urk. Nr. 53, wo
dasselbe Prinzip gleichfalls ausgesprochen ist.)

2. Wird von den Blutsfreunden die Mordklage erhoben,
so betrachtet sich das Gericht nur als den Gehülfen der
Kläger bei Vollziehung der Familienrache. „Wollint sy (die
Kläger) yn (den Thäter) selber beschryen, so soll yn der
schulteisse gerichtes recht helfen (Blutrecht v. Bacha-
rach. Grimm, W., II, 211), d. h. der überführte Thäter
wird den Klägern zur Vollstreckung des Todesurtheils über-
geben und das Gericht leistet ihnen hierin nur den nothwen-
digen Beistand, indem es sie mit den erforderlichen Hülfs-
mitteln versieht [19]).

- Wie es in erster Reihe Sache des nächsten Schwertmagen war, die Anklage wider den Todtschläger zu erheben [20]),
so war er auch der zur Vollstreckung der Todesstrafe zunächst Berufene. Als die Vorstellung vor der Unehrlich-
keit des Hinrichtungsgeschäftes sich im Volke Bahn gebrochen

---

[19]) Warnkönig a. a. O. III, 2, S. 74: de homicidio voluntario
convictus parentibus vel cognatis occisi traditur occideudus. Daselbst
auch ein Beispiel einer solchen Uebergabe und Vollstreckung des Urtheils
durch die Ankläger. Zöpfl, Das alte Bamberger Recht, Anh. II, S. 136:
Her Richter, der clager bit darnach zu fragen, wie man Jm helffen soll
uber sein morder und lannds morder, das er sein entgelt und der clager
geniss? . . Man soll Jm helffen mit der Schleiffen (Strang) und mit dem
Rade als lang biss ern vom leben zu dem tode bringet. Mit dem Schwertt
unnd mit dem Messer u. mit der partten als lang bis er Jn vom leben zu
dem tode bringt.

[20]) Liegnitzer Urkundenbuch, Nr. 761a. A. 1452. 24. April
meldet der Rath v. Danzig dem Liegnitzer, dass der Danziger Bürger
Peter Unverricht, dessen Schwester von dem Liegnitzer Bürger Bunzel
ermordet worden ist, seinen Vetter Hans Unverricht bevollmächtigt
habe, den Mörder rechtlich zu verfolgen .. dorumbe her new, nochdeme her der nehste swertmag und erbname ist, denselben mort u. totslag noch uszweisunge des rechts czu-
fordern der nehiste ist und umb hindernisse willen seinis dienstis
selbist personlich czu euch uff dieseczit nicht komen en mag, so hat
her u. s. w.

hatte, mochte es wohl in der Regel geschehen, dass man dasselbe dem Nachrichter überliess, jedoch werden auch Ausnahmen gemeldet. So erzählt Müller, Annales Sax. ad ann. 1470: „Am ersten Montage in der Fasten hat Claus Antonius, Bürger zu Budstatt, einen andern Bürger daselbst Namens Heinze Kirchnern, als dieser im Rathskeller, allwo sie beyde in der Zeche gesessen, in etwas geschlaffen, mit einem Brotmesser durch den Hals gestochen, dass er von Stund an ohne Ach und Wehe niedergefallen und des Todes blieben. Der Thäter ist so bald in Verwahrung genommen und ihm noch selbigen Abend, nachdem der Rath daselbst über denselben drei Hals-gericht auf einander gehalten, bei Strohwischen durch des Entleibten ältesten Schwertmagen das Haupt ab-geschlagen worden".

3. Wie der in handhafter That betretene Todtschläger den Blutsverwandten des Getödteten zur Vollziehung der Todes-strafe, wird der flüchtige, durch die Aechtung in aller Form Rechtens der Blutrache der Kläger überliefert.

Zwar tritt gegen jeden wegen eines schweren Vergehens Beschuldigten die Acht (Verfestung) ein, wenn er vor Gericht ungehorsam ausbleibt, d. h. an keinem der drei in gesetz-lichen Zwischenräumen angesetzten Gerichtstage zur Verant-wortung sich einfindet. Die Ungehorsamsfolge ist jedoch eine wesentlich verschiedene, je nachdem Klage wegen Todtschlags oder wegen eines andern Vergehens erhoben ist. Im Allge-meinen ist die Ungehorsamsfolge nur die, dass der Geächtete von Jedermann ergriffen und mit Gewalt vor Gericht ge-bracht werden kann, wo der Ankläger das Recht hat, ihn wie bei der handhaften That zu übersiebenen. Setzt der Be-tretene seiner Verhaftung Widerstand entgegen, und wird er bei der Gegenwehr von dem Angreifer verwundet oder ge-tödtet, so begeht der letztere dadurch keinen Friedensbruch. Zur selbständigen Tödtung ausser im Falle des Widerstandes hat aber der Ergreifende kein Recht [21]). Anders bei der

---

[21]) Schwabenspiegel Lassberg, 252. — Planck a. a. O., II, 307. — v. Wächter, Beiträge, S. 86.

Aechtung wegen Todtschlags. Hier wird ausdrücklich der Sippe des Erschlagenen der Leib des Thäters zuertheilt, d. h. sie dürfen ihre Rache an ihm üben und ihn tödten, gleichviel wo und unter welchen Umständen sie seiner in dem Aechtungsbezirke[22]) habhaft werden[23]). In jenem Falle fliesst die Straflosigkeit aus dem Widerstand des Geächteten, in letzterem ist sie eine direkte Anerkennung der Blutrache und Consequenz des Prinzips der Privatklage. Daher ertheilte man auch der Sippe des Erschlagenen auf deren Antrag einen Gerichtsbrief über die Aechtung des Thäters, behufs ihrer Legitimation zur Ausübung der Rache[24]).

4. Die stärkste Anerkennung des privatrechtlichen Cha-

---

[22]) Vgl. drittes Kapitel Anm. 96—98.

[23]) Grimm, W., I, 18, 3. 333. II, 338. Die Befugniss, an dem Geächteten ihre Rache zu üben, hatten die Verwandten jedoch nur dann, wenn sie als Ankläger aufgetreten waren; nicht, wenn von Amtswegen die Klage erhoben war. Grimm, W., IV, 343. „Ob aber der thodschleger nit begriffen werden möchte, so wirt desz thodten lychnams früntschafft, die jn von angeborner sippschaft zerechen (zu rächen) haben, der lyb erteilt, s o s y j n b e c l a g e n t; ob sy jn aber nit beclagten und die oberkeyth das recht volfüren müszte, so wirt dero (sc. der Obrigkeit) lyb u. gut zu bekenth." Vgl. auch Grimm, W., IV, 392.

[24]) Es ist nicht uninteressant, einen Moment bei dem Gegensatz zwischen norddeutscher und süddeutscher Auffassung des betreffenden Rechtsverhältnisses zu verweilen. Man vergleiche z. B. folgende Stelle des d i t h - m a r s i s c h e n L a n d r e c h t s: „Alle overghevenen (verfesteten) lüde, de sint mid beseghelden breven overgheven in uneme lande, se sint buten landes ofte bynnen, we de doet sleyt, dar schalme nicht von beteren ofte betalen, men he schal ligghen alze en hunt, de doet gheslagen is" mit der correspondirenden Stelle des r h e i n g a u i s c h e n L a n d r e c h t s (Grimm, W., I, 543): weres, daz der schedelich man virzalet were mit füer und mit brant, so enmochten dan alle magen des doden binnen achter susterkinde den missdedigen man slan und slugen sie yne doit, sie mochten sich desz enweren mit vier pfening und mit dene wapen, domitte sie yn slugen und sullen die pfenninge und die wapen legen off sine brsot . . . und weren des quyt, ledig u. lois". Dort die Befugniss der Blutsfreunde, den geächteten Thäter völlig straflos wie einen tollen Hund niederzuschlagen, während zwar auch im rheing. Landrecht der Todtschlag des Thäters straflos, jedoch aber in seiner äusseren Erscheinung immerhin ein Rechts- und Friedensbruch, daher durch eine Scheinbusse zu gelten ist. Vgl. Gierke, Humor im deutschen Recht, S. 36.

rakters des Anklageprozesses liegt in der Möglichkeit, denselben durch Vergleich zu beendigen, mit der Wirkung, dass dadurch nicht allein der Entschädigungsanspruch der Verletzten getilgt, sondern gleichzeitig der Thäter von der Todesstrafe befreit wird, sowie, dass der Richter von Amtswegen verpflichtet ist, zwischen den Parteien die Sühne zu versuchen [25]), letzteres allerdings nur dann, wenn nicht auf handhafter That geklagt oder das Contumacialverfahren eröffnet war. Denn die Ergreifung auf frischer That ging dem Thäter unbedingt an das Leben, falls er nicht erweisen konnte, dass die Tödtung aus Zufall (van ungelucke) oder in der Nothwehr geschehen war [26]), und das Contumacialverfahren bot seiner Natur nach für offizielle Sühneversuche keinen Raum, denn dieselben setzten ein contradiktorisches Verfahren voraus, in welchem der Angeklagte entweder durch seine für ihn sich zu Gericht erbietenden Blutsfreunde vertreten war oder von einer Freistätte aus unter sicherem Geleit seiner Vertheidigung halber persönlich vor Gericht erschien [27]). Die Verfestung des Thäters bildete übrigens kein Hinderniss zur Anknüpfung privater Vergleichsunterhandlungen und Aussöhnung mit den Verletzten, nur hatte letztere für sich allein nicht die Wirkung, dem Thäter straffreie Rückkehr in die Heimath zu sichern, dies konnte vielmehr nur dadurch geschehen, dass er sich aus der Verfestung zog, indem er an

---

[25]) Rheingauisches Landrecht bei Grimm, W., I, 542: werez daz daz lantrecht nit verslagen en were und die sache nit mochte gesunet oder abgetan werden by sunnenschyn. Hiernach versuchte der Richter gleich im ersten Verhandlungstermine, wahrscheinlich nach Schluss der Parteivorträge, die Sühne. Konnte die Einigung nicht sofort zu Stande gebracht werden, so wurde ein neuer Termin anberaumt und die Zwischenzeit von den Parteien zu Vergleichsunterhandlungen benutzt. Mon. Boica X, 550.

[26]) Vgl. die ausführliche Darstellung des Prozesses gegen den gefangenen Friedbrecher auf Grund des Sachsenspiegels u. verwandter Rechtsquellen bei Planck a. a. O., I, S. 765—777 u. für das süddeutsche Recht den Rechtsbrief Herzog Leopold's VII. für Wien v. 18. Okt. 1221 §§ 1—5.

[27]) Vgl. drittes Kapitel, Anmerkung 83.

drei Gerichtstagen dem Gericht sich zur Verantwortung stellte und falls Niemand gegen ihn als Kläger auftrat, von der Klage frei und ledig geurtheilt wurde [28]).

---

[28]) Sachsenspiegel, II, Art. 4, § 1, Goslarische Statuten, L. 510, Nr. 11 und Planck a. a. O., II, 301 ff. Darum werden auch in den vorhandenen Urkunden Aussöhnung und Restitution als zwei verschiedene Akte auseinandergehalten. Zur Veranschaulichung lasse ich einige Auszüge aus dem ungedruckten Breslauer Verfestungsbuche folgen, die zugleich ersichtlich machen, wie geraume Zeit nicht selten verging, bevor ein Ausgleich zu Stande kam.

Reconciliatum commissa et restitutus ad jus suum 1435.	Anno 1432. Martinus Schoffnase proscriptus pro homicidio.
Reconciliatus et restitutus 1453.	A. 1450. Joh. Baptiste, Hans Wolkisten pro homic. in quendam Andream pellificem.
Reconc. et restit. a. 1453.	A. 1453. Dyonisius Thyme proscr. ex parte Melchior Lautensloer, den er in der Oder dirtrenket hat.
Reconc. et restitutus a. 1461.	A. 1458. Christoferus Skoppe cum suo famulo Heinrich Skoppe etc. proscripti ex parte hom. in Jakscheo Roten sub porticu Eccles. sancti Joh. ppetr.
Restitutio a. 1463 reconciliatione facta.	A. 1462. Michil Tile proscr. p. hom. in Vincenz Frauendorf.

Nicht allemal übrigens setzte die Entlassung des Todtschlägers aus der Acht ein förmliches Restitutionsverfahren voraus. Oefters erfolgte sie auch im Wege der Amnestie. Verfestete durften, wenn sie sich beim feierlichen Einzuge des Fürsten an dessen Wagen oder Pferd anhingen, sicher zurückkehren. Vgl. Grimm, Rechtsalterthümer, S. 265, 738 u. Haltaus, S. 2017 u. 2143. Auch für diese Sitte enthält das Breslauer Verfestungsbuch mehrere interessante Beläge, z. B.:

Dimissus est de proscr. propter adventum domini Regis Alberti.	A. 1438. Nicolaus Gerlich proscr. propter hom. in Arnestum de domancz perpetratum.
Reconcil. in adventum Regis Ladislai a. 1445.	A. 1444. Math. Scholz Geisseler proscr. hom.
Deleta ex jussu dom. Regis Ladislai 1455.	A. 1448. Gerthen proscr. ex parte hom.

Im Jahre 1468 werden zwei Todtschläger aus der Acht gelassen aus königlicher Gnade, an die sie sich gewendet, 1469 eine Anzahl Geächteter beim Einzug des Königs Mathias von Ungarn auf dessen Befehl amnestirt. 1438 waren 14 wegen Todtschlags geächtete Bauern zur Feier der Anwesenheit König Albert's amnestirt worden. — Die Sitte des Sichanhängens an das Pferd oder den Wagen des einziehenden Fürsten herrschte noch im 16. Jahrhundert. Als König Ferdinand von Böhmen 1538 Görlitz besuchte, liess ihn der Rath durch einen Abgesandten bitten, die Stadt mit der Einführung von Ausgewiesenen, Geächteten u. s. w. zu verschonen. Der König wollte aber auf dieses Recht nicht verzichten, indem er sagte: „Nein, nein das ist unsere fürstliche freiheit, sie mogen mit uns eintziehen und so wir jn der stat jre sachen und clage vorhoren, wollen wir uns dorinnen recht halden". Es benutzten auch in der That mehrere Ausgewiesene die Gelegenheit und zogen mit dem König ein, indessen erlangte nur Einer die Amnestie. Scriptores Rerum Lusaticarum. Neue Folge, Bd. IV, S. 377. (Mehrere andere Beispiele aus dem südlichen Deutschland bei: Osenbrüggen, Alamannisches Strafrecht, S. 193 ff. Formular einer Amnestie-Urkunde: Archiv für östreichische Geschichte, Bd. 55, S. 259.)

Fünftes Kapitel.

Die Todtschlagsühne.

Obwohl es im deutschen Recht nicht an Keimen und Ansätzen zur methodischen Bekämpfung der Blutrache fehlt — wir verweisen in dieser Beziehung nur auf die Regelung des vorläufigen Friedens im Münchener Stadtrechte und in benachbarten Rechten (siehe das dritte Kapitel) —, hat es Deutschland doch niemals zu einer einheitlichen Organisation des Sühnewesens bringen können. Nirgends begegnen wir hier einer so gedrängten Zusammenfassung der Sühne, wie sie uns in dem stammverwandten Strafrechte Flanderns entgegentritt, wo sich infolge des energischen Eingreifens der Landesherren schon frühzeitig dafür ein bestimmtes System ausbildete. Die Bestandtheile der Sühne: 1) Errichtung des Sühnvertrages; 2) Abbitte und Versöhnung; 3) Friedensbefestigung, sind in beiden Rechten dieselben; aber während diese Bestandtheile im deutschen Recht überwiegend in ebenso viele zeitlich und räumlich getrennte Akte auseinanderfallen, erscheinen sie im flandrischen Rechte stets zu einer einzigen gerichtlichen Verhandlung zusammengefasst.

Zwei sich gegenseitig ergänzende Urkunden, mitgetheilt im III. Bande, 2. Abth. der flandrischen Staats- und Rechtsgeschichte von Warnkönig, lehren uns den Gang dieser Verhandlung näher kennen. Die eine (Nr. 59) beschreibt ein im Jahre 1437 und seitdem noch öfter abgehaltenes Sühngericht, die andere (Nr. 169) enthält die auf die Sühngerichte bezüglichen Bestimmungen des Antwerpener Stadtrechts.

Vorbemerkend erwähnt die zweite der beiden Urkunden, dass in Antwerpen[1]) das Sühnewesen dem ersten Minister und Stellvertreter des Stadtschultheissen (Unterschultheissen, Ammann) übertragen war und demselben ein beeidigter Gerichtsschreiber zur Führung des Registers über die vorkommenden Sühnen, sowie sechs aus der Bürgerschaft gewählte Männer von untadelhaftem Ruf und schiedsmännischer Begabung zur Seite standen. Letzteren lag es ob, bei den Sühneunterhandlungen als Vermittler von Amtswegen zu fungiren. Keine Sühne durfte ohne Vorwissen und Genehmigung des Ammanns ins Werk gesetzt werden, auch musste jede Partei, obgleich es ihr nicht verwehrt war, zu den Unterhandlungen einen ihrer Blutsfreunde zuziehen, mit der andern durch eine der sechs amtlichen Mittelspersonen unterhandeln, so dass bei den Traktaten stets zwei derselben in Thätigkeit waren.

War eine Einigung über die Friedensbedingungen erzielt, so fassten die offiziellen Vermittler, welche hierin an die Vorschläge der Parteien gebunden waren, Beschluss über Zeit und Ort des abzuhaltenden Sühngerichts und benachrichtigten davon den Ammann, welcher schon vor dem Termine den Sühnvertrag nach den Angaben der Vermittler aufsetzen liess.

Zur festgesetzten Stunde entkleidete sich der Thäter in einem zu diesem Zweck hergerichteten Gemach, legte ein langes leinenes Hemde an, liess sich die Hände binden und schritt alsdann barfüssig und mit entblösstem Haupte in Begleitung des Ammannes und der beiden Vermittler in den Raum, wo der Gerichtsschreiber und die Blutsfreunde sowohl des Thäters wie des Entleibten, beiderseits in Trauergewänder und schwarze Kapuzen gehüllt, versammelt waren. Dort blieb der Thäter in mässiger Entfernung vor dem Gerichtsschreiber stehen und die beiderseitigen Blutsfreunde

---

[1]) In den anderen grossen Städten wird es ebenso gewesen sein, in kleineren Ortschaften ohne Unterschultzen dagegen das Geschäft in der Hand des Schultheissen gelegen haben. In der Urkunde Nr. 59 sehen wir übrigens auch den Bailli fungiren.

stellten sich in gerader Reihe vis-à-vis von einander auf.
Nunmehr trat der Gerichtsschreiber in die Mitte, etwa 3—4
Fuss vom Thäter entfernt, und sprach, währenddem dieser sich
auf die Kniee niederliess, zu dem Mundsühner, d. h. dem
nächsten Schwertmagen des Gemordeten, welcher im Namen
aller Verwandten die Versöhnung durch Empfang des Frie-
denskusses abzuschliessen hatte, folgende oder ähnliche Worte:
„Siehe hier diesen Schuldigen; er bittet flehentlichst
um des Todes willen, den unser lieber Herr Gott am
Kreuze für unser Aller Wohl am guten Freitage starb,
ihm den Tod des erschlagenen N. zu vergeben; er trägt
über die Missethat ein bitteres, ewiges Leid und fleht
aufs inständigste, die Freunde des Todten möchten ihm
ein Zeichen ihrer Verzeihung geben". (In der anderen
Urkunde wird die Bitte zugleich im Namen der
Freunde und Magen des Thäters gestellt.)
Sobald dieses Zeichen gegeben war, führte der Ammann
den Thäter bis vor die Füsse des Mundsühners, und während
der erstere abermals auf die Kniee sank, wiederholte der
Gerichtsschreiber zweimal die vorige Anrede, worauf nach
abermaligem Zeichen, dass die Bitte erhört werden solle, der
Thäter aufstand und den Mundsühner zum Zeichen der er-
folgten Aussöhnung auf Mund oder Wange küsste.
Nach vollbrachter Ceremonie liess der Ammann den Sühn-
vertrag verlesen und die Innehaltung desselben eidlich angeloben. Hierauf reichten sich die Parteien die Hände und der
Ammann verkündete den Frieden, indem er sprach:
„Höret ihr Biedermänner, hört, was ich hier im
Namen meines gnädigsten Landesherrn und unserer
Stadt verkünde: Ich verkündige und gebiete Frieden
unter euren Blutsfreunden, es sei von Vaters, Mutters,
Bruders, Schwesters, Vatersbruders, Vatersschwester
oder von welcher Seite es sonst sei, sie seien geboren
oder ungeboren. Soweit der Wind weht und die Wol-
ken Regen entsenden, soll Friede zwischen euch sein.
Ich verbiete, dass einer den andern leidige mit Worten
oder Werken, insgeheim oder offen, durch sich selbst

oder durch Andere. Wenn ihr dawiderhandelt, macht
ihr euch schuldig der Verletzung des Friedens und
der Aussöhnung und werdet darum gebüsst im Namen
unseres gnädigsten Landesherrn, des Herzogs von
Brabant, mit denjenigen Strafen, welche nach Herkommen den Friedensbrecher treffen. Ich rufe alle
Zuhörer zu Zeugen auf, dass ich in dieser Weise den
Frieden gebannt und verkündet habe" [2]).

Die Aufzeichnung des Antwerpener Stadtrechts, welchem
die vorstehende Beschreibung entnommen ist, datirt allerdings
erst v. J. 1582, wo die Sühngerichte schon mehrere Jahre
aufgehoben waren (Warnkönig a. a. O., III, 1 S. 194 Anm.
621), reproducirt aber in diesem Punkte nach dem Zeugniss
der Urkunde nur alte Antwerpener Rechtsgewohnheit, die als
Muster für die Rechtsübung im ganzen Lande angesehen
werden kann, da sich die Beschreibung in der um vieles älteren Urkunde Nr. 59 nur in Unwesentlichkeiten von der obigen
unterscheidet. Dort wird die Ceremonie der Abbitte im Kreuz-
gang einer Kirche vollzogen (was in älterer Zeit überhaupt
das Gewöhnlichere gewesen zu sein scheint), und deshalb der
Sühnvertrag vorher verlesen und bekräftigt; auch hält nicht
der Gerichtsschreiber, sondern der im Range über den Schultheissen stehende Bailli die Anrede an den Mundsühner,
und sind zu dem Akte die Mannen des Lehnshofes und die

---

[2]) Die Formel, welche aus dem Lateinischen zurückübersetzt werden
musste und im Original wohl etwas schwungvoller gelautet haben wird,
zeigt unverkennbare Verwandtschaft mit der Satzung des rheingauischen
Landrechts c. 59 (Grimm, W., I, 542): „Item is auch lantrecht by uns
inme Ringawe, so als dheine sune ader fride zuschen den magen dez
doden manns, und dem mannslachter binnen lande geschee, so sal dieselbe sune stet und veste verlyben under den parthyen, als sie gesunet
weren von edel und unedel, vor echten und unechten, geborn und un-
geborn, so lang der wind weyt und der hane creyet und also wyte, als
die sunne uff und tal geet; und wer dieselbe sune breche, uff den sal
man berihten an siner rechten hant, ader er sal darumb dingen, mit
wysunge der scheffen, als recht und herkomen is". Es scheint hiernach,
dass im Rheingau in älterer Zeit der Friede mit einer der flandrischen
ähnlichen Formel laut und öffentlich verkündet wurde.

städtischen Schöffen mit ihrem Schultheissen zugezogen, welche auf Befragen des letzteren resp. des Bailli ihr Urtheil dahin abgeben, dass der Friede und das Sühngericht so wohl, so ehrsam und so rechtmässig vorgenommen, geküsst und gesühnt sei, dass es würdig sei, von beiden Theilen gehalten zu werden, worauf die Parteien auf beiden Seiten auf Geheiss des Bailli sich die Hände reichten und den Frieden beschworen [3]).

Von den soeben geschilderten Prozeduren erheischt die merkwürdige Ceremonie der Abbitte und Aussöhnung sowohl wegen ihres allgemeinen Interesses als wegen ihrer engen Beziehung zu verwandten deutschen Gebräuchen eine nähere Beleuchtung.

Was an dem Akte auf dem ersten Blick in die Augen springt, ist die unverkennbare Anknüpfung desselben an die Idee des germanischen Anklageprozesses. Während im Verfahren nach strengem Recht der überführte Thäter seinen Feinden (den Klägern) zur Hinrichtung überliefert wird [4]), wird er in dem Verfahren „nach Minne" wehrlos und mit gebundenen Händen in die Gewalt seiner Feinde gegeben, zum Zeichen, dass sein Leben nur von ihrem Willen abhängt, und wie im strengen Recht der nächste Schwertmag des Getödteten die Strafe vollzieht, so ist auch in der Sühne wiederum er es, welcher Namens der übrigen Blutsverwandten dem Thäter die von Rechtswegen verdiente Strafe aus Gnade und Barmherzigkeit erlässt. Immerhin ist dies aber nur die

---

[3]) In der betreffenden Urkunde wird übrigens bezeugt, man habe zur Vermeidung der Kosten nicht immer die Schöffen zugezogen. In diesen Fällen wird sich also das Sühngericht in denjenigen Formen vollzogen haben, die das Antwerper Stadtrecht uns kennen lehrt.

[4]) S. Kapitel IV, Anm. 19. Dass der Grundsatz auch praktische Bedeutung hatte, zeigt ein Fall aus den Criminalregistern des Stiftes St. Peter bei Gent (Warnkönig a. a. O., III, 2, S. 73, Nr. 21): Als nämlich der Mörder eines Genter Bürgers von den ihm nachspürenden Eltern und Verwandten des letzteren bei Dixmude ergriffen und in das dortige Gefängniss abgeliefert wurde, erbaten und erlangten dieselben die Auslieferung des Verbrechers an das Gericht zu Gent, woselbst ihm der Prozess gemacht und er von seinen Feinden hingerichtet wurde.

eine Seite des merkwürdigen Vorgangs. Mit Recht muss jeder, der mit den Rechtsanschauungen und Gebräuchen des Mittelalters nur einigermaassen vertraut ist, sich fragen: „in welcher Beziehung steht die Abbitte, die doch ganz augenscheinlich den Schwerpunkt des Aktes ausmacht, sowie der Aufzug des Thäters, das Bussgewand, die blossen Füsse, das entblösste Haupt zu der Idee des Anklageprozesses?" Durch Beides erhält die Handlung einen schimpflich-demüthigenden Charakter, während doch die Hinrichtung durch das Schwert, welche auf Todtschlag stand, nach den germanischen Anschauungen keine entehrende und schimpfliche, sondern im Gegentheil eine ehrliche Strafe war, folglich auch kein Motiv abgeben konnte, den Thäter durch die Form, in der man ihn um Gnade bitten liess, dem Zwange einer tiefen Demüthigung zu unterwerfen. Die Antwort ist einfach die: dass eine solche Beziehung überhaupt nicht besteht, dass vielmehr Handlungen von verschiedenem Grundgedanken hier zu einem Ganzen verwebt sind.

Die Abbitte ist ein selbständiger Theil der Sühne von augenscheinlich jüngerem Ursprung als die Ceremonie der Aussöhnung. Wann sie aber entstanden und welchen Umständen sie ihre Entstehung verdankt, darüber geben die Quellen, wie bei so vielen die Todtschlagsühne betreffenden Punkten, nicht die mindeste Auskunft. Trotzdem wird es möglich sein, Beides annähernd zu bestimmen.

Wir wissen aus der nordischen Heldensage, dass bereits zur heidnischen Zeit die Versöhnung ein solenner Akt war, indem man zur Feier derselben Opfer und festliche Gelage veranstaltete; aber nirgends zeigt sich eine Spur, dass die wergeldpflichtige Sippe die Gesippten des Erschlagenen um Verzeihung gebeten hätte. Der Gedanke einer so tiefen Demüthigung lag dem germanischen Charakter zu fern, als dass er sich aus ihm selbst hätte entwickeln können. Betrachtete doch der heidnische Germane schon die Zahlung der Busse als eine Demüthigung [5]) und wenn gerade um dess-

---

[5]) Wilde, Strafrecht der Germanen, S. 315. Dahn, Fehdegang und Rechtsgang der Germanen (Bausteine, II, S. 88.)

willen, wie Dahn in seinem „Fehdegang und Rechtsgang" treffend hervorhebt, „den hochgemuthen Helden" die Wahl des friedlichen Ausgleichs weniger zu Sinne stand als die Austragung des Streites mit den Waffen, so dass nur zu häufig der Beleidiger nebst seiner Sippe lediglich desshalb, weil ihr Selbstgefühl gegen das Bekenntniss, im Unrechte zu sein, sich aufbäumte, zur Ersatzleistung nun und nimmermehr zu bewegen waren, so würde der unbändige Stolz des Germanen sich noch viel weniger jemals zu einer förmlichen Abbitte bequemt haben.

In der That findet sich die früheste Spur davon erst in den germanischen Pönitentialbüchern, jenen Bussordnungen, welche in den ersten Jahrhunderten nach der Bekehrung der Germanen zum Christenthum den mit der Verwaltung der Bussdisciplin betrauten Geistlichen als Leitfaden bei Abmessung der Kirchenbusse dienten. Einer der ältesten dieser Bussspiegel, das altbritische Pönitentialbuch des Vinniaus, enthält eine von da in die fränkische Bussordnung des Columban und in das dem 7. Jahrhundert angehörende Merseburger Pönitentialbuch übergegangene Bestimmung [6]), wonach Cleriker, welche sich eines Todtschlags schuldig gemacht hatten, zehn Jahre in der Verbannung nach einer vorgeschriebenen Regel Busse thun sollten. Hatte der Büsser nach dem Zeugniss des Bischofs oder Priesters, dessen Aufsicht er unterstellt war, die Busse redlich vollführt, so sollte er wieder in die Heimath zurückkehren dürfen, jedoch den Blutsfreunden des Getödteten Abbitte thun und den Eltern des letzteren, falls sie noch am Leben waren, zu kindlich pflichtmässigen Gehorsam sich erbieten, sprechend: „Sehet, ich will euer Sohn sein und was·ihr von mir verlangt, das werde ich thun". Im Weigerungsfalle sollte er auf ewig aus seiner Heimath verbannt sein und wie Kain flüchtig und unstät auf der Erde umherschweifen.

Lässt diese Drohung unschwer erkennen, dass der An-

---

[6]) Wasserschleben, Die Bussordnungen der abendländischen Kirche. Halle 1851. S. 113, 355, 391.

spruch der Kirche auf Demüthigung vor der Sippe des Getödteten anfänglich sogar bei der Geistlichkeit entschiedenem Widerstande begegnete und der Ungehorsam erst durch Bedrohung mit dem schwersten Kirchenfluche: der unwiderruflichen Ausstossung aus der Gemeinschaft der Menschen, gebrochen werden musste, so würde derselbe Anspruch dem Volke gegenüber wohl erst recht nicht durchzusetzen gewesen sein und hätte höchstens dazu dienen können, den Missionären ihr Bekehrungswerk empfindlich zu erschweren. Die Kirche, welche bei diesem Unternehmen ja bekanntlich unter sorgfältigster Schonung der nationalen Anschauungen zu Werke ging, scheint denn auch thatsächlich nicht gewagt zu haben, mit einer dem trotzigen Selbstbewusstsein des Germanen so durchaus widersprechenden Forderung an die Neubekehrten heranzutreten, denn unter der Menge von Pönitentialbüchern befindet sich auch nicht eins, in welchem die dem Cleriker auferlegte Pflicht der Abbitte zugleich auf die Laien erstreckt wäre. Erst nachdem „der Einfluss christlicher Erziehung und kirchlichen Wirkens die Härten und Schroffheiten der nationalen Anschauungen ausgeglichen und gemildert, den ursprünglichen trotzigen Unabhängigkeitssinn des Germanen für die volle Hingabe an Lehre und Zucht der Kirche empfänglich gemacht hatte, und diese selbst so fest geordnet und consolidirt war, dass sie die Macht besass, mit ihren Gesetzen und Normen alle Verhältnisse und Richtungen des Volkslebens zu regeln und zu beherrschen", war der Boden für die Aufnahme der, der Abbitte zu Grunde liegenden Idee der moralischen Genugthuung für begangenes Unrecht hinreichend vorbereitet und geebnet.

Die Schule, in welcher die Kirche den stolzen Germanen für diese Ideen der moralischen Genugthuung und Demüthigung erzog, war die öffentliche Kirchenbusse.

Der unentwickelte Zustand des germanischen Strafrechts, welches zu der hier in Betracht kommenden Zeit nur die gegen die Existenz des Staates gerichteten Verbrechen mit öffentlicher Strafe verfolgte, während es für alle anderen nur Fehde und Privatbusse kannte, legte es der abendländischen

Kirche nahe, gegen offenkundige Missethäter mit öffentlichen Strafen vorzugehen [7]). Die Bischöfe waren angewiesen, mindestens einmal im Jahre zur Untersuchung des äusseren wie inneren Zustandes ihrer Diöcese dieselbe zu bereisen und in jedem Sprengel eines Erzpriesters [8]) ein geistliches Gericht (Synodal- oder Sendgericht von synodus = Zusammenkunft) abzuhalten, zu welchem sämmtliche Eingesessene des Sprengels, soweit sie nicht durch eine ganz dringende Veranlassung abgehalten wurden, bei Strafe der Excommunikation sich vollzählig einfinden mussten.

Das Sendgericht war seinem Charakter nach ein Rüge- und Geschworenengericht. Der Bischof wählte und vereidigte sieben (nach Bedürfniss und Umständen aber auch mehr oder weniger) der achtbarsten und zuverlässigsten Eingesessenen des Pfarrsprengels als Schöffen und befragte sie nach eröffneter Sitzung auf ihren Eid über alle zu ihrer Kenntniss gelangten Laster und Verbrechen der versammelten Gemeindemitglieder [9]). Hierauf wurde sofort in die Untersuchung der angezeigten Fälle eingetreten und von den Sendschöffen nach erfolgter Berathung über die Schuldfrage erkannt [10]). Die Strafe selbst, welche stets in öffentlicher

---

[7]) Nur die angelsächsische Kirche machte hiervon eine Ausnahme. In ihr hat die öffentliche Kirchenbusse niemals Eingang gefunden. Wasserschleben a. a. O. S. 30 ff.

[8]) In der fränkischen Verfassung entsprach die bischöfliche Diöcese dem grossen Gau, der Sprengel eines Erzpriesters dem Untergau (Hundertschaft). Sohm, Altdeutsche Reichs- und Gerichtsverfassung, I, 203 u. 293.

[9]) In Regino, De synodalibus causis, Buch 2, Kapitel 5 (ich citire nach der Ausgabe v. Wasserschleben, Halle 1840) sind die Fragen wörtlich aufgeführt. Die Reihe derselben eröffnete — ein Beweis, wie grosses Gewicht im Gegensatz zum weltlichen Strafrecht die Kirche auf dieses Verbrechen legte — der Todtschlag. Die bezügliche Frage lautete: est in hac parochia homicida, qui hominem aut spontanea voluntate aut cupiditatis aut rapacitatis causa aut casu aut nolens aut coactus, aut pro vindicta parentum, quod faidam dicimus . . . occiderit? u. s. w.

[10]) Den Sendgerichten waren jedoch nur die schwereren Fälle vorbehalten. Leichtere Vergehen wurden, um die Bischöfe nicht zu sehr zu ermüden und aufzuhalten, von den ihnen vorausreisenden Archidiaconen

Kirchenbuse bestand[11]), bestimmte der Bischof am nächsten Aschermittwoch nach Anleitung der Busscanones.

„Barhäuptig, mit blossen Füssen, den Leib in einen Sack gehüllt, fanden sich die offenkundigen Missethäter an dem gedachten Tage vor der Pforte der Kathedrale ein. Demüthig warfen sie sich vor dem Bischof auf die Kniee und hörten ihr Urtheil. Dann führte sie der Bischof in die Kirche und nachdem sie in sieben Busspsalmen Vergebung erfleht, legte er ihnen die Hände auf und besprengte sie mit Weihwasser. Er verhüllte ihre Häupter, und sprach ihnen das schwere Wort, dass so wie Adam einst aus dem Paradiese, so auch sie wegen ihrer Missethat aus der Kirche gestossen seien. Die Kirchendiener entfernten sie auf sein Geheiss aus dem Dome, und nicht eher wurden ihnen die Pforten desselben wieder erschlossen, als bis die schwere ihnen auferlegte Genugthuung geleistet war"[12]).

Für vorsätzliche Todtschläger gestaltete sich nach der im Trierschen Kirchenkreise üblich gewesenen Bussdisciplin diese Genugthuung wie folgt:

Vierzig Tage, nachdem ihm die Busse auferlegt war, durfte der Verurtheilte die Kirche nicht betreten und währenddem mit keinem Menschen Gemeinschaft pflegen, selbst

---

unter Zuziehung sämmtlicher Priester des Sprengels schon vor Ankunft des Bischofs abgemacht. Regino, II, c. 1—5. Siehe über die Verfassung der Sendgerichte ausserdem: Böhmer, Jus eccles. Protest., lib. III, tit. 39, c. 37 u. Kopp, Hessische Gerichte, I, 118 ff.

[11]) Capitul. Car. Magni VI, c. 196. Nam si publice actum fuerit, publicam inde agat poenitentiam, si vero occulte, sacerdotum consilio ex hoc agat poenitentiam (d. h. in letzterem Falle wurde dem Sünder geheime Busse durch seinen Seelsorger bei der Beichte auferlegt, im Gegensatz zur öffentlichen, auf welche, wie oben gezeigt ist, ausschliesslich der Bischof auf Grund des Verdikts der Sendschöffen erkannte). Vgl. auch Statuta syn. des Erzbischofs Hrabanus v. Mainz v. J. 847 bei Lünig, Spic. eccles., Ib, S. 10.

[12]) Regino a. a. O. I, c. 295. Ich habe mich in Obigem der Uebersetzung Friedberg's in seiner höchst anmuthigen Schrift: „Aus deutschen Bussbüchern" (Halle 1868) angeschlossen, weil ich keine zweite kenne, welche Regino's Beschreibung der Ceremonie mit so schwungvollen Worten wiedergiebt.

nicht mit seinem Eheweibe. Salz, Brot und Wasser waren seine Nahrung, und Niemandem war gestattet, von der Speise, die des Missethäters Hand oder sein Mund berührt hatte, zu geniessen. Barfuss und in härenem Gewande musste er einhergehen, seine Waffen ablegen, fahren und reiten waren ihm verboten. Vor den Pforten der Kirche sollte er die ganze Zeit hindurch seine Sünde beweinen und sich nicht von der Stelle entfernen. Nach Ablauf der vierzig Tage sollte er sich waschen, seine Kleider und Schuhe anziehen, sein Haar abschneiden und ein ganzes Jahr fasten. Weder Wein noch Meth durfte er während desselben geniessen, auch nicht Fleisch, Käse und fette Fische und nur an den Festtagen, auf einer grossen Reise, vor dem Feinde oder in Krankheit war ihm einer dieser Genüsse erlaubt, falls er einen Denar an die Armen spendete oder drei Arme speiste. Nach Ablauf dieses Jahres empfing er vom Bischof den Kuss des Friedens und der Versöhnung und durfte wieder die Kirche betreten; aber noch zwei weitere Jahre dauerte das Fasten, nur in etwas weniger strenger Weise und für die nächstfolgenden vier Jahre schrieb ihm die Kirchenregel vor, sich je vierzig Tage vor Ostern, Weihnachten und Johanni des Genusses von Wein, Bier, Käse und fetter Fische zu enthalten. Erst nach Ablauf dieser sieben Jahre konnte er sich dem Tische des Herrn wieder nahen [13]).

Aehnlich war die Strafe in den Capitularien der fränkischen Könige sowie in den Statuten des Concils zu Worms v. 869 geregelt. Nach diesen sollte der aus der Kirchengemeinschaft ausgestossene Todtschläger vor Beginn und nach Beendigung des Gottesdienstes vor der Kirchenpforte in Sack und Asche hingestreckt liegen und die Vorübergehenden anflehen, für ihn zu bitten. Auch sollte er so lange nur von Wasser und Brot leben, die Waffen ablegen, weder fahren noch reiten und seine Reisen zu Fuss verrichten, bis der Bischof ihm den Friedenskuss ertheilte, bezw. ihn von der Strafe entband [14]).

---

[13]) Regino, II, c. 6—12.
[14]) Capit. Additio IV, c. 83. Lünig, Spicil. eccles. Continuatio, II, 5.

Todtschläger, welche in ein geistliches Asyl geflohen waren oder auf Fürbitte von Geistlichen Begnadigung von der Todesstrafe erlangt resp. sich durch Wergeldszahlung mit dem Verletzten abgefunden hatten, mussten in derselben Weise Kirchenbusse leisten [15]), jedoch mit der Einschränkung, dass beim Todtschlage aus Blutrache die vorgeschriebene Fastenzeit sich sehr erheblich verringerte [16]). Wer sich der Busse zu entziehen suchte, verfiel der Excommunikation und falls auch diese nicht fruchtete, mussten auf Requisition des Bischofs die königlichen Beamten den Condemnaten verhaften und behufs Vollstreckung der Strafe in die bischöfliche Residenz abliefern [17]).

Hatte es die Kirche verstanden, durch ihre Zucht und Lehre das stolze Selbstgefühl des Germanen allmählich so tief zu beugen, dass er nicht allein sich dazu verstand, in der demüthigendsten Weise vor Aller Augen Busse zu thun, sondern sogar seine Waffen abzulegen und das langwallende Lockenhaar, „den Schmuck und die charakteristische Zierde des freien Mannes abzuscheeren" [18]), so war es ihr sicherlich nunmehr ein Leichtes, ihn für die Anschauung empfänglich zu machen, dass es die Pflicht des gläubigen Christen sei, nächst Gott die Verzeihung derjenigen anzuflehen, denen er durch seine That ein schweres Leid zugefügt hatte. Es ist hiernach sehr wohl möglich, dass infolge religiöser Einwirkung sich schon zur Zeit des Regino († 915) die Sitte eingebürgert hatte, vor oder nach der Sühne die Verwandten des Getödteten um Verzeihung zu bitten. Soweit darf man aber keinesfalls gehen, die in der Todtschlagsühne des späteren Mittelalters gebräuchliche (demüthigende) Form der Abbitte als ein unmittelbares Werk der Kirche anzusehen. Allerdings sind sämmtliche Requisite der in Rede stehenden

---

[15]) Du Cange, Gloss. med. aev., ed. Hentschel s. v. Poenitentia.

[16]) Regino, II, c. 23. Wasserschleben, Abendl. Bussordnungen, S. 453.

[17]) Capitular. VI, c. 101. Capitul. v. J. 853 c. 1. Regino, II, c. 12.

[18]) Für ein Verbrechen geschoren zu werden, war entehrende Strafe. Grimm, R. A., S. 284.

Ceremonie, das Bussgewand, die Barhäuptigkeit, die ent-
blössten Füsse, die Kniebeugung, der Friedenskuss, der öffentlichen Kirchenbusse entnommen, allein wir werden noch Gelegenheit haben zu zeigen, dass die Todtschlagsühne je länger
je mehr ein kirchliches Gepräge annahm, ohne dass die Kirche
zu dieser Gestaltung direkt etwas beigetragen hatte. Bei der
innigen Durchdringung des bürgerlichen Lebens mit religiösen
Anschauungen bedurfte es dazu eben nur eines äusseren An-
lasses, und dieser war, was die in Rede stehende Sitte betrifft, in dem Verfall der öffentlichen Kirchenbusse gegeben.

Die Herrschaft der Bussordnungen hatte mit Schluss des
8. Jahrhunderts ihren Höhepunkt erreicht. Schon im darauf
folgenden gerieth die Bussanstalt ins Wanken, hauptsächlich
infolge der Opposition, welche sich auf den Synoden und
unter der höheren Geistlichkeit gegen die Bussbücher erhob,
denen man zum Vorwurf machte, dass sie wegen der Verschiedenheit ihrer Straf- und Busssätze der seit jener Zeit
mehr und mehr erstrebten Einheit und Uebereinstimmung in
der Handhabung der geistlichen Gewalt und Disciplin im
Wege ständen. Obwohl nun diese von einflussreichster Stelle
ausgehende Gegenströmung nicht bis zur völligen Beseitigung
der Bussordnungen führte, fing die Geistlichkeit doch schon
an, sich vielfach von denselben zu emancipiren. Seit dem 11.
Jahrhundert gerieth dann infolge des sich aufthuenden Ablass-
und Indulgenzwesens, sowie der Lehre vom überschüssigen
Verdienst der Heiligen (Thesaurus supererogationis perfec-
torum) die bisherige Bussanstalt vollends in Verfall[19]). War

---

[19]) Wasserschleben, Abendländische Bussordnungen, S. 77, 98.
Der nichtöffentliche Theil der alten Kirchenbusse, das vierzigtägige Fasten
bei Wasser und Brot, die sog. Carena, und die daran sich anschliessenden
Fastenjahre blieben dagegen nach wie vor, insbesondere auch für Todtschlag in Geltung. Siehe die Mainzer Synodalstatuten v. 1023 bei Lünig,
Spic. eccl., I b, S. 19 und Corrector Burchardi, c. 1—29, bei Wasserschleben a. a. O., S. 631: Si fecisti homicidium — XL dies continuos,
quod vulgus carinam vocant, ita ut consuetudo est in pane et aqua je-
junare et VII annos sequentes sic observes. Der Codex Falkensteinensis
des bairischen Grafen Siboto zu Falkenstein (Drei bairische Traditionsbücher aus dem XII. Jahrh., München 1880) enthält auf Fol. 1 folgende

die Kirche früher nach dem Grundsatz verfahren, dass sie
jede offenkundige Missethat mit öffentlicher Kirchenbusse ahn-
dete, so liess sie die letztere nunmehr in der Regel nur noch
eintreten für Vergehen gegen die Religion und die kirchlichen
Gebote, und insbesondere gegen Solche, welche sich gegen
die Kirche und ihre Diener [20]) in gröblicher Weise vergangen
hatten.

Wenn es ein alter Erfahrungssatz ist, dass aus fortge-
setzter Rechtsübung sich Rechtsüberzeugungen bilden, so erscheint nichts natürlicher, als dass infolge der durch Jahrhunderte fortgesetzten Verhängung der öffentlichen Kirchenbusse im Volke die Ueberzeugung von der rechtlichen Verpflichtung des Todtschlägers zur öffentlichen Demüthigung
sich entwickeln musste, und nicht weniger natürlich erscheint
es, dass in dem Maasse, als die öffentliche Kirchenbusse gegen
Todtschläger seltener wurde, Parteien und Schiedsgerichte
die Sühne nunmehr davon abhängig machten, dass sich der
Thäter einer der öffentlichen Busse sowohl in der äusseren
Form wie im Grundgedanken verwandten Strafe unterwarf [21]).

---

hierher gehörige Eintragung v. J. 1195: Comes Siboto notificat scire
volentibus, quod pro homicidio carranam persolverit; quinque vero jar-
vasten sibi sunt remisse.

[20]) Wie schon die Volksrechte und Capitularien den Priestern ein
dreifaches Wergeld zubilligten (Wilda a. a. O., S. 526—528), so liess die
spätere Kirche für Tödtung oder Vergewaltigung eines Clerikers öffentliche
Kirchenstrafe eintreten. Vgl. Du Cange, V, 5, s. v. Processio u. Harmiscara. Haltaus, Glossar., S. 825—827. Nach dem Seligenstädter Send-
weisthum, Grimm, W., I, S. 503 ff., stand auch auf Wucher und Unzucht
im wiederholten Rückfalle öffentliche Kirchenbusse, von der sich aber die
Verurtheilten durch Zahlung einer Geldstrafe loskaufen konnten. — Ueber
die öffentliche Kirchenbusse bei Elternmord s. Rugianischer Landgebrauch,
S. 120, 121.

[21]) Hatte die Kirche das Prinzip der öffentlichen Demüthigung des
offenkundigen Missethäters fallen lassen und hielt sie dieselbe nur für
gewisse Vergehen aufrecht, worunter die Tödtung eines Laien nicht gehörte, so kann sie auch nicht die Urheberin der in Rede stehenden Ceremonie gewesen sein, man müsste denn annehmen, dass sich dieses Cere-
moniell schon unter der Herrschaft der Bussordnungen gebildet habe.
Für eine solche Annahme fehlt es jedoch an jedem positiven Anhalt. So

Das Vorbild fand sich in der kirchlichen Nachbildung der Harmiscara, jener schimpflichen und demüthigenden Strafe, welche seit Karl dem Grossen bis ins 12. Jahrhundert die Kaiser für schwere Vergehen gegen die Landeswohlfahrt und die Geistlichkeit eintreten liessen. Wie die mit Harmiscara Bestraften in demüthigendem Anzug, ein Zeichen der verwirkten Strafe oder Beschimpfung (Strick, Pferdezaun, blosses Schwert, Pferdesattel, Hund u. s. w.) auf ihrem Hals oder Rücken tragend, vor ihrem Herrn erscheinen und eine vorgeschriebene Strecke durchwandern mussten, „gleichsam damit ihre Entehrung Jedermann im Lande bekannt würde" [22]), mussten die von den Bischöfen wegen Tödtung, Verwundung, Beraubung und sonstiger Vergewaltigung von Geistlichen resp. von Kirchengut mit Harmiscara Bestraften barfüssig, in Hemden von gröbster Sackleinwand, Besenruthen oder Kerzen in den Händen tragend, an allen Sonn- und Festtagen, wenn die Glocken zur Kirche läuteten, von einer Kirche der Diöcese zur andern ziehen, bis der Bischof sie absolvirte [23]).

lange die Kirche den offenkundigen Todtschläger ohnehin schon öffentlich büssen liess, lag kein Grund vor, ihn ausserdem noch mit der Strafe der öffentlichen Demüthigung gegenüber der Sippe des Erschlagenen zu belegen. Wäre dieses der Fall gewesen, so würde sich bei der grossen Ausführlichkeit, womit die Bussanstalt in den Pönitentialbüchern und Synodalbeschlüssen behandelt ist, sicherlich eine dahin zielende Bestimmung vorfinden müssen. Das vollständige Schweigen beider aber berechtigt nicht nur, sondern zwingt sogar zu der Annahme, dass wir es bei der ceremoniell-öffentlichen Abbitte nicht mit einer kirchlichen Institution, sondern einer in kirchliches Gewand gekleideten weltlichen Strafe zu thun haben.

[22]) Grimm, Rechtsalterthümer, S. 713 ff.; Ludewig, Reliquiae Manscr., II, 103; Du Cange ed. Hentschel, III, 627, woselbst auch über die Etymologie des Wortes. Die Strafe kommt bereits in der lex. Visig. VI, 2, 3 vor; ausserdem in Capit. V, 98; Additio IV, c. 95; Leg. Longb. Loth. I. c. 43.

[23]) Beispiel bei Du Cange a. a. O. ex anno 1246: Noveritis, quod cum mors religiosi viri Joannis quondam Prioris de Hisiaco imponeretur Roberto de Villeta Militi et Guillelmo Perieo Armigero et propter hoc essent de terra Domini Regis banniti, tandem ab hac impositione sibi facta, ad hanc pacem coram nobis devenerunt: Praedicti Milites et Armigeri facient Processiones, quae vocantur vulgariter Hachées (der alt-

Auch in Vergleichsfällen über den Todtschlag von Personen geistlichen Standes bediente sich der Klerus der angegebenen Strafmittel, worüber wir in der Vergleichsurkunde des Klosters Walkenried (jetzt zu Braunschweig gehörend) mit dem Graf Heinrich von Beichlingen vom J. 1301 (Urkunden des Stiftes Walkenried, Abth. II, S. 1, Hannover 1855) ein werthvolles Zeugniss besitzen.

Ministerialen des Grafen hatten auf dem Klostergute Kinderode einen Laienbruder des Klosters erschlagen. Der hieraus zwischen dem Convent und dem Grafen entstandene Zwist wurde schiedsrichterlich durch die Aebte von Volkerode, Michaelstein und Reifenstein in folgender Weise vertragen: Alle an dem Todtschlag Betheiligten sollten in Büssertracht, jeder eine einpfündige Kerze in der Hand habend, an drei dem Feste St. Jakobi vorausgehenden Sonntagen eine mit einem Leichentuch überdeckte Bahre durch die Stadt Ellrich hindurch bis nach der Abtei Walkenried tragen, und nachdem sie dieselbe in der Stiftskirche niedergesetzt, sich dem Abt und Convent zu Füssen werfen und dieselben auf die Erde hingestreckt um Vergebung flehen (toto corpore in terram prostrati veniam petentes, domini abbatis et conventus pedibus provolvantur). Darauf sollten sie in demselben Aufzuge,

---

französische Ausdruck für Harmiscara): unam et primam a loco, in quo dicuntur maleficium perpetrasse usque ad sepulturam praedicti Prioris, aliam in Ecclesia Rotomagensi et alias in Ecclesiis Cathethralibus Provinciae Rotomagensis singulis in singulis et unam in Parisiensi, et aliam in Ecclesia Carnotensi, aliam in Ecclesia sancti Petri Carnotensi. Alias processiones facient in diebus dominicis, vel in solennibus festivitatibus, si inciderint, nudis pedibus, induti braccis et camisiis de grossissimo sacco; et praedictus Armiger habebit in collo suo panellum suum perforatum, et caput suum emittent per foramen, et virgas deferent in manibus suis et sic facient in singulis processionibus praedictis, quousque singulae compleantur omnino; et in singulis processionibus dicent sic alta voce: Nos facimus hoc pro facto, quod imponebatur nobis de morte Joannis quondam Prioris de Hisiaco et pro bono pacis et de singulis Ecclesiis referrent litteras certificantes, quod fecerint processiones, modo, qui est expressus. — Beispiele der Harmiscara ecclesiastica aus der deutschen Geschichte bei Haltaus, S. 826 ff. — Auch die Busse Heinrich's IV in Canossa war Harmiscara ecclesiastica.

nur ohne die Bahre und anstatt der pfündigen eine halb so schwere Kerze tragend, durch die Ortschaften Frankenhausen und Kelbra in Prozession nach den dortigen Nonnenklöstern ziehen und die Kerzen den Nonnen zum Altardienst darbieten. Auch diese Prozession sollte dreimal geschehen und aus mindestens 24 Personen bestehen, selbst dann, wenn so viele an dem Todtschlage nicht betheiligt waren.

Wir wiesen oben auf die Aehnlichkeit der Ceremonie der öffentlichen Abbitte in der Todtschlagssühne mit der Harmiscara ecclesiastica hin, und in der That kann man behaupten, dass die Bussprozessionen, wie wir sie in der Walkenrieder Vergleichsurkunde beschrieben finden, der Gestaltung der Abbitte zum Vorbilde gedient haben und namentlich für die Sühnen unter dem deutschen Ritteradel typisch geworden sind, nur dass, was die Zahl der Theilnehmer an der Prozession betrifft, die Ansprüche sich allgemach erheblich steigerten. Als im Jahre 1367 die Fehde zwischen der Stadt Fritzlar und den Herren v. Lewinstein im schiedsrichterlichen Wege durch den Erzbischof von Mainz geschlichtet wurde, mussten diejenigen der Lewinsteinschen Dienstmannen, welche während der Fehde den Fritzlarer Johann v. Holzheim erschlagen hatten, mit fünfzig ritterbürtigen Dingpflichtigen, von denen jeder eine einpfündige Kerze trug, in Prozession von der vor der Stadt belegenen Kirche zum heiligen Geist bis nach der Peterskirche, wo der Todte begraben lag, ziehen und an der Gruft der Sippe desselben Abbitte leisten, ihr gelobend „sie wollten es allerwege um sie verdienen" [24]). In einer anderen Sühne aus demselben Jahrzehnt [25]) wegen des von zwei Edelleuten an dem hessischen Ritter Ludwig v. Breitenbach verübten Todtschlags war den beiden Hauptthätern und ihren Mitschuldigen durch schiedsgerichtlichen Ausspruch aufgelegt, sie sollten in Begleitung von 100 Mannen, von denen jeder eine einpfündige Kerze,

---

[24]) Bodmann in Siebenkee's Beiträgen zum deutschen Recht, III, 155, u. in den rheingauischen Alterthümern.

[25]) Der Text dieser Sühne ist mitgetheilt in dem Taschenbuche: Die Vorzeit. Band und Seite bin ich leider nicht im Stande anzugeben.

oder falls Kerzen nicht zu beschaffen wären, einen Kloben
Wachs von derselben Schwere tragen sollte, am Gründonners-
tag von der Stelle aus, wo der Weg von Biedenkopf nach
Laasphe abbog, in grauen Busskitteln, barfuss und ein
blosses Schwert in der Hand tragend, bis auf den Kirchhof
von Biedenkopf ziehen, daselbst am Grabe des Erschlagenen die Blutsfreunde desselben knieend um Verzeihung
bitten und ihnen die Schwerter überantworten [26]. — In einer
dritten Sühne von 1383, bei welcher der Burggraf F r i e d r i c h
von N ü r n b e r g als Schiedrichter fungirte, sollte der Thäter
bei der Bussprozession nach dem Grabe des Erschlagenen
sogar von zweihundert „ehrbaren Rittern und Knechten" begleitet sein [27].

Soweit die relativ noch immer sehr geringe Zahl der bisher veröffentlichten Todtschlagsühnen erkennen lässt, scheinen
die Bussprozessionen in dem Maasse, als sie in der Kirche
selbst ungebräuchlich wurden, auch in der Sühne allmählich
ausser Gebrauch gekommen zu sein und das Ende des 14.
Jahrhunderts nicht lange überdauert zu haben. Dagegen hat
sich die feierliche Abbitte in constanter Uebung erhalten.
Noch die spätesten Sühnverträge legen Zeugniss davon ab [28].

---

[26] Das Tragen des blossen Schwertes war bei Edlen ebenfalls eine
Form der Harmiscara und diente als Symbol, dass sie verdient hätten,
enthauptet zu werden. G r i m m, Rechtsalterthümer, S. 714. Vielleicht
war damit im obigen Falle aber auch nur eine symbolische Anknüpfung
an den Anklageprozess beabsichtigt, in dessen Verlauf nach strengem
Recht, wie ja bereits gezeigt wurde, der nächste Schwertmag des Getödteten das Urtheil an dem Thäter durch Enthauptung zu vollstrecken
hatte.

[27] M o n u m. Z o l l e r a n a, V, 132. Andere Beispiele aus dem nördlichen Deutschland in der Zeitschrift für deutsche Kulturgeschichte N. F.
Bd. II, S. 764—766.

[28] In einer im Archiv für Geschichte und Alterthum von Ober-
Franken, V, 121 mitgetheilten Sühne v. Jahre 1504 mussten die Thäter
dem Erschlagenen an einem Sonntag Nachts mit 30 Priestern ein Ehren-
begräbniss anstellen und nach Abhaltung desselben der Wittwe und
ganzen Verwandtschaft am Grabe Abbitte leisten. — In der im Anhang
mitgetheilten Neisser Sühne v. 1531 wird dem Thäter auferlegt, am ersten
Freitag in der Fasten mit zehn seiner nächsten Anverwandten der Mutter

Wir haben im Vorstehenden an der geschichtlichen Entwickelung der Abbitte gezeigt, dass in diesem Punkte flandrische und deutsche Anschauung vollständig zusammentreffen.
Es wird kaum des Nachweises bedürfen, dass eben dasselbe
auch von den anderen Bestandtheilen der Sühne gilt. Beide
Rechte — das flandrische wie das deutsche — sind ja nur
Zweige eines und desselben Stammes, und die Unterschiede,
welche sich in Beziehung auf den Gegenstand unserer Untersuchung zwischen beiden herausstellen werden, haben ihren
Grund der Hauptsache nach lediglich in dem verschiedenartigen
Verlauf ihrer beiderseitigen Rechtsgeschichte. Stammeseigen-
thümlichkeiten spielen dabei nur eine untergeordnete Rolle.

Das spezifisch Charakteristische der flandrischen Sühne
— und es ist keine Frage, dass sie den Impuls dazu von
dem benachbarten, centralistisch regierten Frankreich empfangen hatte, — ist ihre feste Verbindung mit den Gerichten.
Der Staat hat in den Vermittlern von Amtswegen seine
amtlichen Organe, welche durch ihren Eid gebunden sind,
von ihren zwecks Aussöhnung der Parteien unternommenen

---

des Erschlagenen den Todtschlag „um Gottes willen wie gewohnlich"
abzubitten. Dieser auch in anderen Sühneverträgen wiederkehrende Ausdruck lässt erkennen, dass die Abbitte noch im 16. Jahrhundert einen
integrirenden Theil der Sühne bildete, und dafür ein feststehender Ritus
bestand. - Wenn trotzdem in manchen Verträgen der Abbitte nicht speziell
Erwähnung geschieht, so ist dies kein Beweis, dass sie in diesen Fällen
unterblieben sei, vielmehr war sie so selbstverständlich, dass man es
nicht für nöthig hielt, ihrer im Vertrage noch besonders zu gedenken,
zumal viele Thäter sie schon vor resp. bei der Instrumentirung des Vertrages
leisteten; letzterenfalls allerdings mit Umgehung der kirchlichen Form.
Wann und auf welche Veranlassung hin sich die Sitte einbürgerte, dass
die Abbitte zugleich von der Verwandtschaft geleistet werden musste,
wird sich schwerlich feststellen lassen. Da jedoch die Abbitte einen
integrirenden Theil der Sühne bildete und man die Sippe des Thäters zu
den anderen Theilen, dem Vergleichsabschluss sowie zur Friedensbefestigung zuzog, lag es schon in der Natur der Sache, dass man auch für
die Abbitte deren aktive Betheiligung forderte. Ohne Kämpfe mag das
freilich im Anfang nicht abgegangen sein, wie das Beispiel aus dem Gerichtsbuche der Stadt Bamberg v J. 1328 (Zöpfl, Das alte Bamberger
Recht, Urk.-B., S. 163) zeigt, wo es sich um die Betheiligung der Verwandten des Todtschlägers an einer öffentlichen Kirchenbusse handelte.

Schritten und dem Inhalt der Einigungsunterhandlungen unverzüglich das Gericht in Kenntniss zu setzen. Sie empfangen
von dem Richter ihre Direktive, sind an seine Instruktion
gebunden; die Parteien ihrerseits dürfen nicht ohne Zuziehung
der offiziellen Vermittler in Vergleichsunterhandlungen treten
und sobald sie zur Einigung gelangt sind, zieht das Gericht
die Sache an sich und lässt sie bis zur Besiegelung des
Friedens nicht mehr aus seinen Händen.

Anders in Deutschland. Wie im flandrischen Recht die
strengste Gebundenheit, herrscht hier eine weitgehende Latitüde.
Alles entwickelt sich nach Lokal- und Gewohnheitsrecht. Ein
direktes oder auch nur mittelbares Eingreifen der Reichs-
centralgewalt macht sich kaum bemerklich. Das deutsche
Königthum, „dem Traum der römischen Kaiserkrone nach-
jagend", trug ja überhaupt nur wenig Sorge, nach irgend einer
Richtung hin die Gerichtshoheit im Reiche an sich zu ziehen.

Ganz ausserhalb des Einflusses der Gerichte stand allerdings auch in Deutschland die Sühne nicht. Dem Richter
war es unbenommen, wenn innerhalb seines Jurisdiktions-
bezirkes infolge eines Todtschlages Irrungen entstanden, kraft
seiner Amtsgewalt die streitenden Theile vor sich zu laden
und zwischen ihnen zu vermitteln oder eine von ihm gewählte
Person mit diesem Geschäft zu beauftragen[29]); auch haben
wir im vorigen Kapitel gesehen, wie er im Anklageverfahren
nach Landrecht verpflichtet war, zwischen den Parteien die
Sühne zu versuchen. Aber abgesehen von letzterem Falle
band ihn keine Pflicht, selbstthätig und regelnd in den Gang
der Sache einzugreifen. Ebensowenig bestand auf Seite der
Parteien eine Verpflichtung, sich bei ihren Vergleichsunterhandlungen der Mitwirkung amtlicher Organe zu bedienen.

---

[29]) In einem augenscheinlich einer Originalurkunde nachgebildeten
Vertragsformular (Rethorik des Ulrich Morhardt in Tübingen) sagt der
Schultheiss: „er habe »aus Bewilligung seiner Oberkeit«, d. h. kraft seiner
Amtsgewalt, beide Theile vor sich geladen, in Meinung, sie gegen einander
zu vertragen", und in dem Breslauer Liber Excessuum v. 1412 beauftragt
der Rath zwei Bürger, zwischen den verfeindeten Parteien einen binden-
den Vergleich zu Stande zu bringen.

Jeder Verwandte oder gute Freund durfte ohne gerichtliche
Ermächtigung aus freiem Antriebe oder weil es die Parteien
so wünschten, der Vermittelung sich unterziehen und einen
Privatvergleich zu Stande bringen [30]). Allerdings unterlagen
diese Privatvergleiche in denjenigen Gebieten, wo die Anklage
von Amtswegen sich Eingang verschafft hatte, der gerichtlichen Zustimmung, jedoch entsprang diese Einschränkung
keiner positiven gesetzlichen Bestimmung, sie entwickelte sich
vielmehr ganz spontan aus dem Princip der Offizialklage.
Indem nämlich ein blosses Privatabkommen das Gericht nicht
hinderte, von Amtswegen gegen den Thäter einzuschreiten,
gab es, um den letzteren gegen diese Eventualität zu schützen,
für die Betheiligten keinen anderen Ausweg, als dass sie die
Zustimmung des Richters zur gütlichen Beilegung der Sache
einholten und den abgeschlossenen Vertrag seiner Prüfung
unterbreiteten. Daher sagt Art. 62 des alten Bamberger
Stadtrechts ganz folgerichtig: Was man sust teyding wil an
der zente fruntlichen, daz mag der clager nit tune, ez sei
denne des schultheissen und dez zentgrefen wort. Wenne der
schultheiss selber wol clagen mag von morde wegen, ob dy
frunt darumb nit clagen wollen [31]).

Abgesehen von dieser in Fällen der Umgehung der Klage

---

[30]) Landrecht in Zillerthal (Salzburger Taidinge S. 322):
Wo zweene arm oder reich man zu krieg mit einander würden, umb
welher sach das ist, die mugen die nachpauern wol mit einander verrichten. — Breslauer Signaturbuch v. 1470: und haben becant, das
sie sich durch gute leute von wegen des totslages gantz u. allinthaben
vorricht und entscheiden haben. — Breslauer Signaturbuch v. 1516:
und haben bekant, dass sie sich in der gutte durch gutte frundt
furricht und entscheiden haben.

[31]) Ebenso Rechtsbrief v. Lehnich v. 1279 bei Gengler, Stadtrechte, S. 242: Et si homicidium pacificabitur, hoc fiet de licentia judicis.
Vergl. Salzburger Taidinge, S. 19, 6. 76, 32. 105, 25. 184, 86. 234,
27. 238, 8. 322, 42. 338, 11. In denjenigen Gebieten, wo sich das germanische Accusationsprinzip in seiner Reinheit erhielt, konnte das Gericht
wegen der dem Gerichtsherrn gebührenden Gefälle (Wette, Wandel) zwar
ebenfalls nicht umgangen werden, jedoch beschränkte sich hier die Pflicht
der Parteien auf die blosse Anzeige, dass sie sich verglichen hätten.
Salzburger Taidinge, S. 322, 42.

eintretenden causae cognitio haben indessen, soviel sich er-
sehen lässt, die ordentlichen Gerichte niemals besonderen
Einfluss auf die Sühne erlangt. Es war dies schon desshalb
nicht möglich, weil, wenn ein Privatabkommen von vornherein
nicht beliebt wurde oder die Vermittelungsversuche zu keinem
definitiven Ergebniss führten, die Parteien, althergebrachter
Gewohnheit folgend, die Sache statt an den ordentlichen
Richter vor ein selbstgewähltes Schiedsgericht brachten, dessen
Ausspruch und Anordnungen sie sich im Voraus durch eid-
liches Gelöbniss unterwarfen [32]).

<hr />

[32]) Die im 6. Bande v. Haupt's Zeitschrift für deutsches Alterthum,
S. 21 mitgetheilte Wetzlarer Sühne v. 1285 kann als Muster solcher
Schiedsverträge dienen. In dieser Urkunde erklären die Parteien, dass
sie zur Beilegung aller durch den Todtschlag (des Ludwig Han) entstandenen Irrungen, Todtschläge und Schadenszufügungen sich vereinigt
hätten (compromisimus) auf die umsichtigen (discretos) Männer: Walter,
Kanonikus zu Wetzlar, Gyselbert von Derenbach, Brandanus von Calse-
munt, Ritter; und Wigand von Gozelishausen, Schöffen; „tanquam in
arbitros arbitratores seu compositores amicabiles" und auf den ehemaligen
Vogt Gerbert, „tanquam mediatorem", fide et sacramento corporali
prestito, promittentes, nos ratum habituros et firmum perpetuo, quidquid
super causis omnibus premissis inter nos duxerint ordinandum. Hiernach
also hatte der ehemalige Vogt Gerbert die Beilegung der Fehde vermittelt
(mediator) und fungirte demnächst mit den anderen vier Personen zugleich als Schiedsrichter, so dass das Schiedsgericht wie gewöhnlich aus
fünf Personen bestand. Diese Schiedsrichter (arbitri) werden aber gleicher-
weise arbitratores seu amicabiles compositores, d. h. Schiedsmänner,
Sühnleute genannt, um anzuzeigen, dass sie nicht zu dem alleinigen Behufe gewählt und einberufen waren, die zwischen den Parteien obwalten-
den Differenzen zu entscheiden, sondern sie auch endgültig zu vergleichen.
Il y ha difference entre un Arbitre et un Amiable Compositeur, que les
droicts appellent Arbitrateurs; car le Arbiter est celuy, qui est esleu des
parties comme Juge, pour decider de leurs causes et proces, la forme de
droict, coustume et style gardee. Et l' Arbitrateur, que nous appellons
Amiable Compositeur est celuy qui est esleu des parties, pour les ap-
poincter et accorder et juger de leurs differens, par amiable composition
et comme il verra estre juste et equitable, sans garder la forme de plaidoyrie et lordre de droict. „Forme et ordre de Plaidoyrie en toutes les
Cours Royales". Lyon 1557, S. 27.
   Selbst Landesherren fungirten nicht selten als Schiedsrichter und
Schiedsmänner in der Mordsühne; s. z. B. die Sühne v. 1288 bei Haupt

Was von der Form der Einigung, gilt nicht weniger von dem Sühneakte selbst. Auch hier macht sich eine weitgehende Latitüde bemerklich. Von der Zusammenschliessung der verschiedenen Bestandtheile desselben zu einer fortlaufenden, organisch gegliederten Handlung, ist nichts zu entdecken. Die einzelnen Bestandtheile liegen zeitlich und räumlich auseinander. Namentlich gilt dies von der Abbitte und rituellen Aussöhnung, welche der Instrumentirung des Vertrages und Friedensbefestigung je nach Umständen bald vorausging, bald — so z. B. in Schlesien — den Schlussakt der Sühne bildete. Die meiste Geschlossenheit zeigt verhältnissmässig noch die Sühne im nördlichen und westlichen Deutschland, weshalb wir uns auf die Darstellung der letzteren beschränken.

Nach erfolgter Einigung wurde der Tag der rituellen Aussöhnung festgesetzt. Man wählte dazu gewöhnlich einen Sonntag Vormittag [33]) oder den Tag des vom Thäter auszurichtenden Ehrenbegräbnisses (des sogen. Leichzeichens) [34]). Nach Schluss der gottesdienstlichen Feier begaben sich die Betheiligten an das geöffnete Grab des Todten, woselbst der nächste Schwertmag und die übrigen Verwandten desselben und ihnen gegenüber der Thäter mit seiner Verwandtschaft

a. a. O., wo Kaiser Rudolf I. und sein Erzkanzler die Parteien vergleichen, und Hennebergisches Urkundenbuch, VI, 108, wo Graf Wilhelm v. Henneberg 1422 eine bereits bis zum Urtel verhandelte Mordklagesache „in einer fruntlichkeit“ zwischen den Parteien zum gütlichen Austrage bringt. —

Da sich an den Landgerichten nur selten in Notariatsgeschäften geübte Schreiber befanden, pflegten Parteien vom Lande ihre Privatvergleiche meistens in das Stadtbuch der nächsten grösseren Stadt einschreiben zu lassen und ebenso die Schiedsrichter aus dem Kreise der Rathsmitglieder benachbarter Städte zu wählen. Die Schiedssprüche wurden dann ebenfalls in die Stadtbücher eingetragen, woraus sich erklärt, weshalb gerade die letzteren die ergiebigste Quelle für Todtschlagsühnen sind.

[33]) So im Rugianischen Landgebrauch. De Söhne geschüht up einen Sondach, tho der Misse und vor Etheninge.

[34]) So in dem von Meinders a. a. O. mitgetheilten Weisthum und in den in der Zeitschrift für deutsche Kulturgeschichte N. F. II, 713 ff., enthaltenen Sühnen. Ueberhaupt ist der letztere Usus der gebräuchlichere.

Platz nahmen. Hier bat der Thäter die Gegenpartei dreimal um Verzeihung, betete darauf mit den Seinigen für die arme Seele des Erschlagenen ein Paternoster und Ave Maria, wonächst ihm der Führer der Gegenpartei als Symbol der Aussöhnung die „todte Hand" (siehe Kap. 4, Anm. 18) über das Grab reichte, welche der Thäter in die Erde fallen liess und jenem die erste Rate des Sühngeldes hinüberreichte[35]). Hiermit war die Aussöhnung vollzogen. Die Parteien beantragten nunmehr bei Gericht die Anberaumung eines Sühngerichts, in welchem über die Erfüllung des Vergleichs, die Wirkung der Sühne und deren Befestigung, das Verhalten der Parteien bei zufälligen Begegnungen, die Nächstberechtigung zum Empfang des Sühngeldes, sowie über die rechtlichen Folgen des gebrochenen Friedens verhandelt wurde.

Die Verhandlung begann nach Erledigung der gebräuchlichen Einleitungsformalien damit, dass der Richter die verletzte Partei zur Erklärung aufforderte, ob sie die erste Bussrate richtig empfangen habe. Falls diese es bejahte, liess nunmehr die thäterische Partei durch ihren Fürsprecher das Gericht um einen Bescheid (Urtheil) bitten, was der Thäter mit dem Gelde, welches er den Freunden des Getödteten gegeben, erworben habe? (was de handdeder, so mitt sinem Gelde u. Gude he den Fründen behandelt hedde, gewunnen scholde hebben?)

Bescheid: Ewige Sühne und Frieden.

Hierauf wendete sich der Richter wiederum an die verletzte Partei mit der Frage, ob sie dem Thäter diesen Frieden zusagen wollten? wonächst die Befragte, dies bejahend, sich

---

[35]) So schildert das Ravensberger Weisthum die Ceremonie. Indessen war es nicht minder gebräuchlich, dass der Thäter die todte Hand ans Grab trug und dort versenkte, was, wenn Mehrere an der That betheiligt waren, von ihnen gemeinschaftlich geschah. Rug. Landgebrauch, S. 23 und 20. Die Procedur, welche übrigens auf nordländische Ursprünge zurückweist — vgl. Wilda a. a. O., S. 697, 415 — war so allgemein üblich, dass in den norddeutschen Sühnverträgen der Akt der Abbitte und Versöhnung stehend durch die Worte ausgedrückt wird: „die Hand des Todten zu Grabe tragen".

einen Bescheid erbat, in welcher Art das Friedensgelöbniss geschehen solle?

Bescheid: Mit frommen Bürgen.

Frage: Mit wieviel Bürgen?

Bescheid: Mit sieben. Vier für die Vaters- und drei für die Mutters-Seite (veer von wegen des vaders und drey von wegen der Moder).

Frage: In welcher Art sie (d. h. die Partei des Getödteten) das Gelöbniss thun sollten?

Bescheid: Sie sollen geloben mit der Hand in guten treuen Eiden, für Geborne und Ungeborne und alle (sc. Verwandten), die über See und Land seien: dass sie dem Thäter die ewige Sühne und Frieden halten wollen.

Nachdem nunmehr der Richter die Erklärungen der Bürgen entgegengenommen und den Schwurpflichtigen den Friedenseid abgenommen hatte [36]), wurde das Gericht um ferneren Bescheid gebeten:

---

[36]) Auch im Rugianischen Landgebrauch schwören nur die Kläger Urfehde. Anders am Rhein. Haupt a. a. O.: Per fideidationem et per sacramentum corporaliter predictum nos firmiter astringentes, quod predictam ordinationem, renunciationem seu compositionem amicabilem ratam et firmam habebimus perpetuo et tenebimus et contra venire facere vel attemptare nullatenus presumemus, sed amici erimus ex nunc et in perpetuum in invicem et fideles. Hier scheint auch die Partei des Thäters die Innehaltung der Sühne verbürgt und eidlich bekräftigt zu haben. Eben dasselbe ist regelmässig der Fall in den im Anhang mitgetheilten Urkunden. Für die unmündigen oder nachgeborenen Kinder des Getödteten liess man deren Vormünder und nächste Angehörige schwören, dass die Unmündigen, wenn sie zu ihren Jahren kämen, die Sühne halten würden. Göschen, Goslarische Statuten, S. 33: Nimt en vrowe ene beteringhe umme ires mannes dotslach, unde dreghet se en kint, dat scal de sone holden.

Lübecker Urkundenbuch, III, Nr. 201: und ok dar vore stan, wanne de vorbenomede kindere to eren jaren komen, dat se denne ok sulven mit en vullenkomeleken de sulven rechten orveide und gantze soene vulborden . . .

Stadtbuch von Neumarkt: .. das her ouch mit sampt em globin sal vor ires bruders unmundisch kynder, ab die yemer dirwuchsen und mundisch wurden, das diselben ouch keyne ansproche noch nochrede von

Wie sich der Thäter gegen die Freunde und Magen (des Todten) verhalten und wie lange er ihnen aus dem Wege gehen solle? (wo sich de handdeder tegen fründe und magen holden scholle? und wo lange see tho meeden?)

Bescheid: Er solle sie meiden Jahr und Tag und käme er in ein Wirthshaus, wo Freunde des Todten sässen, so möge er eine Kanne Bier trinken und dann seines Weges gehen (he scholl se mieden Jahr und dag, dan off he queme in eine offene tavern, dar do Fründe weren und seeten, schall he eine kanne Beers drinken und weg gaen.)

Frage: Sässe nun aber der Thäter in einem Wirthshaus, wenn Freunde des Todten hineinkämen, wie er sich da verhalten solle?

Bescheid: Dann solle er ruhig sitzen bleiben und die Anderen sollten, nachdem sie eine Kanne Bier getrunken, sich entfernen (so schall he stille bliven sitten, und de andern mogen eine kanne Beers drincken und weggaen.)

Frage: Wenn nun aber der Thäter zu einer Wirthschaft (Hochzeit), zum Kindelbier (Taufen) oder anderen guten Tagen geladen würde, wo sich des Todten Freunde ebenfalls befänden, wie er sich da verhalten solle?

---

solicher sache wegen ken den N. (Thäter) und allen den die dorbei vordocht sein, sullen habin . . .

Breslauer Signaturbuch v. 1473: und sunderlich der obgenante Niclas Sattler als ein natürlicher vormunde und swertmoge und fraw Katerina die muter und meister Jorge der swoger haben globit vor das unmundische kint, ap is iemer mundisch wirt, das diese vorrichtunge auch sein wille sein sal und die auch stete und feste sal halden . . . . .

Indessen finden sich auch Fälle, wo den Unmündigen ihre Rechte vorbehalten wurden, der Vergleich mithin nur auf Zeit wirkte. So heisst es z. B. in einem Breslauer Sühnvertrage v. 1441; und uff sulche verrichtunge sal N. (Thäter) sichir freiheit von Jn und den iren haben von datum diss briefs obir 14 gancze Jar, bleiben denne die czwei kinder die noch unmundisch sein so lange lebende, so sal N. (Thäter) das mit hulfe und rate guter frunde an den kindern suchen und Jn das entfuren nach moglichkeit und underweisunge erbarer Lute. Hier musste also der Thäter nach Ablauf der Frist mit den Kindern des Erschlagenen abzukommen suchen.

Bescheid: Er solle auf die andere Seite gehen über den Sühnemann (he schall van een siten gaen over den sönenden man), d. h. er sollte sich aus der Nähe der Gefreundeten des Todten entfernen und seinen Platz so wählen, dass der Sühnemann, d. i. diejenige Person, welche die Sühne vermittelt hatte (mediator, amicabilis compositor, arbitrator) zwischen ihn und jene zu stehen kam.

Frage: Ob einer dem anderen weichen, und ob der Todtschläger jederzeit innerhalb Jahr und Tag ausweichen müsse? (off de eene den andern möte wyken? off de Schlager schall alle Tyd wyken binnen Jahres und dages?)

Bescheid: Ja.

Frage: Wie man sich nach Ablauf von Jahr und Tag verhalten solle?

Bescheid: Sie sollen sich gegen einander verhalten, wie frommen Leuten gebührt.

(Nunmehr folgen einige auf die Vertheilung des Sühngeldes sich beziehende, bereits im 1. Kapitel, Anm. 26 mitgetheilte Bescheide. Demnächst wird weiter gefragt:)

So jemand von den Freunden und Magen des Todten die Sühne, die der andere mit seinem Gelde und Gute gekauft, bräche mit Worten oder Werken?

Bescheid: Vergreife sich jemand von des Todten Gefreundeten an dem Thäter mit den Händen, so solle man ihm die Hand abhauen, vergehe er sich an dessen Leibe, so solle man den Friedbrecher auf eine gemeine Dingstätte ziehen (d. h. auf den Richtplatz schleppen) und auf den Bauch legen, ihm die Zunge zum Nacken herausziehen, einen Nagel davor stecken, ihn dann auf die andere Seite werfen, in vier Stücke zerhauen und diese auf vier Räder legen (offte jemand von den fründen und magen des doden sich an den handdeder vergreepen mit den händen, so schall man em de hand abhauen; verging he sich an sinem libe, so schall man denselben tehen up eine gemeine dingstede. Und leggen en upp den Buik; und tehen em de tungen thom nacken uth und stecken

en Pin davor; und werpen em dann rumme und howen
en dan in Veer-Verdeel und leggen en dan uff Veer
Rade.) [37])

Schliesslich weisen die Schöffen, der Richter solle bei-
den Parteien auf ihre Kosten einen Sühnebrief ertheilen. Der
Verhandlung scheint sich hiernach die Instrumentirung des
Sühnvertrages angeschlossen zu haben.

Wir haben das obige Weisthum deshalb im Wortlaut mittheilen zu sollen geglaubt, weil es den der Sühne zu Grunde
liegenden Ideengang in naiver Treue wiederspiegelt. Der
Thäter hat mit der Gegenpartei den Preis des Todten behandelt und ihr denselben, nachdem sie handelseinig geworden, in Gelde und Geldeswerth bezahlt [38]). Dadurch hat

---

[37]) Nach M e i n d e r s a. a. O. befand sich an dieser Stelle der Handschrift
folgende Note: Etliche wiesten alsesz darup vüer Recht: Do dusse Sohne
brecke, den schall men nehmen und leggen up eine driestalde tafel und
werpen em sein Harte uth dem Lieve und stecken et em vor den mund,
und deelen en dan en veer Deele und leggen en up·veer rade. — Das
Rad ist in allen Rechten des Mittelalters die Strafe für tödtlichen Bruch
des eidlich gelobten Friedens. Vgl. die Citate im 2. Kapitel, Anm. 10.
Die Hinrichtungsprozedur in obigem Weisthum ist wörtlich zu verstehen.
Eine ganz ähnliche Formel enthält noch die Oestreichische Peinliche
Landgerichtsordnung v. J. 1656, Art. 48: „der N. solle auf die gewöhnliche Richtstatt geführt, ihm alldorten anfangs wegen der begangenen un-
barmherzigen That sein lebendiges Herz herausgenommen, um das Maul
geschlagen, sodann der Leib in vier Theile zerschnitten und die vier
Viertel an vier Strassen aufgehenkt werden". Auch das „die Zunge zum
Nacken ausreissen" kommt noch in der östr. Halsgerichtsordnung vor.

[38]) Dieses „den Todten behandeln und bezahlen" präcisirt in der
That die Rechtsanschauung des deutschen Mittelalters, besonders im
nördlichen Deutschland. „Wäre es aber sache, daz der handthätiger
sich wolte fürheben u. den todten nicht gelten" (bezahlen), sagt das
Recht von A l t e n b r u c h im Lande Hadeln, G r i m m, W., IV, 703. Das
Mittelalter legte das Hauptgewicht auf die der beleidigten Familie durch
den Todtschlag zugefügte materielle Beschädigung. Was man vorzugs-
weise am Menschen schätzte, was ihm in den Augen seiner Familie und
der bürgerlichen Gesellschaft, seinen eigentlichen Werth verlieh, war
nicht sowohl sein innerer Werth, sein Charakter, seine moralischen Eigen-
schaften, als vielmehr seine Lebensstellung und seine ökonomische Bedeutung. Einen naiven Ausdruck findet dieser ökonomische Standpunkt
in der Mordklageformel der W i t z e n h a u s e r Halsgerichtsordnung bei

er sich volle Verzeihung und den Anspruch auf dauernden
Frieden erkauft. Der Hader soll auf ewig begraben sein wie
die todte Hand, welche der nächste männliche Verwandte
des Todten nach geschehener Abbitte dem Thäter über das
Grab reicht. Um der Sühne eine um so stärkere Befestigung zu geben, wird dieselbe von der Verwandtschaft des
Todten verbürgt und der hergestellte Friede eidlich bekräftigt. Wer nunmehr mit dem Thäter über die beigelegte
Sache neuen Streit anhebt und sich an ihm thätlich vergreift,
büsst mit dem Verlust der Hand, wenn er ihn tödtet, trifft
ihn wegen des im Treubruch begangenen Todtschlags statt
des Schwerts die schimpfliche Strafe des Rades.

Aber da der Schmerz noch neu, die Wunde noch nicht
völlig verharrscht ist und desshalb ein unbesonnenes, über-
müthiges, herausforderndes Wort oder wohl gar schon der
blosse Anblick des Thäters leicht den jungen Frieden ge-
fährden und die nothdürftig besänftigte Rachbegierde der Gegenpartei von Neuem entflammen könnte, soll der Thäter
seinen bisherigen Feinden so viel als möglich aus dem Wege
gehen, in Wirthshäusern, wo diese ihr Bier trinken, nicht
länger als nöthig sich aufhalten, bei Gastereien seinen Platz
so nehmen, dass jeder Zusammenstoss nach Möglichkeit ver-
mieden wird und wenn der Friede nicht anders aufrecht zu

Kopp, Hessische Gerichte, I. Beilage 116, S. 232 ff.: hey al ubbir N. der
meinen lieben bruder uff des riches strossen vom leben zum tode bracht
hade der mir vehele lieber was dan dreissig phunt pundischer phunt und
vehele lieber". — Hatte man gleich mit den Volksrechten jenen Standpunkt verlassen, welcher in den Wergeldtaxen jedem Alter, jedem Geschlecht und jeder Gesellschaftsklasse ihren ein für allemal feststehenden
Preis zuwies — (in einem alten Pönitentialbuche wird das Wergeld pre-
tium sanguinis genannt) — in der sachlichen Auffassung war keine
Aenderung eingetreten. Zwar fehlt es auch in der späteren Rechtsgeschichte nicht an Beispielen, dass die Angehörigen eines Erschlagenen
verschmähten, Geld für Leben zu nehmen, indessen können diese Zeichen
einer feineren Denkungsart nur als Ausnahmen angesehen werden. Die
grosse Menge war aus gröberem Holz geschnitzt. Sie sah nichts Unedles
darin, sich den Todten bezahlen zu lassen und liess sich, wenn nur der
erste Zorn verraucht war und der gebotene Preis annehmbar erschien, zu
einem Vergleiche unschwer bereit finden.

erhalten ist, als dass eine Partei das Feld räumt, ebenso bei zufälliger Begegnung auf Wegen und Strassen, ist im ersten Jahre nach erfolgter Sühne die Reihe des Sichentfernens und Ausweichens stets am Thäter [39]). Nach Ablauf des Jahres, wenn die Gemüther sich hinreichend beruhigt haben und die Gefahr blutiger Zusammenstösse nicht mehr zu besorgen steht, soll der Thäter weiterer Vorsichtsmaassregeln überhoben sein und sollen alsdann die Parteien wieder in der früheren freundnachbarlichen Weise, „wie es frommen Leuten zukommt", mit einander verkehren [40]).

---

[39]) Vgl. über ähnliche Vorsichtsmaassregeln in den skandinavischen Rechten Wilda a. a. O., S. 181. Merkwürdigerweise findet sich die Anordnung solcher Vorsichtsmaassregeln am häufigsten in den spätesten Sühnverträgen. So soll in der im Anhang mitgetheilten Neisser Sühne v. 1531 der Thäter den Gefreundeten des Todten, soweit sie ihm bekannt seien, auf Wegen und Stegen und in Herbergen ausweichen, sie erlaubten ihm denn zu bleiben, und in einer Schweizer Sühne v. 1587 (mitgetheilt bei Kaufmann, Die Germanen der Urzeit, Leipzig 1879, S. 203) musste sich der Thäter verpflichten, allen Geschwisterkindern, Schwägern und näheren Verwandten des Todten auf Wegen und Stegen, in Holz und Feld, in Städten, Dörfern und Marktplätzen auszuweichen; ohne ihre Bewilligung in kein Schiff oder Wirthshaus, in keine Bad- oder Scheerstube zu treten, wo sie sich befänden; wäre er aber zuerst da, so sei er nicht schuldig, sich zu entfernen. Vgl. auch das (ähnliche) Appenzeller Urtel v. Jahre 1660 bei Osenbrüggen, Alamannisches Strafrecht, S. 29, und den höchst interessanten Rechtsfall aus dem Fürstenthum Hohenzollern v. J. 1610 im Anzeiger für Kunde der deutschen Vorzeit, Jahrgang 1871, S. 138 ff.

[40]) Dieser dem höchsten germanischen Alterthum entstammende Gedanke (Lex Roth. c. 74: ut faida quod est inimicitia, post compositionem acceptam postponatur et amplius non requiratur, nec dolus teneatur, sed causa sit finita, amicitia manente; siehe auch die schöne und poetische Versöhnungsformel der nordischen Gragas bei Grimm, (Rechtsalterthümer, S. 39), dass das Vergangene für immer vergessen und die sich als Feinde gegenüber standen, fortan das Band herzlicher aufrichtiger Freundschaft umschlingen solle, zieht sich wie ein rother Faden durch das mittelalterliche Sühnrecht und kehrt unter den mannigfaltigsten Wendungen in allen Sühnverträgen wieder. Hier einige Beispiele:

Münchener Stadtrecht (bei Gengler, a. a. O. S. 296): Wer die Busse nimmt von Einem, der ihn geleidigt hat mit Worten oder

Die Betrachtung der formellen Seite der Todtschlagsühne hiermit beschliessend, wenden wir uns nunmehr zum materiellen Inhalt der Sühnverträge.

Die Zeit vom Erlöschen des Karolingerhauses bis zum Auftauchen der Rechtsbücher, d. h. diejenige das 10. bis 13. Jahrhundert umfassende Periode, in welcher das Strafrecht sich lediglich nach Landesbrauch und Gewohnheitsrecht fortbildete, bezeichnet in mehr als einer Hinsicht einen Wendepunkt in der Geschichte der Tödtungsdelikte. Der Todtschlag tritt ganz und völlig in die Reihe der mit öffentlicher Strafe bedrohten Vergehen; er scheidet — wie später gezeigt werden wird — aus der Jurisdiktion der Sendgerichte; die Wergeldstaxen verlieren ihre praktische Bedeutung. Der Sachsenspiegel [41]) beschäftigt sich zwar noch ausführlich mit dem Wergeld der verschiedenen Stände; dagegen erklärt be-

---

Werken, der soll zur Hand sein guter Freund sein, dafür dass er die Busse genommen.

Lübecker Urkunde v. 1354 (Urkundenbuch III, Nr. 201): Und na deme dat de vrund desser vorbenomeden kindere desse vorbenomede soene annemet und vulbordet hebben, so segge we den vorbenomeden radmanen to Lubeke . . dat he ere vrund wesen schal und umme desse vorbenomeden stucke nenen unmoed mer mit en hebben schal.

Breslauer Urkunde v. 1367: Quod nullus istorum alium quemiunque debent odire seu habere recordationem in malo et si secus aliquis ipsorum fecerit, hic Wratislawiae et aliorum locorum ab honestis hominibus et viris tamquam maleficus et inhonestus homo debet deputari.

Strehlener Urkunde v. 1459: . . . sundir sy sullen gutte frunde seyn und bleyben und eyn teil sal das andre eren und fördern nw und czu ewigen geczeittin.

Breslauer Urkunde v. 1464: . . . . und ap her des irslagenen vorgnante Vater yemer in noten gesatczet sege, zo sal her bey Jn treten und helffen schutzen und Jme und alle den seinen sust fruntschafft und libe wo her mag die weile her lebit irzeigen. — Wen gemahnten diese Worte nicht an die oben S. 111 mitgetheilte Stelle aus dem alten Pönitentialbuche des Vinniaus: et vicem pietatis et obedientiae reddat patri aut matri ejus . . et dicat: Ecce ego pro filio vestro quecunque dixeritis mihi, faciam.

[41]) III, 45 § 1.

reits der Schwabenspiegel[42]) diese Bussen für antiquirt und selbst die frühesten der auf uns gekommenen Todtschlagsühnen bieten nicht den mindesten Anhalt dafür, dass jene Sätze damals noch einen praktischen Werth hatten. Ueberall wird vielmehr nach dem im Schwabenspiegel[43]) aufgestellten Grundsatz verfahren, „dass ein Mann nach seiner Würdigkeit oder Geburt und mit Rücksicht auf die Schwere der That sowie des erlittenen Schadens gebüsst und die Busse nach weiser Leute Rath vom Richter festgesetzt werden solle, falls unter den Parteien keine Einigung zu erzielen sei". In Schleswig, Holstein und anderen Distrikten des nördlichsten Deutschland erhält sich zwar fortgesetzt unter dem Namen des „Mangeldes", der „Manbusse" eine dem Wergeld verwandte Busstaxe von 40 resp. 60 Mark, indessen ergeben die von Pauly aus den Lübecker Nieder-Stadtbüchern[44]) und von Dreyer[45]) mitgetheilten Todtschlagsühnen, dass man sich an diese Taxe nicht band, sondern die Busse bald höher, bald niedriger normirte, wobei die Standes- und Vermögensverhältnisse der Parteien, sowie die erschwerenden oder mildernden Umstände der That zum Maassstabe dienten[46]).

So werden in den von Pauly a. a. O. mitgetheilten 98 Urkunden, welche den Zeitraum von 1353 bis 1500 umfassen, die Todtschläge von 7—70 Mark, bei Tödtung von Standespersonen aber auch ungleich höher gebüsst. Den Erben des im J. 1365 erschlagenen Lübecker Bürgermeisters Vollmar v. Attendorf müssen 1000 Mark entrichtet werden; dieselbe

---

[42]) (ed. Lassberg) Kapitel 310.

[43]) Ebendaselbst Kap. 111.

[44]) Zeitschrift des Vereins für Lübecksche Geschichte u. Alterthumskunde III, 295 f.

[45]) Vermischte Abhandlungen, II, 1014 u. Antiquarische Anmerkungen, S. 152.

[46]) Dies bezeugt auch der Rugianische Landgebrauch, S. 22: Im Lande tho Ruigen is neen stahnde oder gesettet Bröke vor einen Dodten, ydt were denn dat de Nothwere würde bewiset, so söhnet men den Buhren mit LX Mark; Sonst mahnt ein yeder synen Fründt na sinem Vermögen und na Gelegenheit der Persohnen und der Daeth.

Summe erhält der unmündige Sohn des holsteinischen Ritters Marquardt v. Westensee (Lübecker Urk.-Buch, III. Nr. 201). Im Jahre 1428 erschlagen fünf Männer der Familie Meibom einen v. Strahlendorf ritterlichen Geschlechts. Die Parteien kommen überein, über die Busse im schiedsrichterlichen Wege durch die Lübecker Bürgermeister entscheiden zu lassen und diese erkennen dahin, dass die im Dorfe Hermenshagen bei Ratzeburg angesessenen Thäter ihre sämmtlichen dortigen Besitzungen und Rechte den Strahlendorf's „zum ewigen Eigenthum" abzutreten hätten.

Auch in nichtlübeckschen Urkunden wird der Todtschlag eines Adeligen höher gebüsst als der des gewöhnlichen Bürgers und Bauern. Der Wittwe des Grafen Wilhelm v. Jülich, welcher sich in der Nacht vom 16. zum 17. März 1278 der Stadt Aachen durch einen Handstreich bemächtigen wollte, dabei aber nebst dreien seiner Söhne von Aachener Bürgern erschlagen wurde, musste die Stadt ein Sühngeld v. 15 000 Mark entrichten [47]) und in Hannover bessern 1417 zwei Herren v. Hans den Todtschlag des Brüning v. Alten mit tausend vollwichtigen rheinischen Goldgulden [48]). Ausnahmsweise wird zwar auch der Todtschlag eines Mannes aus der niedrigen Volksklasse empfindlich gebüsst. So kommt z. B. im J. 1458 ein Stralsunder Patrizier, der mit anderen Standesgenossen an einem dortigen Müller einen so rohen Scherz verübt hatte, dass dieser dabei das Leben einbüsste, nur dadurch von der Anklage los, dass er der Wittwe eine Geldbusse von 1000 Mark zahlt [49]). Hier handelte es sich aber um eine ungewöhnlich schwere That eines reichen und vornehmen Herrn, der noch dazu in unwürdiger Weise den Verdacht der Thäterschaft von sich abzulenken versucht hatte. In gewöhnlichen Fällen dagegen scheint beim Todtschlage

---

[47]) Quix, Geschichte der Stadt Aachen, II, 47, u. Cod. dipl. Aquens. S. 153.

[48]) Zeitschrift für deutsche Kulturgeschichte. Neue Folge, II. Jahrgang, S. 763.

[49]) Mohnike u. Zober, Joh. Bekmann's stralsundische Chronik. Stralsund 1833, S. 206 ff.

von Leuten der untergeordneten Stände die Busse die in den Lübeckschen und den Urkunden des Anhanges zur Anwendung gebrachten Sätze nirgends erheblich überschritten zu haben[50]).

Nicht durchgängig wurde die Busse in Kapital gewährt, Adelige empfingen — namentlich in älterer Zeit — zuweilen auch nur Geldlehen[51]), Leute niedrigen Standes neben Geld oder statt desselben Naturalien, Waaren und Kleiderstoffe. In einem Kieler Falle v. 1398 bestand die Busse in 10 Mark lüb., einer Tonne Bier und zwei Pfund Pfeffer, in einem Eutiner v. 1438 in 2 Mark lüb. und einer Tonne Bier[52]), in einem dritten aus der Umgegend von Zittau gar nur in einem Stück Tuch[53]). Ostern 1477 vergleicht sich der Knappe von Lützow im Lauenburgischen mit den zwei Söhnen eines seiner Hintersassen, den er erschlagen hatte, vor dem Rath zu Lübeck auf ein Mangeld von 35 Mark; ausserdem sollte die Wittwe des Erschlagenen auf dessen Erbe bis zu ihrem Tode frei bleiben von Zins und Abgaben, mit Ausnahme des jährlichen Rauchhuhns, und ferner eine Kuh sowie fünf Ellen Grabausches Laken erhalten[54]). In einem schlesischen Falle giebt der Thäter statt Geldes zwei Malter Korn für die Kinder und zwei Scheffel für den alten Vater des Entleibten[55]).

In diesen letzteren Fällen nähert sich die Busse aller-

---

[50]) Siehe z. B. die Mittheilungen aus dem Pirnaer Gerichtsbuche im Anzeiger für Kunde der deutschen Vorzeit. N. F. Bd. 8, S. 347.

[51]) Haupt, Zeitschrift für deutsches Alterthum, VI, 21: Preterea quilibet ipsorum trium (sc. Thäter) assignavit redditus unius librae Wetflariensis monetae his tribus . . consanguineis ipsius interfecti. Hos inquam redditus receperunt ab ipsis in feodo, ab eis et eorum successoribus hereditarie possidendo. (Sühne v. 1285).—Quellen zur deutschen u. bair. Geschichte, VI, 102: Wurde aber ir deheiner pfaffe (nämlich von den Söhnen des Erschlagenen) so sol er (nämlich der Herzog Rudolf v. Baiern für seinen Ministerialen) ir einem leihen vier pfunt regensburger pfennige (Sühne v. 1300).

[52]) Dreyer a. a. O.

[53]) Anzeiger für Kunde der deutschen Vorzeit. N. F. Bd. 9, S. 118.

[54]) Pauly a. a. O.

[55]) Anhang, Urkunde Nr. 45.

dings schon mehr dem Charakter des Schadensersatzes und noch deutlicher tritt dieser Charakter da hervor, wo der zu entrichtenden Geldleistung die Zweckbestimmung hinzugefügt ist, dass das Geld zur Berichtigung von Nachlassschulden oder zur Erziehung der nachgelassenen Kinder verwendet werden solle[56]). Besonders häufig tritt in den älteren Sühnverträgen des süddeutschen Adels an Stelle der Geldbussen die Verpflichtung zur standesgemässen Versorgung der hinterbliebenen Söhne und Töchter[57]). In der grossen Mehrheit der Fälle ist dagegen die ursprüngliche Bedeutung der Busse noch völlig unverwischt, hier erscheint sie nach wie vor als der Preis des erschlagenen Mannes, durch dessen Entrichtung der Thäter sich von der Verwandtenrache loskauft[58]) und führt dementsprechend in manchen Rechten den Namen: das Blutgeld[59]). Das Unterscheidende von der früheren Busse

---

[56]) Siehe z. B. Breslauer Urk. v. 1451 (Anh. Nr. 16) und Hennebergisches Urkundenbuch, Bd. VI, 108.

[57]) So wird in der Taidingung zwischen Herzog Rudolf v. Baiern u. dem Grafen Gebhard v. Hirschberg v. 6. Mai 1300 (Quellen zur deutschen u. bair. Geschichte, VI, 102) beredet, dass wenn einer der Söhne des Erschlagenen den geistlichen Stand erwähle (ze pfaffe werden wil), ihn der Herzog an Stelle des Thäters (eines Ministerialen) mit einer Pfründe nicht unter 8 Pfund ausstatten solle. — Am 21. Dezember 1383 wird Hans v. Elrichhausen wegen des an Götz v. Lochhof verübten Todtschlags durch Schiedsspruch verurtheilt, beide Töchter des Erschlagenen auf seine Kosten in einem Kloster unterzubringen und jeder von beiden ein Leibgedinge von 10 Pfund Heller auszusetzen, dessen Genuss ihnen vom Eintritt ins Kloster bis zu ihrem Tode zustehen soll (Monumenta Zollerana V, 132). In ähnlicher Weise legt ein Schiedsspruch aus der 2. Hälfte des 14. Jahrh. wegen des Todtschlags an dem hessischen Ritter Ludwig v. Breitenbach den Thätern die Pflicht auf, eine von dessen Töchtern ohne Beisteuer von Seiten ihrer Verwandten in einem Kloster unterzubringen und für die zweite Tochter eine Pfründe in einem Kloster zu erwerben.

[58]) Daher knüpft z. B. ein Schweidnitzer Sühnvertrag an die Nichterfüllung des Vertrages ganz folgerichtig den Rechtsnachtheil, dass alsdann der Thäter in die Acht, in der er sich vorher befunden hatte, zurückverfallen solle.

[59]) So in Rügen (Rugianischer Landgebrauch, S. 227), in Lauenburg (Dittmer, Das Sachsen- u. Holstenrecht, S. 35), im Ravensbergischen (Meinders, a. a. O.).

besteht hier, abgesehen von hinzutretenden anderweitigen Leistungen, die weiter unten zur Sprache kommen werden, lediglich darin, dass das spätere Mittelalter zum System der freien Vereinbarung zurückgekehrt ist, eine Neuerung, von der man bezweifeln kann, ob darin ein Fortschritt zum Besseren lag. In der Roheit der Anschauung ändert es offenbar nichts, dass sich die eine Zeit den Todten nach einer feststehenden Taxe bezahlen liess, während die spätere den Preis behandelte; wohl aber besass das Wergeldssystem den Vorzug — worauf schon Dahn in seinem Fehdegang und Rechtsgang aufmerksam macht —, dass es die Ausgleichsverhandlungen wesentlich erleichterte, indem jede Partei über das Maass ihrer Forderungen und resp. Leistungen von vornherein im Klaren war, daher ohne weiteres Feilschen sich schlüssig machen konnte, ob sie Busse nehmen resp. leisten wollte. Sicherlich hat die Thastache, dass sehr viele Sühneverträge aus den beiden letzten Jahrhunderten des Mittelalters durch Schiedsspruch zu Stande gebracht sind, nicht zum wenigsten darin ihren Grund, dass sich die Parteien über die Höhe der Busse nicht einigen konnten und nach kostspieligen [60]) resultatlosen Unterhandlungen sich ver-

---

[60]) Nach dem Rugianischen Landgebrauch, der als Quelle für die Rechtsgebräuche nicht blos Rügens, sondern des ganzen nordöstlichen Deutschlands angesehen werden kann (Zöpfl, Deutsche Rechtsgeschichte, 4. Auflage, I, S. 235, Anm. 7), wurde in Sühnverhandlungen nicht eher eingetreten, als bis der Thäter den Freunden des Todten ein Pauschquantum für Reise- und Zehrungskosten zahlte oder verbürgte. Kam die Sühne im ersten Unterhandlungstermine nicht zu Stande, so zahlte der Thäter für jeden ferneren Termin die Hälfte des ersten Pauschquantums, falls nicht ein Anderes verabredet war. Oft musste er auch auf Heller und Pfennig bezahlen, was die vertragschliessenden Theile und die Vermittler (Taidingsleute) bei den Unterhandlungen sowie am Tage der Instrumentirung des Vergleichs verzehrt hatten, und aus den gelegentlich angeführten Summen ist zu entnehmen, dass dabei gehörig geschmaust und gezecht wurde. So werden in Urk. 23 des Anhangs dem Thäter für im Dorfwirthshause vertrunkenes Bier 2 Mark (also nach jetzigem Geldwerthe etwa 12 Thaler), in Urk. 59 für Zehrung 5 Mark, in Urk. 67 für Bier während der Gerichtsverhandlungen 21 Groschen, also beinahe eine Mark (die Mark hatte 24 Groschen, der Groschen 12 Heller) und an sonstiger Zeche noch zwischen 5 und 6 Mark in Rechnung gestellt.

anlasst fanden, die Sache vor ein Schiedsgericht zu bringen. Das von dem System der freien Vereinbarung unzertrennliche Markten und Feilschen um den Preis des Todten giebt der an sich schon nicht würdigen Angelegenheit einen noch unwürdigeren Anstrich und mag wohl Ursache sein, dass in manchen Sühnverträgen die Geldbusse theils stillschweigend übergangen, theils ausdrücklich darauf verzichtet ist[61]). Feinerem Gefühl musste es widerstreben, den Todten zum Gegenstande eines Handels zu machen. So dachten aber freilich im Ganzen nur Wenige. Die grosse Menge, besonders der Bauer, behandelten die Sühne ganz im Style einer reinen Geschäftsangelegenheit, für sie galt nur der eine Gesichtspunkt: bei dem Handel[62]) möglichst viel herauszuschlagen. Den besten Beweis, wie häufig die Todtschlagsühne schnöder Geldgier und schmutziger Profitmacherei zum Vorwande diente, welche unbillige, übermässige Forderungen im Bewusstsein seiner Zwangslage an den Thäter gestellt wurden, liefert die Thatsache, dass die tyrolische Landesordnung von 1526, um dem in dieser Beziehung geübten Unfug zu steuern, die freie Vereinbarung aufhob und die Bemessung der Geldbusse ausschliesslich in das Gutachten der Gerichte stellte[63]).

Die Rechtssprache des späteren Mittelalters bedient sich zur Bezeichnung der Todtschlagsühne der Ausdrücke: „Richtung, Verrichtung, Taidigung, liebliche, freundliche, gütliche Verrichtung, amicabilis compositio, concordia". Die Leistung des Thäters dagegen bezeichnet sie mit „emenda", „melioratio", „Besserung", „büssen und bessern" und begreift darunter nicht allein die Geldbusse, sondern einestheils auch den Schadensersatz, insbesondere:

---

[61]) Bresl. Urk. von 1471: und alsdan fraw Katherina vor iren abgemorten man, irer kinder vater, kein gelt hat nemen wellen —

[62]) Dass man die Sache in der That für einen Handel ansah, zeigt die Rechtssprache, welche sich an vielen Stellen ganz unverblümt dieses Ausdrucks bedient. So z. B. Rug. Landgebrauch, S. 22; Ravensberger Weisthum bei Meinders a. a. O.

[63]) Buch II, Th. 4, S. 58 v. Das der Abtrag der verursacht Todtschlag nit in der Freundschafft hanndt, sondern in

1) die Kur- und Verpflegungskosten, da auch die Verwundungen mit tödtlichem Ausgange zu den Todtschlägen zählten;

2) die Begräbnisskosten;

3) die Kosten der Mordklage, in specie die Gebühren des Gerichts, Fürsprechers, Gerichtsschreibers u. s. w.;

4) die durch die Gerichts- und Vergleichsverhandlungen den Klägern erwachsenen Reise- und Zehrungskosten [64]); anderentheils eine Reihe aus dem katholischen Kirchendogma entsprungener Leistungen. Diese letzteren bilden einen so hervorstechenden Charakterzug der späteren Sühnverträge, dass sie leicht dazu verleiten können, an eine aktive Mitwirkung der Kirche bei der Todtschlagsühne zu glauben. Indessen bedarf es nur eines Blickes auf die Entwickelung des kirchlichen Strafrechts, um sich von der Unhaltbarkeit einer solchen Annahme zu überzeugen.

Nach dem Grundsatze „ecclesia non sitit sanguinem" gehörten nur diejenigen Reate zur Competenz der geistlichen

---

der Obrigkait Erkhandnuss steen soll: damit aber ain solcher von den Freunden u. Erben als zuzeiten beschehen möcht, nit soviel beschwerlich, Sunder nach aines jeden vermögen, leidlich in dem Vertrag gehalten werden, So soll sölcher Abtrag in der Erben noch Freundschafft willen, Sonnder zu Erbarer Erkantnuss der Obrigkait und des Gerichts steen, darin der Todtschlag bescheen ist.

[64]) Obwohl es sich eigentlich von selbst verstand, dass der Missethäter dem Gerichtsherrn des fori delicti auf dessen Verlangen die Wette (Gerichtsbusse) entrichten musste (Sachsensiegel, III, 32 § 10), wurde trotzdem die Berichtigung derselben in den meisten Sühnverträgen noch besonders vorbedungen und nicht selten auch sofort dem Betrage nach festgestellt, so z. B. in einer Breslauer Urkunde v. 1495 auf 10 M., zahlbar in zwei Jahresraten à 5 M. In einer Goldberger Urkunde v. 1494 muss von den drei Thätern der eine 4 Malter, der anderen 18 Scheffel, der dritte 6 Scheffel Hafer als Gerichtsbusse entrichten, in einem Jauerschen Falle v. 1494 betrug dieselbe 6 Malter Hafer. — Hatte der Entleibte im Hörigkeits- oder Erbunterthänigkeitsverhältniss gestanden, so musste er ausserdem dem Grundherren vergütet werden. Rug. Landgebr., S. 22. Grimm, R. A., S. 289. Grosse liessen sich für erschlagenen Ministerialen durch Hingabe eines Ersatzmannes entschädigen. Monum. Wittb. V, 417.

Gerichte, welche im weltlichen Recht nicht mit Strafe an Leib und Leben bedroht waren. So lange der Todtschlag unter die mit Wergeld zu büssenden Privatdelikte gehörte, konnten daher die Sendgerichte denselben, unbeschadet des obigen Grundsatzes, vor sich ziehen. Dies musste sich ändern, seitdem der Todtschlag, definitiv in die Reihe der öffentlichen Vergehen eintretend, vom weltlichen Richter mit der b l u t i g e n Strafe der Enthauptung bestraft wurde. Von da ab durften die geistlichen Gerichte sich mit Aburtelung von Todtschlagssachen nicht mehr befassen [65]) und was von dem Verfahren nach strengem Recht, gilt nicht weniger von der gütlichen Beilegung, dem Verfahren „nach Minne". An ein Sendgericht konnte überdies die Sühne schon um desshalb nicht gebracht werden, weil dieses als ein Rügegericht nicht zur gütlichen Vertragung strafbarer Handlungen bestimmt war, sondern im Gegentheil den Zweck hatte, diese zu ermitteln und zur Bestrafung zu bringen. Dementsprechend erscheinen denn in den Urkunden auch stets nur die weltlichen Gerichte mit der Todtschlagsühne befasst. Allerdings lag in der Ausschliessung der geistlichen Gerichte von den Todtschlagssachen für die Parteien kein Hinderniss, Geistliche zu Schiedsleuten zu wählen — und thatsächlich kam dies inhaltlich der Urkunden, in denen man unter den Schiedrichtern häufig Personen geistlichen Standes begegnet, gewiss nicht selten vor —, diese handelten aber dann gleich allen anderen Schiedspersonen lediglich kraft des ihnen von den Parteien ertheilten Auftrages als deren Organe und nicht als geistliche Richter.

---

[65]) Der Grundsatz ist positiv ausgesprochen im S c h w ä b i s c h e n Landrecht (ed. L a s s b e r g) c. 313; R u p r e c h t v. F r e y s i n g c. 200; C u l m e r R e c h t (ed. L e m a n) lib. V, § 43. Auf den Fortbestand der Sendgerichte hatte der Wegfall der Todtschlagssachen selbstverständlich keinen Einfluss; nur ihre Competenz wurde eine engere. Siehe hierüber, sowie über Verfassung und Rechtsübung der späteren Sendgerichte K o p p a. a. O.; ferner D o r n b u s c h, Das Sendgericht in der abteilichen Stadt Sigburg, in der Zeitschrift für deutsche Kulturgeschichte. Neue Folge II, S. 156 bis 169. Beschreibung einer Sendgerichtssitzung im 14. Jahrhundert nach einer alten Handschrift v. 1831 bei Q u i x, Geschichte der Stadt Aachen (Aachen 1840) Bd. 2, S. 78, 79.

Hieraus folgt, dass an den dem Thäter in der Sühne auferlegten Leistungen und Handlungen kirchlichen Charakters die
Kirche unmittelbar gar nicht betheiligt war, dieselben vielmehr lediglich aus der Initiative der Parteien bezw. Schiedsgerichte hervorgingen.

Die hier in Betracht kommenden Auflagen gehören überwiegend jenem Kreise frommer Werke an, welche das Mittelalter mit dem Namen S e e l g e r ä t h e bezeichnete. Man verstand darunter jede Art von Vermögenszuwendungen an
Kirchen und Klöster mit der zu Grunde liegenden Idee,
durch Aufopferung der irdischen und vergänglichen Güter,
Errettung aus dem Fegefeuer und die ewige Seligkeit für die
eigene Person oder die Seelen verstorbener Angehörigen zu
erkaufen. „Weil nichts gewisser als der Tod, nichts unge-
wisser als die Stunde des Todes, müsse der Mensch", — so
lehrte die Kirche — „dieweil er noch in der Zeit der Gnaden
stehe, sich mit guten Werken versehen und versorgen, damit
sie dort als Fürsprecher seiner Seele Heil und Trost suchen,
und erwerben möchten." In den mittelalterlichen Testamenten
spielen die Seelgeräthe eine hervorragende Rolle. Sie haben
dort in unzähligen Stiftungen und Zuwendungen zu frommen
Zwecken mannigfaltigsten Ausdruck gefunden und wenn man
sich auf den Standpunkt jener Zeit stellt, würde es befremden müssen, wenn man ihnen in den Sühnverträgen nicht
begegnete. Denn da dem Erschlagenen durch sein jähes
Ende die Möglichkeit benommen war, für die Errettung seiner
Seele aus den Fegfeuer selber die nöthigen Vorkehrungen zu
treffen, wer anders mochte näher verpflichtet erscheinen, hier
stellvertretend für ihn einzutreten als der Urheber seines
plötzlichen Todes? Dass dem durch die Geldbusse und
Schadloshaltung ohnehin schon hinreichend belasteten Thäter
durch die Auflage von Seelgeräthen ein weiterer, höchst
empfindlicher Vermögensnachtheil zugefügt wurde, fiel nicht
in die Wagschale; maassgebend war einzig und allein die
Sorge für das Seelenheil des in seinen Sünden dahingerafften
Todten. Daher erscheint in den Sühnverträgen fast jede
derartige Auflage unter dem stereotypen Zusatz: „der armen

Seele (sc. des Erschlagenen) zu Hülfe und Troste" und ganz in demselben Sinne lässt der Verfasser des bereits in Anmerkung 29 erwähnten Sühnvertrag-Formulars den (supponirten) Schultheiss im Eingange sagen:

> er habe beide Theile zum gütlichen Austrage der Sache vor sich beschieden, „weil in Uneinigkeit und Mehrung arges Willens zwischen ihnen weiter Unraths und Uebels hett erwachsen und dadurch der armen Seele Trost und Förderung ewiger Seligkeit, wo die in Pein des Fegfeuers wäre, verlängert und entzogen worden sein möchte."

Zieht man die Klosterurkunden zu Rathe, so bestanden die ältesten Seelgeräthe in Schenkungen zur Erwerbung von Bruderschaften, Abhaltung eines jährlichen Todtenamts mit Vigilien und Messopfer (anniversarius) und der Stiftung eines ewigen Lichts. Diese drei Kategorien kehren denn auch in den frühesten der auf uns gekommenen Sühnverträge beständig wieder. Der Thäter muss dem Erschlagenen in einer Anzahl von Klöstern Bruderschaft erwerben, d. h. denselben in die zwischen Klöstern zu religiösen Zwecken geschlossenen Verbrüderungen einkaufen, um ihm an den durch die verbrüderten Klöster verrichteten guten Werken Antheil zu verschaffen [66]; er muss ferner ein Tag und Nacht brennendes

---

[66] Die Klöster theilten sich gegenseitig ihre Bruderschaften und guten Werke mit. So heisst es z. B. in einer Urkunde des Klosters Drübeck v. J. 1322 (Jacobs, Drübecker Urkundenbuch, Halle 1874, S. 56): Cum propter diversa pericula vitae praesentis ad ea, quae pertinent ad futuram vitam, homo non sit sufficiens ac perfectus, suadet pietas et perutile videtur, ut homines praecipue religiosi alternis precibus invicem sint intenti. Hinc est, quod piae sanctitatis vestrae concedimus et damus tam in vita quam in morte plenam fraternitatem et participationem omnium missarum, vigiliarum, orationum, jejuniorum, elemosinarum, castigationum aliorumque bonorum operum, quae in nostra ecclesia die noctuque in honore dei et beatae Virginis Mariae et omnium sanctorum fiunt et deinceps perpetuis temporibus fient domino largiente. — Bruderschaftsbriefe wurden auf Begehren auch an Laien ertheilt (Formular eines solchen Laien-Bruderschaftsbriefes bei Jacobs, Urkundenbuch des Klosters Ilsenburg, Halle 1877, II. Hälfte, S. 209) wenn sie sich durch eine Schenkung um das Kloster verdient machten. So erwirbt

Licht (ewiges Licht) in einer Kirche oder über der Gruft des Erschlagenen [67]), zuweilen auch ein Jargezeit (Jahreszeit), d. h. eine jährliche Feier des Todtestages mit Vigilien

1157 Markgraf Albrecht von Brandenburg die Bruderschaft des Klosters Ilsenburg gegen Befreiung der klösterlichen Besitzungen zu Pulkvitz von allen Diensten (Urk.-B. des Klosters Ilsenburg, I, 26). Im J. 1305 zahlt ein gewisser Reinhardt für die Aufnahme in die Bruderschaft des baierischen Stiftes Au (am Inn) 40 Regensburger Pfund (drei baierische Traditionsbücher, München 1881, S. 128, Nr. 192). In dem Testament des Grafen Gerhard von Sayn sind für jeden dem Testator ertheilten Bruderschaftsbrief vier Goldgulden ausgesetzt (Günther, Cod. dipl. Rheno-Mosell. IV, S. 702). Die Erwerbung von geistlichen Brüderschaften war sonach keineswegs billig, und es konnte dem Thäter je nach der Zahl der Erwerbungen daraus sogar eine höchst drückende Last erwachsen. In der Wetzlarer Mordsühne v. 1285 (Haupt a. a. O.) ist bei 12 Klöstern Brüderschaft zu erwerben, in der anderen (ebendaselbst) v. 1288 bei 20. In der Fritzlarer Sühne v. 1367 (Siebenkees, Beiträge zum deutschen Recht, III, 155) bei 24; in einer rheinischen v. 1406 (Bodmann, Rheingauische Alterth., S. 618) bei 72 und in der Breitenbacher aus d. 2. Hälfte d. 14. Jahrh. (siehe Anm. 25) sogar bei 100. Da solche Anforderungen nur an ganz bemittelte Personen gestellt werden konnten, so erklärt sich hinlänglich, warum die Bruderschaftserwerbungen meistens nur in den Sühnverträgen reicher Patrizier und des begüterten Adels angetroffen werden. Noch seltener ist die Verpflichtung zur Errichtung von Sühnaltären, die nur in Verträgen angetroffen wird, wo ein ganzer Ort busspflichtig gemacht wurde. So muss die Stadt Aachen zur Busse für die Tödtung des Grafen Wilhelm v. Jülich in den städtischen Pfarrkirchen vier sotcher Altäre, Limburg wegen eines 1342 in ihrem Weichbild an Grafen Gottfried v. Dietz verübten Todtschlages einen Altar zu Ehren der heiligen Dreifaltigkeit auf dem Chore der dortigen Pfarrkirche stiften. Vgl. Quix a. a. O. u. Hontheim, Historia Trevir., II, 291 Anm. d.

[67]) Item lampadem in monasterio beatae Virginis Wetflar., lucentem continue et perpetuo (Zeitschr. für deutsche Alterth. VI, 21) ... sol ein ewiges licht erziugen uber sin grab (Mon. Witt., VI, 102)....ouch sol der obgenante Elrichshusen ein ewig lieht uff besaczten guten machen, dasselb lieht prinen sal uff des obg. Schenken grabe (Mon. Zoll. V, 132).... Breitenbacher Sühne: ouch solin si ein ewik liecht machin wohin si wollin, zu Breidinbach in der Kirchin oder zu Marpurg, da der tote begraben lit....Danach ist beredt, dass Peder. vorg. (Thäter) sal bestellen ein ewyg geluchte in die parre zu Osterich, daz da dag und nacht stedelich borne, und sal ouch daz lyucht sicher und wol bestalt werden, d. h. der Thäter muss dafür ein Stiftungskapital aussetzen, von dessen Erträgnissen das Licht unterhalten wird (Bodm. a. a. O.). So kauft 1467

und Messen [68]) stiften. Hierzu trat noch die Ausrichtung von Seelenmessen und Pilgerfahrten.

Von diesen Seelgeräthen kamen die Bruderschaftserwerbungen und das ewige Licht am frühesten ausser Gebrauch. Sie scheinen den Beginn des 15. Jahrhunderts nicht lange überdauert zu haben [69]). An ihre Stelle trat eine Mannigfaltigkeit von Spenden für fromme Zwecke [70]), unter denen

---

die Kirche von Bukisholz bei Luzern 6 Schilling ewige Gülte. Diese erhält der Kichmaier von Bukisholz „das er Oel darum kaufe, das da brinne zu allen messen und vespern durch gotz willen und durch N's seele heil willen, der da libloss tun ward in dem jare wie obstat" (Geschichtsfreund, XXV, 81) . . . .

[68]) L übecker Urkundenbuch, III, Nr. 201: To dem verden male scholen see eme (dem erschlagenen Ritter v. Westensee) maken dre eweghe (ewige) missen, to Reynevelde ene, unde to den Predeker broderen to Lubeke ene unde to den Barvoeten ene ... Auch sprechin wir, daz die von Lewinstein ein ewig maldir korngeldes den herrn ze senkt Pedir zu Fritzlar, dar der irslagen begraben lit, keufen sollent zu yre presencien, off das, das si des toden Jargetzyde ewicklich mit messen und vigilien began sollent. (Bodmann a. a. O.)

[69]) d. h. in der Todtschlagsühne. Sonst kommen sie wohl auch noch später vor. Vgl. die zahlreichen Seelgeräths-Stiftungen in M o n u m e n t a B o i c a , Bd. 15—29.

[70]) Diese Spenden wurden theils direkt an die bezeichnete Stelle abgeführt, theils blieb die Verwendung den Berechtigten vorbehalten. Zur Veranschaulichung der hier herrschenden Mannigfaltigkeit lasse ich eine Reihe derartiger Stipulationen unter Bezeichnung des Orts und Jahres der Urkunde folgen:

1406 Rheingau. 10 Gulden „anzuwenden an Gottes Ehre, wo die Freunde bedünkt, dass sie (die 10 Gulden) allerbest bestattet sind. (B o d m a n n a. a. O.)

1453 Breslau. 2 Mark Heller an die Kirche nach Erkenntniss der Freunde (Anh., U. Nr. 17) (d. h. an welche Kirche dieselben bestimmen werden).

1459 Breslau. 5 Mark Heller zu einem Kelch an die Kirche zu Domslau (Dorf 2 Meilen südlich von Breslau). (Anh., U. Nr. 20.)

1466 Breslau. 6 Mark Heller zur Anschaffung einer Glocke an die Kirche zu Sürben (Dorf $1\frac{1}{2}$ M. südlich von Breslau). (Anh., U. Nr. 28).

1473 Breslau. 14 ungarische Gulden zum Bau der Kirche St. Dorothea. (Anh., U. Nr. 33.)

wiederum die Wachsspenden eine hervorragende Stelle einnehmen. Sie pflegen nur in sehr wenigen Sühnverträgen des 15. Jahrhunderts zu fehlen.

Obwohl nämlich 'begüterte Kirchen und Klöster ihre eigenen Wachszinsigen hatten, deckte bei dem ungeheuern Bedarf an Wachskerzen[71]) der Vorrath dennoch selten den thatsächlichen Verbrauch. Noch so manches Pfund musste dazu gekauft werden und galt es unter diesen Umständen als ein verdienstliches Werk, den Kirchen, besonders ärmeren,

1474 Breslau.	7 Gulden an den Kirchenvater zu St. Dorothea zum Gewölbe (sc. der im Bau begriffenen Kirche) zu Hülfe. (Anh., U. Nr. 35.)
1474 Breslau.	4 Mark armen Leuten in die Spitäler und zwar in 8 derselben je $1/_2$ Mark. (Anh., U. Nr. 35.)
1476 Strehlen.	6 Gulden dem Bruder und den Freunden des Todten „an des Abgemordeten Seele zu Hülfe zu wenden". (Anh., U. Nr. 36.)
1490 Breslau.	Der Mutter des Erschlagenen 14 Gulden, „die zu wenden zu ihres Sohnes Seligkeit". (Anh., U. Nr. 42.)
1492 Goldberg.	6 Mark zu einem Seelgeräth „des todten Mannes Seele zu Nutzen und Fromen, nach der Freunde Erkenntniss, wohin die bestimmen". (Anh., U. Nr. 44.)
1494 Strehlen.	Thäter sollen 6 Mark Heller geben und vor des Abgestorbenen nächsten Freunden niederlegen, die von letzteren angenommen werden sollen zu armen Kirchen, wo die Nothdurft erfordern wird. (Anh., U. Nr. 48.)
1494 Goldberg.	Von 3 Thätern muss der eine 3 Gulden, der andere 2 Mark, der dritte 1 Gulden auf die neue Monstranz geben. (Anh., U. Nr. 49.)
1495 Breslau.	20 Mark an die Frau und ihre Kinder „zu Frommen des todten Mannes Seele Seligkeit zu verschaffen". (Anh., U. Nr. 50.)
1521 Breslau.	2 Viertel Breslauer Bier dem Kloster zu St. Jacob und 1 Viertel dem zu St. Dorothea. (Anh., U. Nr. 64.)
1531 Neisse.	60 rheinische Gulden der Mutter des Erschlagenen „welches Geld die Frau zu ihres verstorbenen Sohnes Seelenheil wenden (anwenden) mag". (Anh., U. Nr. 66.)

[71]) Man lese über die mit Wachskerzen getriebene Verschwendung Kriegk, Deutsches Bürgerthum im Mittelalter, Bd. I, S. 179 ff. u. Bd. II, S. 175 ff., sowie die Schilderung eines bischöflichen Leichenbegängnisses im Archiv des histor. Vereins für Unterfranken, Bd. XXIII, S. 193 ff.

Wachs zuzuwenden [72]). Gewöhnlich wurden gleich im Vertrage
die Kirchen bestimmt, an welche das Wachs abgeliefert
werden musste, zuweilen geschah die Lieferung aber auch
an die Freundschaft des Todten, welche es dann nach ihrem
Gutdünken an eine oder (häufiger) mehrere Kirchen vertheilte.
Besondere Begünstigung genoss die Osterkerze. So verspricht
1473 ein Thäter zwei Stein Wachs zu der „Osterkerz" zu
St. Elisabeth (Breslau), ein anderer (1489) drei Pfund an die
Wittwe auf „Ostern". In einem Strehlener Sühnvertrage
verpflichten sich (1494) die Thäter, zwei Stein Wachs zu
kaufen und den Freunden des Entleibten 14 Tage vor „Ostern"
zu kirchlicher Verwendung zu schicken. Hin und wieder be-
dang man sich auch fertige Wachslichte aus. So werden
in einem Breslauer Vertrage v. 1461 je zwei Wachslichte
für eine Mark an zwei Dorfkirchen vor den heiligen Leichnam bedungen.

Zu den gebräuchlicheren Spenden gehören ferner die
Seelbäder. Man verstand darunter eine zum Seelenheil
des Verfügenden oder seiner Angehörigen getroffenen Privat-
disposition, wonach einem oder mehreren oder den gesammten
Armen eines Orts in einer öffentlichen Badstube entweder
einmal oder jährlich an einem bestimmten Tage ein unent-
geltliches Bad, welchem sich zuweilen noch eine Mahlzeit
oder eine Erquickung durch' Brot und Bier anschloss, verab-
reicht werden sollte [73]). In den Sühnverträgen werden die
Seelbäder, deren Ursprung in das 14. Jahrhundert zurück-
reicht, ungefähr seit der Mitte des folgenden Jahrhunderts
angetroffen, jedoch nur ausnahmsweise in Form von dauernden

---

[72]) In den im Anhang mitgetheilten Urkunden variiren die zu entrichtenden Quantitäten zwischen 1 und 5 Stein. — Dass meistens nur
Lieferung von Rohmaterial bedungen wurde, hing damit zusammen, dass
die meisten Kirchen mit den Apparaten zur Herstellung der Kerzen versehen waren und sie durch ihre eigenen oder gemiethete Leute anfertigen
liessen. In den Städten mussten bisweilen die Schüler beim Kerzenmachen
helfen.

[73]) Vgl. Kriegk, Deutsches Bürgerthum, II, S. 22 ff., und die Abhandlung von Gengler in der Zeitschrift für deutsche Kulturgeschichte.
N. F., II, 571—582.

Stiftungen [74]), für die in den späteren Sühnverträgen über-
haupt wenig Neigung geherrscht zu haben scheint. In der
Regel verpflichtete man den Thäter nur zur Verabreichung
eines oder mehrerer Bäder nebst Labung der armen Badenden durch Brot und Bier. So wird in einer Breslauer
Sühne von 1474 den Thätern aufgegeben, sobald sie aus der
Acht kämen, vier Seelbäder in vier aufeinanderfolgenden
Wochen zu veranstalten und zu jedem Bade den armen Leuten ein Viertel „guter Langwele" (ein Breslauer Bier) „zu
Tranke zu geben". In einer anderen Sühne ist ein Seelbad
mit Zubehör von 1 Scheffel Weizen, 1 Maass Korn und
einem Achtel Bier ausbedungen [75]).

Gleich den Bruderschaftserwerbungen und dem ewigen
Licht beginnen mit Anbruch des 15. Jahrhunderts auch die
„Jahrgezeite" aus den Sühnverträgen zu verschwinden, und zwar,
wie es scheint, im Zusammenhange mit der reicheren Ent-
faltung der Begängnisse, mit welchem Namen man im
Mittelalter die religiöse Fürsorge für Verstorbene bezeichnete.

„Die religiösen Pflichten gegen die Verstorbenen endigten
nicht mit denjenigen Feierlichkeiten, welche bei der Beerdigung vorgenommen wurden. Sie bestanden vielmehr noch
nachher während einer längeren oder kürzeren Zeit fort."
Namentlich war dies in den ersten dreissig Tagen nach der
Beerdigung der Fall. In dieser Zeit liess man Vigilien und
Seelenmessen halten, für Leute aus der vornehmen Klasse
mitunter an jedem Tage, für gewöhnlich aber am Tage nach
der Beerdigung, sowie am sogenannten Siebenten und
Dreissigten, d. h. am Ende der ersten Woche resp. des
ersten Monats nach erfolgter Beerdigung. Reiche theilten
während derselben Zeit Brot und Geld an Bedürftige aus,
liessen Leichentücher über das Grab ausbreiten und dasselbe

---

[74]) Beispiel einer solchen Stiftung in der Todtschlagsühne bei Drey-
haupt, Beschreibung des Saalkreises, II, 513. Im dortigen Falle musste
Thäter 80 Gulden rhein. stiften, von deren Zinsen ein ewigwährendes
Seelbad eingerichtet werden sollte.

[75]) Das Getreide wurde zu Brot und Semmeln für die armen Badenden verbacken.

am Siebenten und Dreissigsten mit Kerzen beleuchten. Die Hauptfeierlichkeit bestand in einem zu Ehren des Verstorbenen veranstalteten Todtenamt — dem eigentlichen Begängniss —, bei welchem die geladenen Theilnehmer mit brennenden Kerzen in Prozession zur Kirche zogen[76]). Wegen des von brennenden Kerzen umgebenen Katafalks, welchen man dabei als ein Zeichen des Verstorbenen in der Kirche aufstellte[77]), nannte man die Feierlichkeit „das Leichzeichen legen oder begehen“, oder auch schlechtweg das Leichzeichen. Sie erscheint unter diesem Namen oder als „Begängniss“ und „den Todten begehen“[78]), fast in jedem Sühnvertrage des 15., seltener des 14. Jahrhunderts[79]).

Wie grosses Gewicht man auf das Leichzeichen legte, geht deutlich aus der Genauigkeit hervor, womit die Einzelheiten desselben, besonders die Zahl und das Gewicht der dabei zur Verwendung kommenden Kerzen im Vertrage vorgeschrieben zu werden pflegten. Die Kosten der Feierlichkeit trug natürlich der Thäter, und es mochte ihm hieraus eine recht drückende Last erwachsen, denn selten begnügte man sich mit einer bescheidenen Feierlichkeit, sondern verlangte zur grösseren Ehre des Todten ein „ehrliches“, d. h. pomphaftes Leichzeichen mit vielen Theilnehmern und sonstigem Gepränge. Entsprach es schon an sich dem Zeitgeschmack, das Leichzeichen möglichst prunkvoll zu begehen, so trat in der Todtschlagsühne ausserdem noch die Rücksicht für den

---

[76]) Kriegk, Deutsches Bürgerthum, Thl. II, Kapitel 7.

[77]) Falcke, Trad. Corb., p. 847 ... eyne ewige dechtnisse .. mit seelmissen und lyknisse setten und lecht darbei brennen also. he (sc. der Verstorbene) darsulves lyfliken jeghenwordig were.

[78]) Lübecker Urkundenbuch, III, Nr. 201: To deme dritten scholen see ene (den Todten) begangen laten to allen parrekerken, alse hir en seede is.

[79]) Es versteht sich von selbst, dass dieses Leichzeichen in keine bestimmte Zeit fiel. Es hing von dem Zeitpunkt der Sühne ab, die oft erst viele Jahre nach dem Todtschlage zu Stande kam. Man legte die Feierlichkeit gewöhnlich auf den Tag der rituellen Aussöhnung, so dass die letztere sich dem Leichzeichen anschloss.

Todten hinzu. Die Beerdigung eines Erschlagenen geschah ohne Glockenklang in aller Stille [80]), Grund genug für die Hinterbliebenen, wenigstens der Leichenfeierlichkeit ein recht solennes Gepräge zu geben. Mit besonderer Schärfe tritt dieser Gesichtspunkt in den Sühnverträgen des Adels hervor. Bei der Leichenfeierlichkeit des Brüning v. Alten (vgl. S. 137) sollten hundert Ritter und Knechte, jeder mit einer Kerze von einem Pfund Wachs in der Hand, zu Opfer gehen, wenn aber an dieser Theilnehmerzahl dreissig oder vierzig fehlen würden, so sollten dafür die Uebrigen noch ein zweites Mal mit neuen Kerzen opfern; auch sollten die Thäter einen silbernen Leuchter auf die Bahre bringen und Bahrlichter dazu von je zwei Pfund Wachs. In einer anderen Sühne vom Jahre 1403 zwischen den Herzögen Bernd und Heinrich von Braunschweig und Hermann von Mandelsloh wegen Tödtung von fünf Dienstmannen, mussten ebenfalls hundert Mann, aber nicht blos ein-, sondern fünf Mal zu Opfer gehen [81]), für jeden Todten einmal.

In bürgerlichen Todtschlagsfällen scheint sich die Theilnehmerzahl in der Regel auf dreissig Personen beschränkt zu haben [82]). Ausnahmsweise steigerte sie sich aber auch hier um ein Bedeutendes. So wurde jenem Stralsunder Patrizier, der den Tod eines Müllers verschuldet hatte, ausser der

---

[80]) Men lüth (läutet) nene (keine) Klocken aver einen Geschlagenen, ehe he gesöhnet wert. Rug. Landgebrauch, S. 19.

[81]) Zeitschrift für deutsche Kulturgeschichte. Neue Folge, II. Jahrgang, S. 764 ff. — Man nahm an, dass das Opfern der abgeschiedenen Seele zu Gute komme. In Baiern gilt noch jetzt das Opfergehen während des Seelengottesdienstes als ein Akt christlicher Pietät gegen den Verstorbenen. Je zahlreicher der Opfergang, desto mehr Ehre für den Dahingeschiedenen. Baader, Sitten und Gebräuche in Baiern, in der Zeitschrift für deutsche Kulturgeschichte, Neue Folge II, 551, 552.

[82]) In einer oberfränkischen Sühne von 1504 (Archiv für Geschichte u. Alterthum v. Oberfranken V, 121), sowie einer sächsischen aus derselben Zeit (Dreyhaupt, Beschreibung des Saalkreises, II, 513) sind beidemal 30 Theilnehmer vorgeschrieben. Ein Sühnvertrags-Formular (aus der Offizin von Ulrich Morhardt in Tübingen) normirt die Theilnehmerzahl ebenfalls auf 30. Es scheint hiernach überall ein gleichförmiger Usus bestanden zu haben.

Geldbusse von 1000 Mark und anderen Leistungen auch die auferlegt, den Todten von seinem eigenen Hause aus „in aller Pracht und Herrlichkeit" mit 300 Männern und Frauen begehen zu lassen.

Was die Seelenmessen betrifft, die neben dem Leichzeichen in keinem Sühnvertrage fehlten, so begnügten sich gewöhnliche Leute mit einem Siebenten und Dreissigsten, und wenn es hoch kam mit 30; Höherstehende machten, namentlich in älterer Zeit, allerdings bedeutend grössere Ansprüche. Die Mörder des Ludwig v. Breitenbach mussten 2000, die eines Heinrich v. Wiltschüssel (Sühne von 1288 bei Haupt a. a. O.) sogar 4000 Messen lesen lassen.

Spätere Sühnverträge enthalten ausser dem Leichzeichen und den Seelmessen sehr häufig auch noch die Verpflichtung, den Todten in die Todtenbücher einer oder mehrerer Kirchen schreiben zu lassen, „sein ewiglich zu gedenken und für ihn zu bitten". Diese Todtenbücher waren Verzeichnisse derjenigen Personen, welche sich um eine bestimmte Kirche durch Wohlthaten verdient gemacht hatten. Ihr Name wurde beim wöchentlichen Todtengottesdienste von der Kanzel herab verlesen und für ihr Seelenheil gebetet. Da die Einschreibung nur auf Grund von Vermächtnissen oder Schenkungen erfolgte, so lag in der Einschreibungs-Klausel, auch wo dies im Vertrage nicht besonders ausgesprochen ist, stets die Verpflichtung zu einer Beschenkung der designirten Kirchen [83]).

---

[83]) Sehr lehrreich für diese Kategorie der Seelgeräthe ist ein im Anhang unter Nr. 4 mitgetheilter Sühnvertrag aus Schweidnitz von 1435, woselbst es heisst: ouch so sal heincze (Thäter) bestellen und zu selegerethe Hans lotters (des Entleibten) machen das sein name in allen dreien kirchen als czur pfarrkirchen, czum heiligen Crucze und auch czu unser liben frawen in die totenbuch geschreben werde und dann noch gewonheit einer iglichen kirchen als offte und dicke man vor andir gleubigen selen bittet, das man ouch ewiglichen vor hanns lotters sele ouch bitten sal. Ouch so sal hencze Czarner sunderlich bestallen dos man vor hanns lotters sele alle heilige tage so der prediger off dem predigstule andir glewbigen selen zu selikeit gedenket ouch bitten sal und dorumbe sal her bestellen eynen iglichen prediger der das tun wirt das em eyne czerunge geschee vor seine mühe und das das ewigliche gehalden werde. — Wir

Einem ähnlichen Gedanken wie die Einschreibung in die Todtenbücher entsprangen ferner die sogenannten Martern. Auch sie dienten dem Zweck, das Andenken an den Erschlagenen sowie gleichzeitig an die Unthat, welche seinem Leben ein Ende setzte, aufrecht zu erhalten und durch ihr Dasein Vorübergehende aufzufordern, für die Seele des Dahingeschiedenen ein stilles Gebet zu verrichten. Man begegnet den Martern bereits in Todtschlagsühnen des 14. Jahrhunderts und das Vorkommen derselben in fast allen Sühnverträgen aus dieser und der Zeit des 15. Jahrhunderts lässt sowohl auf ihre grosse Beliebtheit wie ausserordentliche Verbreitung schliessen. Die zahllose Menge gesühnter und ungesühnter Todtschläge berechtigt zu der Annahme, dass es

---

haben hier eine doppelte oder vielmehr sechsfache Stiftung vor uns: 1) die Stiftung je eines Kapitals für jede der drei designirten Kirchen zur Namensverlesung an den allgemeinen Todtengottesdienst-Tagen und 2) eines Kapitals behufs Namensverlesung an den Sonn- und Festtagen mit gleichzeitiger Belohnung des betreffenden Geistlichen für seine Mühe. — Die Sitte, ein Seelenamt oder eine Fürbitte mit einer Mahlzeit oder Geldspende für die ministrirenden Geistlichen zu stiften, war im Mittelalter sehr verbreitet. So heisst es z. B. in einer baierischen Traditionsurkunde von 1305 (Drei baierische Traditionsbücher, Festschrift zum 700jährigen Jubiläum der Wittelsbacher Thronbesteigung. München 1880, S. 128): Simili modo quidam plebanus de Welden dictus Chuno sepulturae nostrae se tradens XII libras Ratisponenses nobis legavit tali condicione, ut singulis annis ante festum Agathae priori die anniversarius suus per omnia sicut unius prelati rite celebretur et eadem die cuilibet canonico mensura latini vini ac delicatum ferculum a prelato benivole ministretur vel media libra, quae in commune dividatur. — In einer Urkunde des Klosters Ilsenburg v. 1332 (Urkundenbuch des Klosters Ilsenburg, I, 203) geben die Grafen von Wernigerode dem Kloster 1½ Hufe und ein Hofgut zur Begehung des Anniversarius mit Messen, Spenden an Arme und einer Collation für die Klostergeistlichen, bestehend in Gose oder anderem guten Bier, Würsten und zweierlei Fisch, gesottenem und gebratenem. Das Kloster verfügte noch über eine Menge derartiger Zuwendungen. Vgl. die Nummern 44. 49. 53. 54. 58. 67. 77. 90. 101. 109. 114. 115. 122. 132. 133. 135. 173. 186. 187. 196. 226. Andere Klöster waren nicht minder reichlich mit solchen Stiftungen „pro consolatione, refectione, beneficio fratrum" bedacht. Vgl. die zahlreichen Seelgeräths-Stiftungen in Mon. Boica XV—XXIX.

im mittelalterlichen Deutschland kaum eine Feldmark gab, in der sich nicht ein oder mehrere dieser Denkzeichen befanden [84], [85]).

Am gebräuchlichsten war es, sie auf der Stelle zu errichten, wo sich die Unthat zugetragen hatte, doch waren dem individuellen Geschmack der Hinterbliebenen hierin keine Schranken gesetzt, daher denn auch häufig der Platz an einer Wegscheide, Brücke, Kirche und sogar über Stadtthoren gewählt wurde. Gewöhnlich setzte man dem Thäter zur Errichtung eine bestimmte Frist, und wenn die Berechtigten sich über den Platz nicht sofort hatten schlüssig machen können, stand die Wahl nicht im Gutbefinden des Thäters, vielmehr musste er alsdann bei den Berechtigten

---

[84]) In der Alterthumszeitung „Iduna und Hermode", I. Jahrgang, Nr. 12 berichtet ein Mitarbeiter, dass er im Jahre 1812 auf einer Reise durch das schlesische Gebirge in ,verschiedenen Feldmarken und Dörfern 38 steinernen Kreuzen begegnet sei. Alle waren roh gearbeitet, zum Theil sehr gross und breit. Referent wollte der Angabe, dass es Denksteine für Erschlagene seien, nicht beipflichten, weil es ihm unwahrscheinlich vorkam, dass man so viel Umstände mit einem Erschlagenen sollte gemacht haben. (!) Er entschied sich daher für Gottesgericht-Denkmäler oder solche für erschlagene Heidenbekehrer. (! !)

[85]) Noch heute begegnen in Gebirgsgegenden mit katholischer Bevölkerung dem Wanderer auf Strassen und Bergpfaden an einem Baum oder Pfahl befestigte Holztafeln mit der abbildlichen Darstellung eines tödtlichen Unfalls und der Bitte um ein stilles Gebet für den Verunglückten. Dass diese Sitte sich von den „Martern" herschreibt, erscheint umsoweniger zweifelhaft, als sich sogar der Name für dieselbe Sache bis auf unsere Tage erhalten hat. So lässt Karl Stieler in seinen Gedichten: „Um Sunnawend" (Stuttgart 1878) S. 5 einen Wilderer sagen:

Mei Ahndl hat si' droben verfallen
Beim Wildern auf der rothen Wand,
Mei'm Vater hat's derissen d' Hand
Zwoa Brüder san erschossen worn,
As (wo) Martertafei steht da vorn
Am Steig!

Marter heisst in der Sprache des Mittelalters soviel wie Blutzeugniss, Leiden Christi, in weiterer Anwendung jede unsägliche Qual und Pein, weshalb sich auch für die Tortur derselbe Ausdruck einbürgerte. Vgl. über das Wort und seine mannigfaltigen composita: Lexer, Mittelhochdeutsches Wörterbuch, Bd. I, S. 2054.

Anfrage halten, wohin die Marter gesetzt werden sollte. Die Herrichtungskosten hatte natürlich der Thäter zu tragen.

Die Martern waren theils hohe, schmale Steinplatten, theils Kreuze aus Eichenholz oder Stein. Da nähere Vorschriften über Grösse und Form dieser Denkmäler in den Urkunden sehr häufig fehlen, indem nur ganz allgemein die Errichtung einer Marter angeordnet ist, und man andererseits nicht annehmen kann, dass dieser Punkt lediglich dem Belieben des Thäters überlassen war, so rechtfertigt sich die Annahme, dass jede Gegend schon frühzeitig ihr eigenes Muster ausbildete und wenn nichts Gegentheiliges verabredet war, die Anfertigung der Marter in der ortsüblichen Form zu geschehen hatte. Oefters findet sich allerdings Grösse, Form und Verzierung genau vorgeschrieben. In den in Monum. Zollerana, V, S. 132 mitgetheilten Sühnen sollten auf dem Kreuze Helm und Schild des erschlagenen Götz v. Lochhof gemeisselt sein. In der bei Hontheim, Historia Trevir. dipl., T. II, S. 290 nachzulesenden Sühne sollte das Kreuz auf drei Stufen (gradus) stehen, zehn Fuss hoch und mit dem Wappen des Erschlagenen versehen sein, und in der mehrerwähnten Stralsunder Sühne von 1458 ist eine 12 Fuss hohe steinerne Waage mit eingehauenem Crucifix und Namen des Todten beansprucht.

Seit Mitte des 15. Jahrhunderts steigerten sich die Ansprüche. Man begnügte sich — in Schlesien wenigstens — schon nicht mehr mit einem Kreuz, sondern verlangte statt oder neben demselben sehr häufig eine Kapelle aus Eichenholz oder Stein, welche einen Altar nebst zugehöriger Decke und Crucifix, zuweilen auch noch das Bildniss der Jungfrau Maria und einiger Heiligen enthalten musste. In einer Breslauer Sühne von 1497 verpflichtete sich der Thäter, ein steinernes Crucifix mit den Statuen der Jungfrau Maria und des Apostels Johannes an der St. Barbarakirche aufstellen zu lassen. —

Wir gelangen nunmehr zu der kulturhistorisch interessantesten Kategorie der Seelgeräthe: den Buss- und Bittfahrten, auch Bedefahrten genannt.

Schon bald nach der Bekehrung der Germanen zum Christenthum begann die Kirche schwere Verbrecher, insbesondere Todtschläger, nach Rom und an die Stätten der Heiligen zu schicken, um dort Vergebung ihrer Sünde zu erflehen. Besonders hart verfuhr sie gegen Solche, die sich des Vater- oder Brudermordes schuldig gemacht hatten. Hals, Brust, Leib und Arme des Schuldigen wurden in eine Kette geschmiedet, die aus dem Schwerte gefertigt war, womit er den Mord begangen hatte, und in diesen Banden musste er, als ein aus der Heimath Verbannter, so lange von einem Wallfahrtsorte zum andern wandern, bis ihm die Ketten von selber abfielen [86]). Mit diesen Bussfahrten stehen jedoch die in der Todtschlagsühne auferlegten so wenig in unmittelbarer Beziehung, wie die Ceremonie der Abbitte mit der öffentlichen Kirchenbusse; auch ist bei deren Auferlegung so wenig an eine aktive Mitwirkung der Kirche zu denken, als bei den übrigen Leistungen kirchlichen Charakters. Gleich den letzteren gingen vielmehr die Bedefahrten lediglich aus der Initiative der Parteien resp. Schiedsgerichte hervor und ver-

---

[86]) Vgl. Du Cange s. v. Peregrinatio und Circuli ferrei; desgl. Muratori, Antiqu. med. aevi, II, 328. Statt der Ketten wurden den Uebelthätern auch häufig eiserne Ringe um die Arme geschmiedet. Muratori a. a. O.: quaedam femina venit de Francia ad Ecclesiam beatae Virg. Justinae, quae portabat in sinistro bracchio circulum ferreum pro poenitentia, ab Episcopo sibi indutum et caro bracchii in tantum jam supercrescebat, quod circulus paene totus erat coopertus. Wenn Du Cange das Ende dieser Sitte in das 12. Jahrhundert setzt, so trifft das wenigstens für Deutschland nicht zu, wie aus einer weiter unten zu erwähnenden Stelle aus dem Liber Vagatorum und dem „Rugianischen Landgebrauch" ed. Gadebusch, S. 120 hervorgeht, woselbst es heisst, nachdem von der weltlichen Strafe des vorsätzlichen Elternmordes die Rede gewesen: geschach overst de Mordt unvorsichtiger edder unvorsätzlicher wise, men leth den Deder beschmeden mit isern Banden umb den halss, Arm, Liff und Beine, moste thom Lande hnuth, schweren, he wolde sick Nemand van den Banden ahne Gottes Gnade alleine, laten helffen, schlapen de eine Nacht nicht, dar he de ander geschlapen hedde, wandern und dwalen, so lange, dat em de Bande sülvest affsprungen.

leugnen ebensowenig jemals den Charakter von Seelgeräthen. Sie dienten ganz demselben Zweck. Die praktischen Ziele der Lehre, wonach die Kirche Macht habe, Fegefeuer-Strafen gegen eine vom Sünder zu leistende Genugthuung zu erlassen und die Wirksamkeit der Indulgenzen auch auf Dahingeschiedene ausgedehnt werden könne, wenn ihre Hinterbliebenen Ablass für sie erwirkten, treten bei der Auferlegung der Bedefahrten nicht minder deutlich zu Tage, wie bei allen anderen in der Todtschlagsühne auferlegten frommen Werken. Stets war es das Seelenheil des Entleibten, welches durch die Auferlegung von Wallfahrten befördert werden sollte, und wenn dem Thäter aufgegeben wurde, selber nach Rom zu reisen, um von dort Ablass zu holen, so galt diese Reise nicht der Rettung seiner eigenen Seele, sondern der des Dahingeschiedenen [87]. Der Weg zu seiner eigenen Aussöhnung mit der Kirche ging durch den Beichtstuhl, nicht durch die weltlichen Gerichte. Nichtsdestoweniger liegt in dieser persönlichen Vollbringung der Reise ein Punkt, der zu der Annahme drängt, dass bei Auferlegung der Wallfahrten noch andere als lediglich aus dem Kirchenglauben entsprungene Motive thätig gewesen sind.

Zur Erlangung und Wirksamkeit des Ablasses war es nicht erforderlich, dass ihn der Thäter persönlich holte. Nach dem Kirchendogma konnte er auch jemand Anderen schicken und in den Sühnverträgen wird dieser Befugniss häufig gedacht. Noch öfter aber wird sie ausdrücklich ausgeschlossen, der Thäter verpflichtet, die Romfahrt in Person zu verrichten und ihm nur für den Fall einer ganz besonderen Behinderung

---

[87] Z. B. Mon. Wittb. VI, 102: daz Heinrich v. Wildenstein der junge durch des vogts sele willen varn sol ze Rome u. sol da sin ein vasten. — Breidenbacher Sühne: ouch solin si ridin in den hop ze rome wo der Pabist ist u. solin da bichtin u. waz si der bichter heizit tun umb des todin sele das solin si tun .. Breslauer Sühne v. 1473: Dass der genannte Wolfgang ... eine Romfart tun von Breslau aus bis gene Rome tziehen sal in seiner eigenen person u. alleine umme diesen todslag zu selikeit der armen sele u. sust in keiner andern sachen bei seinem eide .. Vgl. die Sühnen Nr. 15. 24. 33 des Anhangs.

gestattet, sich eines Substituten zu bedienen [88]). Was war nun der Grund, dass man bald in der einen, bald in der anderen Weise verfuhr? Die Sache lässt wohl keine andere Erklärung zu, als dass die Schiedspersonen, theils weil die verletzte Partei es so verlangte, theils aus eigener Bewegung, wenn sie in Betrachtnahme der Thatumstände den Fall dafür angethan hielten, dem Thäter durch die Verpflichtung zur persönlichen Vollbringung der Pilgerfahrt eine Strafe für seine Missethat auferlegen wollten. Sie ahmten dadurch nur dem Beispiel der ordentlichen Gerichte nach, welche den Todtschlag und andere schwere Vergehen nicht selten ebenfalls mit Auferlegung einer Pilgerfahrt nach Rom oder anderen Wallfahrtsorten bestraften [89]).

In rechtlicher Beziehung hatten mithin die Pilgerfahrten nicht ausschliesslich die Natur einer sächlichen Leistung. Die Sache stand vielmehr so: Wo in den Sühnverträgen nur ganz allgemein die Ausrichtung einer Pilgerfahrt aufgegeben ist, hat die Auflage lediglich die Bedeutung eines Seelgeräthes;

---

[88]) Z. B. Breslauer Sühne v. 1474 (Anh., U. Nr. 34). Also und in sulcher mosse das Ruppil (Thäter) sal tun eine Romfart mit seiner eigenen personen, es were denn das Jn treffliche not daran hinderte, so mag er einen uff sein gelt mieten, der die Romfart ausrichtet.

[89]) Z. B. Breslauer Libri Excessuum v. 1450: Conrad Koler hat gelobt (gebürgt) vor Pawil Kolen seinen son, das her ken Rome gehen sal und den totslag der gescheen ist an Cromer dem Schenken buszen, bessern und ken gote abelegen . . . und wenn das geschiet, so sal Jm gnade gescheen von der stadt. 1472 soll ein Anderer nach Aachen büssen gehen, weil er seinem Feinde Drohbriefe geschrieben. Falls er Bekenntniss bringt, dass er in Aachen gewesen, soll ihm die That vergeben und seine Bürgen ledig sein. Vgl. auch die in Anm. 16, Kapit. 4 angeführten Beispiele. In Frankreich waren durch eine königliche Verordnung v. 1371 die Schöffen angewiesen, in gewissen Vergehensfällen auf eine Pilgerfahrt zu erkennen. Du Cange s. v. Peregrinatio. Ganz deutlich erhellt der strafrechtliche Charakter der in der Sühne auferlegten persönlichen Romfahrt aus dem im Anhang Nr. 18 mitgetheilten Breslauer Schiedsspruch v. 1454, wo dem Dyonis Thieme aufgegeben wird, den durch seine Fahrlässigkeit verursachten Tod des Melchior Lautensloer durch eine Romfahrt zu büssen und zu bessern. Vgl. auch die Sühne v. 1463, Nr. 24.

in allen denjenigen Fällen dagegen, wo die Klausel der persönlichen Vollbringung hinzugefügt ist, ist die Wallfahrt
nicht ausschliesslich Seelgeräth, sondern gleichzeitig Bussfahrt, also Strafe.

Strafe, und zwar eine recht harte, war ja eine solche
Wallfahrt, besonders wenn sie — wie bis in die zweite Hälfte
des 15. Jahrhunderts meistens — nach Rom ging, in der
That. Es ist durchaus wahrscheinlich, dass sich fahrtpflichtige
Todtschläger gleich allen anderen Romfahrern vor Antritt
der Reise bei ihrem Beichtvater einfinden mussten, der ihnen
die während derselben zu verrichtenden Gebete und Fasten
nebst andern Busshandlungen vorschrieb. Und nun ver-
gegenwärtige man sich, was im Mittelalter eine Reise zu
Fuss, häufig sogar ohne Fussbekleidung (vgl. z. B. Hontheim a. a. O., Friess, Würzburger Chronik, S. 622), über
die eisbedeckten Alpen nach dem fernen Italien, unter Hunger
und leiblichen Kasteiungen zu bedeuten hatte; welchen Mühen
und Gefahren sie bei der elenden Beschaffenheit der Wege,
dem Mangel an Herbergen [90]), der Unsicherheit der Landstrassen den Fahrtpflichtigen aussetzte. Daher ist es nur zu
erklärlich, dass jeder, der eine Romfahrt, sei es freiwillig
zur Erfüllung eines Gelübdes oder zur Strafe und Busse an-
trat, wenn ihn Gott mit irdischen Gütern gesegnet hatte, zuvor sein Testament zu machen pflegte [91]). Je unkultivirtere,

---

[90]) Der Mangel an Wirthshäusern gab schon frühzeitig der mittelalterlichen Mildthätigkeit Veranlassung, durch Errichtung von Häusern,
welche man Elenden-Herbergen nannte, reisenden Pilgern für die
Nacht ein Unterkommen zu verschaffen. Vgl. über die Frankfurter E. H.
Kriegk, a. a. O. I, S. 152 ff. In Mittenwald an der Rottstrasse, auf
welcher die meisten Pilger aus dem Abendlande ihre Wallfahrten nach
Rom und dem heiligen Lande machten, hatte gegen Ende des 15. Jahrh.
ein wohlhabender Mittenwalder ein Pilgerhaus zur nächtlichen Beherber-
gung armer Pilger und Verabreichung eines Nachtessens gestiftet. Das
Nähere bei Baader, Kulturgeschichtliches aus der Grafschaft Werdenfels,
Zeitschrit für deutsche Kulturgeschichte, N. F., IV. Jahrgang, S. 471 ff.
[91]) In den Breslauer Signaturbüchern befinden sich allein aus
dem Jahre 1475 drei solche Testamente und ausserdem eine Verhandlung, worin sich „die Erbaren Niclas Tintzman und die geschwornen

unwirthlichere Gegenden der Wallfahrer zu passiren hatte, je entfernter das Ziel der Reise von seinem Heimathsorte lag, einen je längeren Zeitraum dieselbe beanspruchte, um so geringer waren die Chancen der glücklichen Heimkehr. Für die in der Todtschlagsühne für fahrtpflichtig Erklärten trat ausserdem als erschwerender Umstand hinzu, dass es mit der Romreise allein nur selten abgethan war, dass der Fahrtpflichtige vielmehr auf dem Rückwege noch einige andere Wallfahrtsorte aufsuchen musste, bevor er an die Heimreise denken konnte.

Unter den neben Rom aufzusuchenden Wallfahrtsorten figurirt in den frühesten Sühnverträgen auch das heilige Land; ja es ist nicht selten, dass adelige Herren einen oder mehrere ihrer Dienstmannen „pro salute animae interfecti“ auf längere Zeit zum Kampf gegen die Ungläubigen übers Meer schicken mussten (vgl. z. B. Sühne v. 1288 bei Haupt a. a. O.). Später scheinen, in Deutschland wenigstens, die überseeischen Wallfahrten ausser Gebrauch gekommen zu sein, denn sie finden sich in den Verträgen aus dem 14. und 15. Jahrhundert nur noch vereinzelt, so z. B. in der Sühne der Stadt Lübeck mit dem Erben des Ritters v. Westensee aus dem Jahre 1354 (Lübecker Urkundenbuch, III, Nr. 201), wo der Rath sich verpflichtet, je einen Pilger an sechs verschiedene Wallfahrtsorte zu schicken, darunter einen ins hei-

---

Aeltesten der Reichskrämer“ vor dem Rath als Seelwärter der Frau Barbara Schlegel legitimiren, „die itzunder uffm Romwege gestorben ist“. 1483 ernennt Agnes Haber vor sitzendem Rath zwei Seelwärter, ap sie uff dem Romwege abegeen und vorsterben würde“; 1486 bestellt Lorentz Kempe, „so ap got uff dem Romwege ichst an Jm thete und uber ym vorhing“ seinem Sohne Hannes einige Vormünder. 1500 hat Marcus Eisbrunner von Regensburg dem Rath sein Testament, geschrieben und besiegelt, überreicht: „wo er auf dem Romwege Todeswegen abginge“ vermacht er Kirchen und Geistlichen bestimmte Geldsummen. Eine letztwillige Disposition unter Bezugnahme auf eine inländische Wallfahrt ist mir nicht aufgestossen; man scheint hiernach die Wallfahrten nach Aachen, Wilsnack u. s. w. für weniger gefährlich gehalten zu haben. Jedenfalls nahmen sie keine so lange Zeit in Anspruch und waren auch nicht mit so viel Strapazen verknüpft.

lige Land übers Meer. Um so häufiger werden „Unsere liebe Frau zu Aachen" und das „heilige Blut" zu Wilsnack in der West-Priegnitz genannt. Fahrten zum heiligen Blute und eine „Achfarth" waren bis ins 16. Jahrhundert so gebräuchlich, dass es verhältnissmässig nur wenig Sühnverträge gibt, in denen man ihnen nicht begegnet. An sich gehörten sie im Gegensatz zu den Fahrten nach Rom, St. Jago de Compostella und Jerusalem, welche die grossen hiessen, zu den kleineren Bussfahrten, weil die zu besuchenden Ortschaften im Inlande lagen und ein geringeres Maass von Anstrengung erforderten [92]). Daher mussten Missethäter, denen die ausländische Bussfahrt erlassen war, die Fahrt nach Aachen, Wilsnack resp. an andere inländische Wallfahrtsorte gleichsam zur Compensation ein, wohl auch mehrere Male wiederholen. Unter den von Pauly a. a. O. mitgetheilten Lübecker Urkunden befindet sich eine v. 1429, in der dem Thäter aufgelegt ist, dreimal persönlich nach Aachen zu pilgern, Nach einer anderen v. 1434 hatten die Thäter bereits bei Abschluss des Vertrages zum Seelenheil des Erschlagenen zwei Reisen nach Wilsnack zum heiligen Blute gemacht und versprachen noch zweimal dorthin zu gehen. In einer Breslauer Urkunde v. 1453 soll Thäter, seines Standes ein Bauer, nach der Ernte in Person nach Aachen und zum heiligen Blute und das Jahr darauf nochmals an beide Orte pilgern.

Um dem Thäter zur Ordnung seiner Angelegenheiten Zeit zu lassen, setzte man ihm gewöhnlich eine geräumige Präklusivfrist, nach deren Ablauf die Reise angetreten werden musste. Indessen scheinen diese Fristen nicht immer innegehalten worden zu sein, denn nach Lage der Stadtbücher liessen die Fahrtpflichtigen sich den Antrittstermin häufig prolongiren; öfters bedurfte es sogar strenger Mahnungen und Strafandrohungen, bevor sie sich reisefertig machten. So verspricht z. B. in einer Breslauer Signatur v. 1469 ein Individuum, „bei Treuen und Ehren und Entbehrung der Stadt", also bei Vermeidung der Ehrlosigkeit und Verban-

---

[92]) Du Cange ed. Hentschel s. v. Peregrinationes.

nung, die Fahrt binnen einer bestimmten Nachfrist anzu-
treten und seinen Bruder, der für die Ausführung der Romfahrt Bürgschaft geleistet hatte, von derselben zu befreien.
Zur grösseren Sicherheit liess man nämlich wie für die übrigen Leistungen so auch für die Vollbringung der auferlegten
Wallfahrten den Thäter Bürgen stellen, die, wenn er selbst
nicht dazu zu bringen oder dauernd behindert war, statt
seiner die versprochenen Wallfahrten entweder persönlich [93])
oder durch eine gemiethete Person vollführen mussten. Auch
wurden die Bürgen sowie der Thäter selbst ihrer Verbindlichkeit nicht eher entlassen, als bis er durch glaubhafte
Zeugnisse nachwies, dass er die betreffenden Wallfahrtsorte
wirklich aufgesucht hatte. Thäter, welche nach Rom be-
ordert waren, mussten sich zu diesem Behufe die Vollbringung
der Wallfahrt durch den dortigen Pönitentiar, an anderen
Orten durch den Priester, bei welchem sie die Beichte ablegten,
schriftlich bescheinigen lassen und diese Atteste bei der Nach-
hausekunft vorlegen [94]), allenfalls begnügte man sich aber auch
mit der mündlichen Bestätigung glaubhafter Zeugen [95]).

---

[93]) So verbürgen sich 1372.im Brieger Stadtbuche vier Bürger zu
gesammter Hand für einen Bader, dass er zur Sühne eines Todtschlags
binnen Jahresfrist eine Pilgerfahrt nach Rom und Aachen unternehmen
werde, „widrigenfalls dieselbe den Bürgen obliegen würde“.

[94]) Z. B. Breslauer Urkunde v. 1473: und sal des von Rome ein
bekenntnis brengen von dem hern Dechant zu Rome der obir die Peni-
tentiarien gesatzt ist adir von seinem Commissario, also das er das volkomelich und redelich moge beweisen, das er die Romfart getan . . .
(Randbemerkung): N. hat nach ynnhalt diser vorrichtunge durch den Ersamen N. N. (Vater des Erschlagenen) briffliche beweysung lossen fur-
bringen, das er die Romfart vollbrocht hat, als wir des bebstlichen
peichtigers Briff u. sigil gesehen haben . . . Auf der Innenseite des
schweinsledernen Umschlages eines mit dem J. 1381 beginnenden Jauer'-
schen Stadtbuches befindet sich sub a. 1382 folgender Eintrag: Man sal
wissen daz Andrebis Scholewicz bewyzet hat vor uns in gesessenem rate daz
her die romvart hette geleyst umb den totslag von Kowlaks sone wegen . . .
mit worhaftin bobestlichen brifen dy her brachte mit im von Rome (einige
Worte sind theils unleserlich, theils durch Abschneidung des Aussenrandes
vernichtet).

[95]) Z. B. Strehlener Urkunde v. 1494: und van ider fart glob-
würdige kuntschaft brengen briflich ader mundlich.

Im Falle Mehrere den Todtschlag begangen hatten, gingen sie entweder sämmtlich auf die Wallfahrt [96]), oder es wurde Einer von ihnen designirt, den dann die Anderen mit Pilgergewand und Reisegeld auszurüsten hatten. Die Zurückbleibenden mussten unterdessen zu Hause Andachten und gute Werke verrichten. So wurde in einer Breslauer Sühne v. 1474 von vier Gürtler- und Beutlergesellen, welche einen dortigen Bürger erschlagen hatten, einer auf die Romfahrt geschickt; die anderen drei sollten inzwischen zu Hause ein ganzes Jahr alle Sonn- und Feiertage „keinen ausgenommen" sieben in dem Vertrage näher bezeichnete Kirchen besuchen, in jeder derselben fünf Paternoster und ebensoviel Ave Maria's beten und einen halben Heller in den Opferstock legen.

Schon oben wurde bemerkt, dass in allen denjenigen Fällen, wo dem Thäter nicht oblag, die Wallfahrten in Person zu verrichten, er jemand Anderen an die designirten Orte schicken konnte. Gewöhnlich bediente man sich dazu einer gemietheten Person oder beauftragte damit einen nach den heiligen Stätten reisenden Geistlichen [97]). Von dieser Vergünstigung konnten indessen nur sehr bemittelte Leute Gebrauch machen, da, wie aus gelegentlichen testamentarischen Verfügungen hervorgeht, die Preise für einen Miethspilger ganz beträchtlich waren. In einem Breslauer Testamente von 1460 giebt die Testatrix ihren Seelwärtern auf, für sie

---

[96]) Compositio v. 1367 bei Bodmann a. a. O.: ouch sollent Wernher v. Westerburg und Heinrich v. Lewinstein beede zwene schicken off ire kost gein Ache, des toden zele zu trosten und Jre knechte die handtetig sin an dem Dotslage, ir icliche mit sins selbes lybe eyn Acherfart tun. Kunde abyr yr deheinre sin fart von kuntlich ehafft not nit gedun, der sal eynen andern off sin kost darsendin zu besserunge und troste des toden zele. — In einem Breslauer Falle v. 1496, wo eine Menge Bauern aus sechs Nachbardörfern bei einem Todtschlage in einem Wirthshause betheiligt war, mussten sämmtliche Betheiligte eine Achfahrt thun..

[97]) Stralsunder Sühne v. 1458 bei Mohnike u. Zober a. a. O.: scholde he ock etliche walfarden mit prestern, de nach den hilligen städen reiseden, uthrichten: als: na St. Jacob, na Rom, na Einsiedeln, na St. Enewald und ok thor Wilsnack, thom Golme und tho Kentze.

und ihren Mann durch zwei Personen eine Romfahrt verrichten zu lassen und dafür jedem 20 Gulden [98]) zu zahlen.
In einem anderen Testament von 1486 sind für einen Miethspilger sogar schon 25 Gulden ausgesetzt. Diese Preise
können einen ungefähren Maassstab dafür abgeben, welche
Summen der Thäter aufwenden musste, wenn ihm vertrags-
mässig die Ausrichtung mehrerer Wallfahrten oblag. Wer
nicht über so grosse Mittel verfügte, oder durch Verwandte
unterstützt wurde, sah sich wohl oder übel genöthigt, die
Reise in Person zu verrichten.

Allem Anscheine nach mag es sogar um die Mittel der
Selbstreise (die Rechtssprache hatte dafür den Ausdruck
„selbstleib") bei sehr Vielen kümmerlich genug ausgesehen
haben, da es zu den alltäglichsten Vorkommnissen gehört zu
haben scheint, dass Unbemittelte sich das Reisegeld zusam-
menbettelten [99]) und dabei, wenn sie sonst unbescholten waren,
sogar von den öffentlichen Behörden durch Ertheilung von
Bettelbriefen unterstützt wurden [100]). Selbst auf die Herbei-

---

[98]) Unter den Gulden sind Goldgulden zu verstehen, da die Silber-
gulden erst im 17. Jahrhundert aufkamen.

[99]) In einem B r e s l a u e r Vertrage v. 1497 machten die Parteien
aus, dass der Vater des Todtschlägers an dessen Stelle eine Achfahrt
verrichten solle, aber „ u n g e b e t t e l t ". Anh., Urk. Nr. 53.

[100]) Wir theilen in Folgendem einen solchen Bettelbrief aus dem
Formularbuch des Stadtschreiber Heinrich Gessler von F r e i b u r g mit:
Wir schultheiss und rat der stat N. thun kundt menglichen den dieser
unser brieff furkompt, das N. hulwiber leider jn unser statt jn zorn
an C. zelter, die beyd unser burger gewesen seint, vergangen hat zu
misrat totschlags gediehen, deszhalb er jn unser gefenkniss komen
und des rechten so uber jn darumb gangen sein solt uff vyl ersamer personen bitt von uns und des lyblosen frunden erlassen ist, dagegen aber er
usz fryem eigenen guten willen uns und den frunden zudanck, und zuvor
usz zu desselben durch jn gelybloszten sele und allen glöubigen selen
trost under anderm sich vergeben und verlobt hatt zu walfarten und
opfern, nemlich gen rom zu sant peter und paul mit einem silberin krutz
uf ein halb marg schwer, gen sant Jacob zu compostell mit dreissig
messen daselbs bestellen gelesen werden etc. Und wenn aber er solch
ferten (Fahrten) und opfer usz eigener vermöglichkeit nit kan volbringen
denn mit hilff und stur des almusens. Darumb und angesehen wir von

schaffung der zur Bewerkstelligung eines gütlichen Ausgleichs erforderlichen Geldbusse scheint sich dieser Bettel erstreckt zu haben und die Spekulation auf die Leichtgläubigkeit mildthätiger Herzen muss wohl nicht so ganz uneinträglich gewesen sein, denn, wie uns Mathias von Kemnat in der Chronik Friedrich's I. von der Pfalz (Quellen zur deutschen u. baierischen Geschichte, II, 101 ff.) belehrt, gab es eine besondere Klasse von Gaunern mit dem Beinamen „Sonnweger", die aus dem Todtschlags-Bettel ein betrügliches Gewerbe machten. Kemnat beschreibt sie aus eigener Anschauung wie folgt: „Das (sc. die Sonnweger) sint vast stark menner, die tragen an ine ein gros lang messer. die sagen, sie haben etliche personen erschlagen, dazu sie gedrungen und genotigt sein worden und sie nennen ein gros summe gelts, die sie in einer kurtzen zeit mussen bei dem eide und dot haben, damit sich zu entledigen. Sie haben auch etlich, die sie an ketten gefangen furen und dieselbigen sagen, sie sint burg vor das gelt bei verliesung ires leibs und lebens. und ist eine erdachte gelogene sach". Auch der Liber Vagatorum, jene wichtige Quelle für die Kenntniss des mittelalterlichen Bettelwesens und Gaunerthums, beschreibt das Treiben dieser Gauner ganz in derselben Weise.

Zweifellos haben bereits sehr frühzeitig auch die Bussfahrten ähnlichen Betrügereien zum Vorwande gedient, denn schon Karl der Grosse äussert in dem Capitul. Aquisgran. v. Jahre 789 (c. 77) Misstrauen gegen die Leute, welche unter

jm argen lumbden (Leumund) byss an die getet nye erfaren haben, . . . seint wir seiner bitt an uns mit ernstlichem flehen jn erbermd geneigt, menglich geistlich und weltlich jn was wird, wesen, grad oder stadt die syen zu denen er mit disem unserem brieff keren wirt demutig und flyszig ernstlich bitten barmhertzigkeit mit zeteilen der heiligen almusen spyse tranck herberg und stur seinr oppfer er die sampt seinr walfart volbringen mög, zu trost den selen wie obberurt, jne dazu gnediklich mit schutz schirm und fryd furdern und schieben wöllen, wa wir das zu sampt dem lon von obenherab die almechtigkeit begnadet umb yecklich jn glichen unndt anderem so an uns langte verdienen können, das wöllen wir als die danckbaren uns allzyt flyszen. Geben mit unser statt gmeinem jnsigel hier anhangend versigelt uff etc.

dem Vorgeben einer ihnen auferlegten Kirchenstrafe nackend mit einer eisernen Kette umwunden im Lande umher-schweiften [101]). —

Bevor wir mit unserem Gegenstande schliessen, möchten wir unserem Bedauern über die verhältnissmässig geringe Anzahl der bis jetzt veröffentlichten Sühnverträge an dieser Stelle nochmals Ausdruck geben.

Krieg, Feuer und der nagende Zahn der Zeit haben in die urkundlichen Denkmäler unserer rechtsgeschichtlichen Vergangenheit gewaltige Lücken gerissen und vieles von dem, was jene Feinde des Menschengeschlechts verschonten, ging durch die Trägheit und den Indifferentismus der nach-folgenden Generationen zu Grunde. Besonders waren es die Zeiten des Staatsabsolutismus, welche sich durch einen wahren Vernichtungskrieg gegen die Rechtsdenkmäler des Mittelalters auszeichneten. Seitdem die Städte aufhörten, sich selbst zu regieren, verloren sie das Interesse an ihrer geschicht-lichen Vergangenheit. Das Uebrige besorgte die Herrschaft des römischen Rechts. Blickten schon Melanchthon und seine Zeitgenossen mit Geringschätzung auf das einheimische Recht, um wie vielmehr die beiden folgenden Jahrhunderte! Für die in römisch-rechtlichen Anschauungen herangebildeten Magistrate hatten jene vergilbten Blätter, die Zeugen der-einstigen deutschen Rechtslebens, nur die Bedeutung un-nützen Ballastes, dessen man sich, sobald er dem vielschrei-benden Geschlecht im Wege war, auf die schonungsloseste Weise entledigte. Was nicht als Makulatur verschleudert wurde, liess man auf den Böden und in feuchten, dumpfen Gewölben vermodern.

Ungeachtet dieses Jahrhunderte hindurch geführten Ver-nichtungskampfes enthalten die Archive noch ein so beträcht-liches Material an Land- und Stadtbüchern, dass, wofern es

---

[101]) Ut isti mangones et cottiones qui sine omni lege vagabundi vadunt, per istam terram non sinantur vagari et deceptiones hominum agere. Nec isti nudi cum ferro, qui dicunt se data sibi poenitentia ire vagantes.

nur den zahlreichen Vereinen für vaterländische Geschichts-
und Alterthums-Kunde gefallen hätte, wortgetreue Abschriften
der in jenen Büchern vorfindlichen Sühnverträge in ihren
Zeitschriften mitzutheilen, unsere Kenntniss einer der kulturhistorisch interessantesten Seiten des mittelalterlichen Lebens,
welche zugleich auf die strafrechtliche Entwickelung der
Tödtungsvergehen den entscheidendsten Einfluss geübt hat,
zweifellos eine umfassendere sein könnte, als es thatsächlich
der Fall ist.

Es erscheint nicht müssig, sich die Frage vorzulegen,
welchen Ursachen die Todtschlagsühne ungeachtet ihres der
Idee der Rechtsordnung widersprechenden Charakters bis
über das 15. Jahrhundert hinaus eine so auffallende Begünstigung verdankt, dass die Organe der öffentlichen Gewalt sie
nicht allein meistens zuliessen, sondern sehr häufig sogar
ihre Autorität dazu benutzten, die Sache vom Wege des
öffentlichen Rechts auf den Privatweg zu bringen [102]).

Wir glauben nicht fehlzugehen, wenn wir die den Sühnverträgen das ganze Mittelalter hindurch bewiesene Gunst zu
einem nicht geringen Theile dem Interesse an der Aufrechterhaltung des öffentlichen Friedens zuschreiben. Bereits am
Schlusse des zweiten Kapitels wurde auseinandergesetzt, wie
der Vermittelungsweg gewissermaassen schon durch die Macht
der Verhältnisse indicirt war. Bei der Neigung des Volks,

---

[102]) Ein sehr charakteristisches Beispiel, noch besonders darum merk-
würdig, weil es in die Zeit nach Einführung der Carolina fällt und von
höchster Stelle ausging, ist mitgetheilt in: Seeger, Die strafrecht-
lichen consilia Tubingensia (Tübingen 1877), S. 39: Hieronymus Schnabel
in Heilbronn war beschuldigt, seinen Bruder getödtet, eventuell seinem,
des Hieronymus Sohne, zur Tödtung jenes Bruders Beihülfe geleistet zu
haben. Durch ein kaiserliches Rescript aus Brüssel v. 5. November 1549
wurde dem Rath von Heibronn der Auftrag ertheilt, die Parteien in dieser
Sache zu persönlichem Erscheinen vorzuladen, mit ihnen im Namen des
Kaisers den Versuch eines gütlichen Vergleichs zu machen und zur Her-
beiführung eines solchen, wenn die Sachlage es zulasse, alle mögliche
Mühe anzuwenden (ut litigatores praesentis causae coram se comparere
faciat, nomineque ipsius Caesareae Majestatis amicabilem compositionem
tentet et pro ea obtinenda, siquidem res patiatur, omnem lapidem moveat).

Gewaltthat mit Gewaltthat zu vergelten, konnte jeder Todt-schlagsfall Ursache von Irrungen und Beunruhigungen werden, aber auch umgekehrt die Behandlung des Thäters nach strengem Recht den Anklägern leicht die Rache von dessen Verwandten zuziehen. Es ist urkundlich bezeugt, dass die Blutsfreunde eines Getödteten häufig die Anklage nur desshalb unterliessen, weil sie sich vor dem Thäter und dessen An-hange fürchteten [103]), ja dass aus demselben Grunde sogar die Gerichte nicht immer wagten, das Todesurtheil an dem Thäter zu vollstrecken [104]).

Mehr noch als das politische Interesse that aber die Macht der Gewohnheit. Es verhielt sich mit dem Todt-schlage wie noch heutzutage mit gewissen Vergehen, z. B. den Ehrverletzungen, die infolge eingewurzelter Gewohnheit bei den Richtern stets die mildeste Beurtheilung finden. Die Sühne war so undenklich lange geübt worden, dass infolge dieser constanten Praxis nothwendigerweise in allen Volks-kreisen jene Anschauung Wurzel schlagen musste, welche der Niederdeutsche in das Sprichwort zusammenfasste: „De Füste hefft mag slahen, de Geld hefft mag betalen". Was man in der Hitze des Affekts verbrochen, liess sich nach der herrschen-den Ansicht durch Geld wieder gut machen. In der Offizial-

---

[103]) So heisst es in einer Urkunde Kaiser Karl's IV. (mitgetheilt bei Haltaus, S. 32): item quia infra territorium mensae episcopolis Trajec-tensis hujusmodi corruptela surrexit, quae pro consuetudine obtinetur ibidem, vid. quod quicunque homicidium ibi perpetravit, homicidium Epis-copus punire non possit, nisi ad instantiam et requisitionem parentum et consanguineorum occisi, qui consanguinei et parentes aliquando propter potentiam homicidae . . . . occisi injuriam praetermittunt.

[104]) Weisthum zu Trittenheim (Mosel) v. 1532 bei Grimm, W., II, 323: Ab sach were, dass einich missthedig mensch binnen diesem höchgericht begriffen wurde, der soll dem zender geliefert . . werden und wofern er nach gestalt seiner missthat durch die 14 scheffen verurtheilt wirdet, so soll die gemeind den lassen rechtfertigen, obe sach were, dass dasselb mensch von solchen freunden were, dass die gemeind besorgt were, ime sein recht zu thun, so soll die gemein ausuchung thun an dem haus zu Newerburgh und zu Pfaltz, so sollen die beiden gemelten herrn der gemeine beistand thun . . . .

klage besass man zwar ein Mittel, die Zulassung des Thäters
zur Sühne vom richterlichen Ermessen abhängig zu machen.
Thatsächlich liessen sich aber die meisten Richter und Ge-
richtsherren bei der Ausübung dieses Prüfungsrechtes von
ganz anderen als rechtlichen Gesichtspunkten leiten. Maassgebend war für sie nicht die Erwägung, ob der vorliegende
Todtschlagsfall eine mildere Beurtheilung zuliess, sondern fast
ausschliesslich das finanzielle Interesse [105]). Eifert doch noch
Schwarzenberg in der Bamberger Halsgerichtsordnung (Art.
272) aufs nachdrücklichste gegen die an den Gerichten be-
stehende Gewohnheit der Ledigung der peinlichen Strafen
durch Geldbussen und gegen die „Taschenrichter", als welche
bei der Verwaltung der peinlichen Rechtspflege nicht den
gemeinen Frieden und Nutzen, sondern lediglich ihren Geld-
vortheil im Auge hätten.

Wie gering demnach für einen bemittelten und zahlungs-
fähigen Todtschläger auch die Schwierigkeiten sein mochten,
um überhaupt zur Sühne zugelassen zu werden, so würde
man dennoch dem Zeitalter Unrecht thun, wollte man nicht
anerkennen, dass in den Sühnverträgen selbst, durch die Art
und den Umfang der dem Thäter auferlegten Leistungen —
man denke nur an die demüthigende Abbitte, an die mannigfaltigen, kostspieligen Seelgeräthe und, last but not least, an
die Bussfahrten, welche den Thäter, nachdem er oft schon
jahrelang wegen der über ihn verhängten Acht die Heimath
entbehren, das Brot der Verbannung hat essen müssen, ihn
manchmal noch auf weitere Jahre hinaus von Haus, Hof und
Familie entfernt hielten; — dass, sagen wir, in den Sühnverträgen neben dem Geldinteresse auch der verletzten
Rechtsordnung Genugthuung verschafft, die innere Seite der
strafbaren Handlung in einer dem Schuldigen oft recht
empfindlichen Weise zur Geltung gebracht ist. Namentlich

---

[105]) Vgl. Malblank, Geschichte der peinlichen Gerichtsordnung
K. Karl's V., S. 42—44 und den Rechtsfall bei Falk, Neues staatsbürgerliches Magazin IV, 250 ff. Ausserdem Maurer, Geschichte d. öffentl.-
mündl. Gerichtsverfahrens (Heidelberg 1824), S. 288. 289. 300. Krenner,
Baierische Landtagshandlungen, I, 75, VII, 265. 493.

die Sühnverträge des 14. und 15. Jahrhunderts leisteten hierin geradezu Hervorragendes. Sie tragen in ihrer Totalität weit mehr das Gepräge einer harten Strafe als des gütlichen Ausgleichs. Eine Abschwächung der bis dahin beobachteten Principien macht sich erst mit Eintritt des 16. Jahrhunderts bemerkbar. Bussfahrten und Seelgeräthe werden auffallend spärlicher; mehr und mehr nehmen die Sühnverträge einen rein weltlichen Charakter an. Ihre letzten Ausläufer befassen sich, wieder an den Anfang anknüpfend, fast nur noch mit der Abfindung des verletzten Theils.

Es war nicht der wankende und stürzende Kirchenglaube, der Sturm des Reformationszeitalters, welcher dieses Resultat zu Wege brachte. Die geschichtlichen Ereignisse übten nur insoweit Einfluss auf die Sühnverträge, als mit dem Glauben an die heilwirkende Kraft des Ablasses und der Seelgeräthe, die hierauf bezüglichen Leistungen überall da, wo die reformatorischen Lehren Wurzel gefasst hatten, aus den Verträgen verschwanden. Den Lebensnerv der Todtschlagsühne berührten jene Ereignisse n i c h t. Die Ursache ihres Niederganges trifft nur mehr zufällig mit der Reformation zusammen. Die Sühne ging unter, weil sie sich ausgelebt, ihren Kreislauf vollendet hatte.

Man kann den auf dem Wormser Reichstage v. 1495 errichteten „Ewigen Landfrieden" als denjenigen Zeitpunkt betrachten, wo der Kampf zwischen der Selbstherrlichkeit des Individuums und der Autorität des Staates ausgetobt hatte. Nicht faktisch, denn das Absage- und Fehdewesen zog sich noch in das folgende Jahrhundert hinüber. Noch oft musste der ewige Landfrieden an neuen Reichstagen wiederholt und erläutert werden, aber er würde kein besseres Schicksal erlebt haben als seine Vorgänger, hätte nicht das Zeitbedürfniss dringend nach einer Neugestaltung der Dinge verlangt.

Derselbe Zeitpunkt bezeichnet auch den Niedergang des alten Compositionenwesens.

Vertrat die mittelalterliche Rechtspflege den Grundsatz, dass der Todtschläger die Strafe in erster Reihe dem Verletzten zu verbüssen habe und hatte die Offizialklage dieses

Princip nur insoweit durchbrochen, als in Fällen, wo der
Verletzte nicht klagen wollte oder ein solcher nicht vorhanden war, das Gericht von Amtswegen die Klage erheben
konnte [106]), so brach sich mit Eintritt des 16. Jahrhunderts
die Anschauung Bahn, dass der Todtschläger in erster Reihe
dem Staat und erst in zweiter dem Verletzten sich verantwortlich mache. Die Maximilianischen Halsgerichtsordnungen
für Tyrol und Radolphszell v. 1499 resp. 1506 und bald
darauf die Bamberger Halsgerichtsordnung v. 1507 „be-
zeichnen das Richten in peinlichen Sachen als eine landesherrliche Pflicht, deren Ausübung durch ein gütliches Abkommen des Beschädigers mit dem Verletzten keineswegs
hintertrieben werden dürfe“. Was insbesondere die Todtschläge betrifft, so schärfen die Maximilianischen Halsgerichtsordnungen den Gerichten ausdrücklich ein, dass der Thäter
ohne Rücksicht auf ein geschlossenes gütliches Abkommen im
Betretungsfalle verhaftet und bestraft werden solle [107]).

Mit diesem Princip, wonach das gütliche Abkommen
nicht mehr die straf-, sondern nur noch die civilrechtlichen
Folgen der That zu tilgen die Kraft haben sollte, war der
Fortbestand der Sühnverträge auf die Dauer unvereinbar.
Selbstredend vollzog sich dieser durch die Voranstellung der
Staatsidee veranlasste Umschwung nicht im Fluge und auf
einmal. Noch bis in die Mitte des 16. Jahrhunderts lassen
sich Fälle in Menge nachweisen, in welchen der Todtschläger
unter obrigkeitlicher Sanktion ganz mit der früheren Wirkung
zur Sühne zugelassen ist. Erst von da ab beginnen die
Sühnverträge aus den Gerichts- und Stadtbüchern zu verschwinden und fristen fortan nur noch ein sporadisches Dasein.

---

[106]) Schon die lex Wisigothor. VI, 14 hatte das Princip der Offizialklage für Todtschlagsfälle aufgestellt, und sogar eine Art von Popular-
klage eingeführt. Das Beispiel blieb aber zunächst ohne Nachfolge.

[107]) Wo sich ain Todtschleger . . . mit des leiblosen freundschafft
vertragen, denselben ist man von Obrigkhait wegen nicht schuldig, Lanndt-
schuldung noch glait zu geben, Sondern wo die betretten, das sie mit
Recht, wie sich gepürt, unverhindert sölcher vertrag bestrafft . . .
werden.

Am längsten haben Schleswig und die Schweizer Urkantone dem Andringen der neuen Ideen Widerstand geleistet. Dort war die Todtschlagsühne noch um die Mitte des 17. Jahrhunderts gebräuchlich und auch in der Schweiz lässt sie sich bis in diese Zeit verfolgen. Indessen zeigt sie auch hier schon geraume Zeit vorher deutliche Spuren des Verfalls. Sinn und Bedeutung der alten Gebräuche werden bereits gegen Ende des 16. Jahrhunderts nicht mehr verstanden. War die Aussöhnung vordem ein feierlicher Akt zwischen den Parteien, so muss zwar auch jetzt noch der Thäter Abbitte leisten, aber merkwürdigerweise nicht mehr den lebenden Hinterbliebenen, sondern dem Todten. Mit dem Tödtungsgewehr in der einen und einer Kerze in der anderen Hand geht er in Prozession auf das Grab des Erschlagenen, knieet auf demselben nieder, ruft mit lauter Stimme den Namen des Todten und bittet ihn darauf „um Gottes und der lieben Frauen willen" dreimal um Verzeihung [108]).

---

[108]) Osenbrüggen, Deutsche Rechtsalterthümer aus der Schweiz, S. 21, und Alamannisches Strafrecht, S. 29.

Nachwort.

Gewiss ist es eine der merkwürdigsten, in der Geschichte des Strafrechts geradezu einzig dastehende Erscheinung, dass, während die Verbrechen gegen das Eigenthum, gegen die Sittlichkeit, gegen Treue und Glauben, sowie gegen die Freiheit und Ehre eines Menschen schon frühzeitig der vollen Schärfe des Rechts verfielen, das seiner Natur nach schwerste Verbrechen, die widerrechtliche Beraubung des Lebens, wofern sie nicht aus sittlich verwerflichen Beweggründen hervorging, erst nach fast zweitausendjährigem Ringen die ihm im Strafrecht gebührende Stellung zu erstreiten vermochte. Zwar wurde die Periode, in welcher der Todtschlag lediglich als eine dem Geschlechte des Getödteten zugefügte Unbill angesehen wurde, verhältnissmässig schnell überwunden. Schon das frühe Mittelalter bedrohte den im Frevelmuth verübten Todtschlag als eine Verletzung des öffentlichen Rechtsbewusstseins mit der öffentlichen Strafe der Enthauptung, und bereits im 13. Jahrhundert war die Entwickelung dahin gediehen, dass jede absichtliche Tödtung, ohne Rücksicht, ob sie aus Frevelmuth oder aus anderen Ursachen geschah, die Todesstrafe nach sich zog. Aber abgesehen von den Fällen, welche nach den Rechtsanschauungen des Mittelalters unter den Begriff des Mordes fielen, wirkte die Strafe nicht absolut, d. h. sie war nicht schon durch die That an sich verwirkt, sie trat vielmehr erst ein, wenn die Familie des Getödteten die öffentliche Bestrafung des Thäters verlangte. Mit Einwilligung der letzteren konnte derselbe durch eine Geldbusse, der im Verfolge der Zeit nach Wahl der Verletzten oder auf Grund schiedrichterlicher Bestimmung noch andere vermögensrechtliche Leistungen hinzutraten, sich von der Todesstrafe lösen.

Während in vielen Distrikten Deutschlands dieser Rechtszustand sich bis zum Ablauf des Mittelalters intakt erhielt, trat in anderen durch Einführung der sog. Offizialklage insofern eine Aenderung ein, als, wenn von Seiten der verletzten Familie keine Anklage erhoben wurde, die Gerichte diese von Staatswegen erheben konnten, was zur Folge hatte, dass die Lösung des Thäters von der ordentlichen Strafe nicht mehr schlechthin von dem Willen der Verletzten abhing. Thatsächlich war aber auch hier der Rechtszustand während des ganzen Mittelalters so, dass die Zulassung des Thäters zu einem gütlichen Austrage der Sache wohl nur selten versagt wurde, die Gerichte die Abdrängung der Sache vom Wege des strengen Rechts im Ganzen nicht nur nicht hinderten, sondern durch ihre Autorität häufig sogar noch unterstützten.

Erst mit Eintritt des 16. Jahrhunderts begann in einzelnen Territorien das Staatsbewusstsein sich von der bisherigen Zwitterstellung zu emancipiren, indem es, das Schicksal des Thäters von der Willensbestimmung der Verletzten völlig loslösend, den Grundsatz aufstellte, dass der gütliche Ausgleich nur noch die civilrechtliche, nicht aber die strafrechtliche Folge der That zu beseitigen vermöge. Dieser Grundsatz ist bereits in der Carolina (Artikel 137) der herrschende, welche letztere nur bei nicht vollständig klar gestellter Nothwehr dem Ermessen der Richter anheimstellt, ob sie den Thäter zu Busse und Besserung zulassen wollen (Art. 142). Dass aber die Carolina, trotz ihres reichsgesetzlichen Charakters, in diesem Punkte nur sehr allmälig sich Eingang verschaffte, beweisen die vielen aus der Zeit nach ihrer Einführung datirenden Todtschlagssühnen.

Es ist nicht der Zweck dieses Nachwortes, die Entwickelung des Todtschlages nach seinem vollen Eintritt in das Strafrecht bis auf die Gegenwart zu verfolgen, es sollte vielmehr nur an einem kurzen resümirenden Ueberblicke gezeigt werden, welcher unendlich lange Zeitraum durchmessen

werden musste, bevor dieses Verbrechen zu der ihm gebührenden Stellung im Strafrecht sich durchgekämpft hatte. Und
halten wir uns mehr an die Resultate als an die gesetzlichen
Bestimmungen, so scheint der Sieg auch heute noch kein
vollständiger zu sein.

Fürst Bismarck machte in der Reichstagssitzung vom
3. Dezember 1875 bei Berathung der Strafgesetzbuchs-Novelle
die folgende Bemerkung:

> „Wenn die Sicherheit, der öffentliche Friede, die
> Ehre, der gute Ruf, die körperliche Gesundheit, das
> Leben des Einzelnen so gut geschützt wären durch
> unser Strafgesetz wie unsere Geldinteressen, dann
> hätten wir gar keine Novelle nöthig. Nicht blos im
> Strafrecht, sondern auch in der Auffassung der Richter
> — ich weiss nicht, woran es liegt — ich wundere mich
> jedesmal über die gerechte Schärfe der Verurtheilung
> in Eigenthumsfragen neben der ausserordentlichen Nach-
> sicht gegen Körperverletzungen. Das Geld wird höher
> im Gesetzgebungstarif veranschlagt als die Knochen.
> Man kann Jemandem weit wohlfeiler eine Rippe ein-
> schlagen in einem nicht prämeditirten Kampfe,
> als man sich erlauben darf etwa auch nur eine
> fahrlässige Fälschung eines Attestes zu begehen —
> namentlich aber, wenn es eine Geldfrage ist, das geht
> gleich auf 5, 7 Jahr Zuchthaus. Und dicht daneben
> findet man ausgeschlagene Augen von Polizeibeamten,
> schwere körperliche Misshandlungen mit Lebensgefahr
> und Nachtheil für die Gesundheit, und das erscheint
> fast als ein leichter, entschuldbarer Scherz."

Die Beobachtung ist scharf und zutreffend. Weniger will
uns zusagen, was der grosse Staatsmann über die Ursachen
jener Erscheinungen äusserte. Ihm liegt sie in einer habi-
tuellen Neigung des deutschen Richters zur Gutmüthig-
keit; wir möchten darin lieber das Resultat eines historischen
Entwickelungsprozesses erblicken. Von jeher war dem Deutschen nichts so verhasst wie die Heimlichkeit, daher
fanden Lug, Trug und Diebstahl bei ihm stets eine strengere

Beurtheilung als die offene, rohe Gewalt. Von beiden erschien ihm die heimliche und hinterlistige als die sittlich verwerflichere That. Wie sehr man auch veranlasst ist, bei Betrachtung der rechtlichen Behandlung der Todtschläge und Körperverletzungen — denn was von jenen, galt erst recht von den letzteren — die socialen Verhältnisse des Mittelalters in Anschlag zu bringen; dennoch hätten diese Umstände niemals dazu führen können, die Angriffe auf Leib und Leben im Vergleich zu der sonstigen barbarischen Strenge des damaligen Strafrechts wie eine Bagatelle zu behandeln, hätte der Anstoss nicht in der rechtsgrundsätzlich milderen Beurtheilung nichtheimlicher Frevelthaten und in der durch die Todtschlagsühne genährten materialistischen Denkungsart des Volkes gelegen. Die Leichtigkeit, womit es sich bewegen liess, Geld für Leben zu nehmen, die Geneigtheit der öffentlichen Organe, tödtliche Affairen und schwere Körperverletzungen durch Vergleiche todt zu machen, beweisen zur Genüge, wie geringschätzig man im Ganzen über den Werth von Leben und gesunden Gliedern urtheilte. Vergleicht man die Strenge unserer heutigen Strafpraxis bei Diebstählen mit der grenzenlos milden Beurtheilung der Todtschläge und Messeraffairen, so möchte man glauben, dass unsere Richter und Geschworenen noch einigermaassen unter dem Einflusse der Anschauungen des Mittelalters stehen. Und wesshalb nicht? Wenn Sitten und Gebräuche ihr Dasein fortsetzen, nachdem die Erinnerung an ihren Ursprung längst erloschen ist, warum sollten im Menschen nicht auch die Anschauungen einer vergangenen Zeit, ihm selbst unbewusst, nachwirken?

Urkundenbuch.

Nr. 1.

1867.

(Nudus Laurentius. Altes Breslauer Stadtbuch. Stadtbibliothek daselbst.)

Secunda feria post dominicam Oculi Coram nobis Consulibus Cunzko Rouber Hensil Rouber et Maternus grunt parte ex una, Jekel juvenis Ruhows,´ Grozehannis, Nicol Karczin parte ex altera et quaelibet pars pro se et ejus amicis atque affinibus ac eorum complicibus omnibus, partibus ab utrisque qui in aliquo hujus cause prout infra sint suspecti, ´ amicabilem concordiam et irrevocabilem condixerunt super homicidio in Niczkone Ruchus perpetrato et volneribus duobus pugnalibus in Niczkone pyskir perpetratis nec non vulnere pugnali in Johanne Rouber perpetrato et Grozehannsem duobus lemdis et volnere pugnali peractis. Sic quod nullus istorum omnium partibus ab utrisque et qui suspecti forent amodo alium quemcunque debent odire seu habere recordationem in malo et si secus aliquis ipsorum fecerit nominatim quod in hyis in quibus antea majus delictum erat perpetratum, quod isti denuo maletractarentur verbo vel facto (sic) ... talis excessuum perpetrator hic wratislaviae et alias locorum ab honestis hominibus et viris tamquam maleficus et inhonestus homo debet deputari.

Nr. 2.

1873.

(Stadtbuch v. Schweidnitz. Bd. I. Fol. 19 v. Raths-Archiv daselbst.)

In dem Jare unsers herrn tusent driehundert und deme drie und sebenczigsten Jare an dem sonobinde vor senti Michaelistage ist fur uns komen hans sodeschin der Zwikils kochs son ist gewest und hat becant das hans stormvot sich habe mit im bericht lipplich und gutlich um synen Vatir den her im irschlagen hat also das derselbe hans sodeschin im dankte der lipplichen berichtunge und das hernach alle syne bruder den obgnanten stormvoit nichtis sullen ansprechen sundir sullen im danken der lipplichin berichtunge die her im um synen vatir getan hat.

Nr. 3.
1380.

(Stadtbuch v. Schweidnitz. I. Bl. 89. Raths-Archiv daselbst.)

An deme tage senti Urbanitage ist fur uns komen liben herrn petze Junge hat becant fur uns wie daz peter buckaw der Bader sich furricht hat mit em um den totslag den her getan hat an seynem Sone Sydil Tetzil selgis gedechtnisse gutlich liplich gancz und gar um sebin marg grossen die her em geben sal adir franczkin geben an syner stat alzo balde alzo em eyn offenbrieff wyrt zu bestetegunge derselben be- richtegunge alzo daz furbasmer der obgn. petze Junge noch alle syne kinde und frunde und alle die durch synen willen tun und lassen wellen sullen nymermer orfedin noch fedin den obgn. petir Buckaw noch alle die synen in keiner wiz for des obgn. totslagis wegen.

Nr. 4.
1485.

(Stadtbuch v. Schweidnitz II. Bl. 19 v. Raths-Archiv daselbst.)

. . . . also das Heincze Czarner bestellen und machen sal das in der pfarkirchen u. zum heiligen Crewcze und auch zu unserer liben frawen das in iglicher egenanten kirchen dreisig Selemessen begangen sullen werden durch hans lotters dem got gnade Selen willen und auch so sal heincze bestellen u. zu selegerethe hanns lotters machen das sein name in allen dreien kirchen als czur pfarrkirchen, czum heiligen Crucze und auch czu unser liben frawen in die totenbuch geschreben werde und denn noch gewonheit einer iglichen kirchen als offte und dicke man vor andir gleubigen selen bittet das man auch ewiglichen vor hans lotters sele auch bitten sal. Auch so sal hencze Czarner sunderlich bestellen dos man vor hanns lotters sele alle heilige tage so der pre- diger off dem predigstule andir glewbigen selen zu selikeit gedenket auch bitten sal und dorumbe sal her bestellen eynem iglichen prediger der das tun wirt das em eyne czerunge geschee vor seine muthe und das das ewigliche ge- halden werde. Geschee das nicht und das hencze Czarner sulche obgeschrebin stocke durch hanns lotters sele willen in der itzigen czeit nicht bestellen wurde, So sol her seyen und komen volkomlich wedir in die ochte dorynne her von des egenanten totslagis formols gewest ist und alle vorrichtunge sal abgehen. —

Nr. 5.

1440.

(Lib. Signatur. Breslauer Stadtbibliothek.)

Am Sonnabinde vor vocem jocunditatis haben wir Rat-manne eine gutliche verrichtunge gemacht czwischen Czepan etwenn Bartken czilan Son von Trachenberg an eyme und Merlin Schultz von der Hoffstat am andern teile, als von des totslagis wegen den derselbe Mertin an dem obgenannten Bartken leyder vor etlichen czeiten und Jaren begangen hot, Also mitnamen, das sie zuvoraws gute frund sein sollen eyner dem andern das nymmer offczuheben noch in arge zu ge-denken und also das Mertin Schultz obgenannt demselben Czepan geben sal fumf mrk Heller, die her zu Trachenberg empfoen sal, und sal geben czweene Steyne wachs, eyne Ochfart tuen, eyne martir setzen und sal denselben Czepan mit seinen frunden aws der herberge lozen, wes si do ver-czerit haben und domit sollen alle sachen czwischen Jn an beiden teilen gancz hingelegit und entscheiden sein und sie haben dobey gestanden an beiden teilen und habin globt dieselbe verrichtunge stete gancz und unvorbrochlichen zu halden und zu volfuren und enander dorobir nymmer an-zusprechen von solches sachen wegen geistlich noch wertlich noch in keynerweise.

Nr. 6.

1441.

(Lib. Signatur. Breslauer Stadtbibliothek.)

Wir Ratmanne etc. Bekennen das vor uns in sitzenden Rate komen sein die Erbarn Bernhard Skal unser eydgenosse hanns lettener, Niclas Cromer, hanns drewsener und Hanute an Hanns Hofemans und veczentz Behemen teile, und Nickil Creckewicz, Hanns Beheme, Tristram Pogrell, Mathis Schultz, Heincze Recke und Hentczil Schonehals an Sigmund von Moys teile, und haben becant, das sie einen frundlichen gut-lichen entscheyt und verrichtunge gemacht haben czwischen den obgenannten czween teilen, als von des totslagis wegen der leyder geschen ist von Sigmund an Erbaren Peter Hofe-man dem got gnade, Nemlichen also, das hanns Hofeman des toten Bruder sich gemechtiget hat Stenczil Hofemans seynes

Bruders der nicht kegenwortig was und veczeuz Beheme sich gemechtigt hat frawen Osanna des abgestorbnen Peter Hofmans elichen husfrawen und dorumme sie eyne volkomeliche verrichtung uffgenomen haben und uff sulche verrichtunge sal Sigmund von Moys sichir freiheit von In und den iren haben von datum disz briefs obir xiiij gancze Jar, bleiben denne die czwei kinder, die noch unmundisch sein als Nickil und Peter Hofemans kinder so lange lebende, So sal Sigmund abir das mit hulffe und rate guter frunde an den kindern suchen und In das entfuren nach moglichkeit und underweisunge erbarer lute, Also das her dach dese geschrebene busse halden und volbrengen sal. Zum Irsten sal Sigmund von Moys hanns hofemann veczencz Behemen aller iczlicher sachen wo das wendit adir wenden muchte der gerichte und globit sie des czu benemen. Zu dem andern mole sal Segmund lossen lesen xxx zelemessen in der kirchen zu sand Mariemagdalenen bei xiiij tagen anczuheben. Zu den drittenmole sal Sigmund geben j läp wachs bynnen eynem Monden. Item so sal Sigmund eyne Romfard tun, und die sal her anheben zutun tczwischen hier und fastnacht. Auch sal Sigmund seczen eyn crewcze mit eyner Marter an den weg adir an die Strosse dobey sich die geschicht ergangen haben. dorczu sal her tag haben czwischen hier und Michaelis. Act. feria tertia post Sixti.

Nr. 7.

1442.

(Libri Signatur. Breslauer Stadtbibliothek.)

An der Mitwoche noch Reminiscere sein vor uns komen Niclas Goler und Jacob Jenner an Margarethan Beyerynn teyle, Niclas Thyme, Hanke Ber und Steffan Horner an langnickils teile und haben becant, das sie eine gutliche verrichtunge geteydingt und gemacht haben czwischen beyden teilen, als nemlichen von des Todslagis wegen, der do an Nickeln Beyer dem Czymmermanne der egenannten Margarethen elichen manne gescheen ist, Also mit namen, das langenickil von solches totslagis wegen eyne Ochfart tuen sal, und den Toten sal lossen ynschreiben zu sante Elizabet in das totenbuch, Item xxx zelemessen lossen lesen, Item eynen halben steyn wachs der frawen geben, Jtem iiij mrk heller der frawen geben, Item zu geben eyne halbe mark heller zu sante Dorotheam, Item eine halbe mrk hlr zu sante Jacob, Item richtig zu machen umb das Artztgeld und ken gerichte

abeczulegen und wo es hanget und langet und dovor haben
globt vor langenickeln Dythmar Barbirer, Michil von der
Steyne, Cleyne nickil, Sigeler, Tinczman und Niclas Muirichen
das das also usgeriht und gehalden sal werden als oben geschreben stehit, und das domite alle sachen und zuspruche
sollen gancz u. gar von desselben totslagis wegen hingelegit
und entscheiden sein nymmermer zugedenken und dobey
haben sie gestanden von beiden teilen, Nemlichen Niclas
Goler und Jacob Jenner in vormundschafft der egenanten
Margarethan Beyerin die auch selbis kegenwortig dobey
stunt und ouch der vorgenannten langenickel und haben globt
denselben entscheid und Richtunge stets gancz und unvorbrochlichen zuhalden und zuvolfuren und enander vor solcher
sachen wegen furbas nymmer anczusprechen, geistlich noch
wertlich noch in keyner weize.

Nr. 8.

1444.

(Stadtbuch von Neumarkt in Schlesien. Kgl. Staats-Archiv
zu Breslau.)

Wir Ratmanne zu N. bekennen, das Geschen ist an der
Mitwoche vor Nativitatis, das vor uns in sitzenden Rat komen
sint die Erbern und Woltuchtigen Cunrad Lukow und Jocob
Gobil und haben bekannt, das sie eyn volkomen entscheid
und vorrichtunge gemacht habin czwischen hanns merkil und
petir merkil and math. merkils kynder der dirslagin ist
worden an eyme und allen andirn iren frunden und lorentz
Suszen der denselben todslag an dem obgen. petir merkil begangen hatte am andern teile, also das der obgen. lorenz
susze eyne genannte summa geldis dem obgen. hanns merkln
gericht und beczalt hat von desselbin totslags wegen. dasselbe gelt her ouch das letzte vor uns gelegete und hanns
obegen. entphing in geldes weise beide von eyner ochfart und
ouch von eyns halbin steins wachs awsgenomen eyne marter,
die her noch seczen sulde. Die globit her ouch czusetzen
czwischen hie und sente Michils tag. Ouch so habin dokegin
lorenz suszen wedir globit der tuchtige Cunrad lokow und
Nikil menzil, das der ehgen. hanns merkil seinen bruder
petir dorzu brengen sal, das her ouch mit sampt en globin
sal vor ires bruders unmundische kynder, ab die yemer
dirwuchsen und mundisch wurden, das dieselben ouch keyne
ansprache noch nochrede von solicher sache wegen ken dem
obgen. lorenz und allen den die dorbei vordocht sein sullen

habin, dasselbe der ehegen. hanns vor uns von seynes selbis
wegen czu voraws globit hat, ob her das nicht tete, so Globit
her also vil geldis wedir vor uns zulegen, als her vor uns entphangen hat. domete sullen sie an beiden solch entscheid und
vorrichtunge unvorbrochlich und unwedirruflich und hernoch
und zu ewigen czeiten halden eyn teil ken dem andern in
arge nymals zugedenken noch in keynerlei Weise vorczuwerfen.
A. 1444.   Jtem sie haben den dritten ouch
                        darczu brocht.
(Späterer Zusatz mit schwärzerer Dinte.)

Nr. 9.

1444.

(Stadtbuch v. Neumarkt in Schlesien. Kgl. Staats-Archiv
zu Breslau.)

Wir Ratmanne vorgen. Bekennen das Geschen ist am freitage noch assumpt. das vor uns und unsz. eldisten komen
ist her Gregor' unser pharrer mit her micheln seinen Capplan
und haben gebeten umb gotes wille vor Jacobum Ottonis,
der hie schulmeister gewest ist, derselbe eyn todslag uff
dem pfarrkirchofe begangen hatte meym gelarten gesellen
procopius genant und den kirchof entweit, das man en dasselbe umb gotes wille vorgebe. das ist em also vorgeben, das
en die stad von ires selbis wegen lawt umb got wille los
und ledig gelossen hat durch seines armuts wille. sunder von
der kirchen wegin, also als her yemer also habende und
stadhaftig worden werden, das her der kirchen den schaden,
den sie von em entphangen hat, noch gutter und fromer lewte
dirkentnis wedir richten und geben sal. dasselbe der obgen.
Jacobus das zuthun vor uns bey seinen rechten trawen und
eren und rechtfertigen gewissen globit hat, ouch ab des ehegen.
procopii frunde hernochmols quemen und kegin em der rechte
begerten, die sulde man und kunde sie nich rechtlos lossen.
A. 1444.

Nr. 10.

1445.

(Signaturbücher der Stadt Breslau. Breslauer Stadtbibliothek.)

Wir Ratmanne etc. haben eyne gutliche verrichtunge gemacht czwischen martin Gloger in macht michel mroczken
van Glogow aws dem lande an eyme und Michel Rutener
von Camelwicz von seinen und seines Sones wegen am andern
teile als von eines Totslages wegen an des egenanten Michels

Mroczken frund gescheen, Also das der genante Nickel (sic)
Rutener von seinen und seines Sones wegen ynlegen sal zu
dem obgenanten Martin Gloger als eyme machtmanne fir-
czehen gulden von desselben totslages wegen nemlichen off
Pfingsten nehstkomende vier mark heller und einen gulden,
So bleiben noch awssen vjj mrk ane jjjj groschen desselben
geldes, die helffte ynczulegen off Johannis dornach und die
andere helffte dornach abir off Pfingsten czu dem obgenanten
Martin Gloger.

Nr. 11.

1445.

(Signaturbücher der Stadt Breslau. Breslauer Stadtbibliothek.)

Am Sonabende vor Quasimodogeniti sint vor uns komen
Prittewitz und Nickel Kale der pfender und haben becant
das sie und mit In (folgen zwei Namen) eyne gutliche vorrichtung geteidingt und gemacht hetten czwischen Margarethe
Wenczelynne und Niclas Irem Bruder an eyme und Hannos
Goli am andern teile als nemlichen von des Totslagis wegen
den derselbe Hannos Goli an Cleine Nickeln Irem Bruder
begangen hat, Also das derselbe Hannos Goli bestellen sal
dreyssig zelemessen zulesen in den Clostern als das beredt
ist, Item eyne marter setzen, Item vier mark und eynen
firdung heller sal her geben der obgenanten Margareten, mit
namen czween mark off pfingsten nehistkomende und newn
firdunge dornoch uff Michaelis dovor haben Globet Nickel
Beher und Nickel Rudel und sullen das brengen von gerichte
wo es hanget und langet bynnen fierczehen tagen . . . .

Nr. 12.

1446.

(Signaturbücher der Stadt Breslau. Breslauer Stadtbibliothek.)

Am Montage nach Oculi sint vor uns komen Stenzel
Unverworen und Andris Unverworen gebruder und haben
becant, das sie mit Gregorn und Wenczken von Florenckewitz
verricht und ganz entscheiden sein von des totslegis wegen
den sie an Pawil Unvorworen Irem Bruder zu Seschitz allhie
Im lande begangen haben In solicher mosse das die obgenanten wenczke und Gregor dovor eyn Achfart tun sollen
und sollen dreyssig zelemessen den zelen zutroste allhie bestellen und dortzu eyne marter lossen setzen wohen In das
benennet wirt und sollen das auch in den gerichten zu
Seschitzken den erbherrn abelegen. Item so sollen die ob-

genanten Gregor und wenczke den obgenanten Stenziln und
Andris Unvorworen usrichten und beczalen xvjj mark heller
uff tage, Nemlichen vj mark heller und eyn fyrteil Byr uff
den Grundonrstag nehistkomend und uff sand Mertens tag
dornoch vier mark heller und von demselben sand Mertens tag obir eyn Jar dornoch Seben marg heller ane hindernis und domite sal die sache von des obgenanten todslagis
wegen gancz verricht sein . . . .

Nr. 13.

1447.

(Signaturbücher der Stadt Breslau. Breslauer Stadtbibliothek.)

Am Dinstage noch vintzentii sein vor uns komen die Erbern (folgen die Namen) und haben sich metenander vor-
wilkort und voreinet in eren sachen von des totslages und
mordes wegen zu Dewtschen lawde, Also das man des genannten Hannos Bantken undersessen doselbist czu dewtsche
Lawde und ouch sust andre Erbare lewte die bie dem genanten totslage und morde gewest sein Nemlich die genante
Agnith unde Dorothea ere swester vornehmen und vorhoren
sal und uff wen unde welche die bekennen werden, die den
totslag unde mort begangen haben, der adir die sullen umbe
salchen mort unde frevel bussen und noch unserm unde Rats
Dirkentnisse kegen gerichte abelegen allenthalben wo es
hanget unde langet. Unde dobey haben gestanden die obgenanten beiden teil unde haben globet ein sulchs und was
wir in den Sachen noch sune adir nach rechte erkennen
unde sprechen werden, stete und feste czu halden und das
nicht czu widdersprechen geistlich noch wertlich noch sust in
keiner weize. Ouch sullen alle teil forbas kegeneyander
fredelich sein mit worten unde mit werken bisz tzu awstrage
der sachen.

Nr. 14.

1450.

(Stadtbuch von Schweidnitz II. Bl. 92. Rath-Archiv daselbst.)

. . . das wir Rathmanne noch dem der hochgeborne
furste herczog Heinrich von der frienstat geschrebin und be-
gerit hot eyn rechte sune und entscheit gemacht habin
czwischen Nickil Spelir von Hermansdorf Nickil Bronczil smed
czum Nywisch bey grünenberg, Merten fogeler von Kotzenaw
bei legnicz gelegen uud michel czirkeler an den andirn teilen
Also von eyms todslagis wegen den der egnante Michel an

matis Spelern begangen hatte also vornemlichen das Michel
wihandis vor uns dy sachen und todschlag den frunden ent-
pfuret hat und umb gotis willen gebeten em die czuvorgeben
das dann die frunde gethan haben. Doczu sal michel durch
sich adir eynen andern ynnwenig eynem Jare in Ochfart
thun und in allen dreyen kirchen desir Stat des toten namen
lossen in dy totenbuch schreiben. Also das in itzlicher
woche des toten gedocht wirt vor en betende eyn tag zu
Ewigen czeiten. Item Michel sal lossin XXX selmessen lesin
und eyne marter lossen setzin wo her hen geweist wirt und
sechs pfund Wachs czu geben den Eldisten knappen czum
leichczeichen. Item ij gulden den frunden czu czerunge.
Jtem Michel sal des toten cleider losen wo dy vorsatcz seint.
Item Michel hot gerichte obir sich genomen wo dy hangen
u. langen . . . .

Nr. 15.

1451.

(Signaturbücher der Stadt Breslau. Stadtbibliothek daselbst.)

An der Mitwochen noch Jacobi Apostoli sint vor uns
komen Niclas Skopp, Niclas Elke und haben bekant vor Iren
und Valentin Haunold und Hanns Eysenrichsdorffs wegen die
nicht kegenwortig woren, David Jensch von seynen, Vecenz
von Gandow und von wegen des Schulczen von sant Niclas
und haben bekant wie sy alle eyntrechtiglichen eyne gutliche
Richtunge gemacht hetten czwischen Stenzlowen von Pawils-
dorff in macht lorentz Bartusch und Michel seynen bruder
vor die her vor stetehabunge deser Richtunge globet hot an
eyme, Caspar Stolz und hanns etwennen seinen diener am
andern teile, als nemlichen von des totslages wegen der
leider gescheen ist an Nickeln des gnanten Stenczlawen
bruder czum Slancz uff dem felde. Also das der vorgnante
hanns eyne Romfart des toten zele czu hulffe und czu troste
tun sal und Caspar Stolcz sol geben dem obgnanten Stenczla-
lawen drey mark heller und czweene steyne wachs zu gotes
dinste, mitnamen eynen stein zu sante Barbaren und den
andern zu der cleynen kirchen und XXX zelemessen czu bestellen und eyne martir setczen an die stat, do es geschen ist
und domete sollen alle sachen von desselben totslages wegen
und alle die dorundir vordocht seyn nymandis usgenomen
gancz hengelegit und entscheiden sein.

Nr. 16.

1451.

(Signaturbücher der Stadt Breslau. Stadtbibliothek daselbst.)

Am Freitage vor Reminiscere sint vor uns komen (folgen
die Namen) und haben becant, das sie eine gutliche verrichtunge geteydingt und gemacht haben czwischen den egnanten
teilen, als nemlichen von des totslagis wegen der an Thomas
Steiner gescheen ist, Also mit namen, dass dieselben Cristof
Molner und seine nochfolger obgnanten des Toten zele zu
troste und zu hulffe dreyssig Seelemessen sollen lesen lassen
in der kirchen zu St. Elisabeth und yn das totenbuch doselbist schreiben lassen und sullen eyn hulczynne Crucze
lossen setzen uff den Sweidnitschen Anger an der Stat, do
der totslag gescheen ist und sullen obir sich nemen arztgelt
und vorredergelt und wo es hanget adir langet und das usrichten und beczalen und suln dorczu gebn der Mutir und
Kindern Acht mark heller schulde domete czu beczalen mit-
nomen vier Mark uff den Gründonerstag nehstkomende und
vier Mark uf Sante Michaelis tag donoch und ken gerichte
abelegen und genug tun und domete sullen alle sachen von
desselben totslagis wegen gancz hingelegit und entscheiden
seyn und alle die dorunder vordacht sein, ein teil den andern
furbasmer nymer offczuheben vorczuwerffen noch in arge czu
gedenken mit worten noch mit werken, Sundir sullen gute
vorricht frund sein, enander Eren und fordern ane geferde
und dobei haben gestanden die obgnanten Jorge Steiner seine
Muter und geswisterde und haben globet den selben entscheit
unde Richtunge stete gancz und unvorbrochlichen czu halden
und dowider nicht czu reden geistlich noch wertlich noch sust
in keyner weicze.

Nr. 17.

1453.

(Signaturbücher der Stadt Breslau. Stadtbibliothek daselbst.)

Am Dinstage nach Cantate sein vor uns komen Thomke
Schultis von Ewlendorff, Steffen Schulz von Sleschow Michel
Schultz von der ploe, Petir Schultz von Ewlendorf von Jrent
und von wegen Barbarannen etwennen wenczken Kalische
eliche nochgelossene witwe und alle Irer kinder und ander
irer frunde, wegen der Stetehabunge diezer sachen sie alle
gelobet haben an eyme und lorencz Croil von Jehn am andern
teilen und haben bekant das sie mitenander fruntlichen verricht und entscheiden sein von wegen des Totslags an etwennen wenczken Kalisch dem got gnade von dem genanten

lorencz Croil begangen, Also das derselbe lorencz geben und bestellen sal uff Johannis anderhalben stein wachs zu kirchen Nemlichen einen stein wohyn In die frunde fordern und bevelen werden Sundir den halben stein Wachs zur kirchen kegen Ewlendorff, Item so sal her auch eyne martir setzen kegen Lawde do die tat begangen ist ynnenwendig einen manden *), Item so sal her geben czwen mark heller auch zur kirchen nach erkentnis der genanten frunde Nemlich of Bartholomei nehistkomende ane hindernis, Item so sal her eine farth tun kegen Och und eyne kegen den heiligen blutte zuhant nach der Erne (Ernte) und denn sust abir eyne fahrt kegen Och und eyne kegen den heiligen blutte obir eyn Jar. Item so sal her auch die gerichte obir sich nemen wohe es hanget und langet. und haben des an beiden teilen vor uns stehende globet solche Richtunge kegen enandir feste und stete unvorbrochlichen czu halden und doweder nichten zu tun mit worten noch mit werken In geistlichen noch in wertlichen gerichten noch sust in keyner weise und czu grosser sicherheit So haben sie auch sulchen entscheit kegenenander vorburget, ·Also das vor lorentz Croil globt haben mit gesampter hand ungesundert (folgen vier Namen) Sundir vor das ander teil und Ire frunde haben globet auch mit gesampter hand ungesundert (folgen fünf Namen) das der genante entscheit und Richtunge allenthalben sal gehalden werden ane arg und czu ewigen czeiten.

Nr. 18.

1454.

(Signaturbücher der Stadt Breslau. Stadtbibliothek daselbst.)

Wir Ratmanne etc. bekennen, das wir czwischen dem Erbarn Niclas Lautensloer und seinen frunden an eyme und Dyonisio Thymen und seinen frunden am andern teilen einen fruntlichen entscheit gemacht und beredt haben von wegen solcher Sachen und geschichte, die sich denn leider czwischen demselben Dyoniseo Thymen und Melchior Lautensloer der in der Oder dirtrunken ist, dirgangen haben, doran derselbe Dyonisius als man redt schuldig salde gewest sein. Also dass Dyonisius vorgnanter mit sampt seinen frunden dem gnanten Niclas Lautensloer solche obgnante sachen an seynem Sone verlauffen entfuren sal und en bitten, so das ane gefer und vorsatz gescheen ist, das her Jm das um gotes willen vorgebe; das dann auch Lautensloer mit seinen frunden also tun sal

---

*) Monat.

und seinen czorn durch got abwenden. Jtem so sal Dyonisius
Thymen in eigener Person eyn Romfart kegen Rome leisten
und um solche obgnante sachen bussen und bessern dovor
denn Theophylus Thyme sein bruder globet hat als ein burge,
solche Romfart czwischen hie und Michaelis zufullende. Und
domet sullen alle czwetracht czwischen beiden teilen vorricht
sein . . Actum feria Sexta Lucie virginis.

Nr. 19.

1459.

(Stadtbuch v. Strehlen in Schlesien. Kgl. Staats-Archiv zu Breslau.)

Wir etc. Bekennen mit desem StadBuche das vor uns
Jn sitzende Rath komen sint Niclos Molner von der Strege
und Petir Schubert unser eydgnos in foller gantzer macht
(folgen die Namen der Pasciscenten) von des todslages
wegen den hannos grodis hatte begangen an Petir Hirdischen
und also nemlich das hannos grodis sal geben und gegeben
hot vor den todslag czwene steyne wachs und sechs firdunge
vor eyn Kasel und zum heyligen blutte und kegen Oche eyn
fart sol geleistin und dreissig selemessen hot lossin lesen
und vigilien und gesatczet hat eyne marter und eyn Crewcze
und hat alle czerunge gericht wo das angelanget hat und hot
das von beydir herschaft und von gerichte brocht allenthalben
wo das an gelanget hot und vorbas keyn niemandes von des
todisslags wen nichtis me thuen sal vorbas und ap ymandis
wer und welde sulche richtunge wegirn adir czwetrachte
machen von der sache wen welches teyl mochte seyn adir
andre dy dorunder vordocht wern So sal das ander teyl
welches anlanget sich genczlich und sicherlichen dor an hal-
din das sulche obgemelte sachen gancz und gar entricht
und vorricht sint allenthalben an beyden teylen und alle
dy dorunder vordocht sint sullen vorbos gutte frunde seyn
und sullen der sachen nymir keygin enandir in arge . . .
noch gedencken Sundir sy sullen gutte frunde seyn und
bleyben und eyn teyl sal das andre eren und fordern nw und
czu ewigen geczeittin.

Nr. 20.

1459.

(Signaturbücher der Stadt Breslau. Stadtbibliothek daselbst.)

Am Sonnobende vor Misericordia domini sein vor uns
komen hans nebilschitz an einer und Barbara Bartusch
schultzyn von knegnitz mit hansen irem sone und Vormunden

von Irer und der andern Jrer unmundischen Kinder wegen am andern teyle und haben eyntrechtiglich becant, das sie gantz und allenthalben vorrichtet und entscheyden sein durch den Ersamen und woltuchtigen Bernhard Skal houptman und unsirs Rathis Eldisten, der auch selbis sulche vorrichtunge becante, das er sie mit beydir Teyle willen gemacht und betaidiget hat, als nemlichen von Todisslagis wegen den der obgenante Hanns Nebilschitz an Bartusch etwen schultz zu knegnitz begangen hat und umb alle sachen die sich dorundir begeben haben und die dorum möchten vordacht sein Also das Hanns Nebilschitz bynn drey wochen sol lossen dreyssig selemesse lesen und usrichten und bynn derselben tzeit sal her lossen eine steyne Marter setzen an die stelle do der mort ader totslag gescheen ist, Item so sal er eynen stein wachs ken domslaw zu der kirchen geben tzwischen hie und sand Johannis bapten Tag und bynnen derselben tzeit sal her mit der obgenanten frawen Barbaran wissen eyn Ochfart ufrichten. Item so sal her hintzwischen sand Martintag v mr heller geben zu eynem kelch ken domslaw und domit sal es gutlich entscheiden (sic) und hans Nebilschitz hat das allis also globt zu halden u. uszurichten bei Trewen u. Eren u. bei allen seinen gutern u. so hat die obgenante fraw Barbara, hans Jr Eldister son vor sich u. in macht der andern kynder globt Hans Nebilschitz noch sust nymands von des genanten Todslagis wegen allenthalben höchir antzusprechen noch antzulangen geistlich noch wertlich noch sust in keiner weize wie man die müchte dirdenken.

Nr. 21.

1459.

(Signaturbücher der Stadt Breslau. Stadtbibliothek daselbst.)

Wir Hertzoge Conrad herre czur Olssen Kozil etc. und wir Ratmanne der Stat Breslow bekennen das w i r czwischen dem Erbern Petir Roten und in macht Hanns Roten seines Bruders an eyme und dem Erbern Christoff Scoppen sachewalde am andern teyle, e i n e v e r r i c h t u n g e und e n t s c h e i d t beredt und g e m a c h t haben, n o c h d e m s i e i r e r s a c h e n a n b e i d e n t e i l e n als nemlich von des totslages wegen an etwenn Jaxssen Roten begangen a n u n s m e c h t i g l i c h e n k o m e n u n d g a n g e n s e i n und sust an allen andern die an beiden teylen dorunder vordocht seyn nymanden ausgenomen. Nemlich also das der gnante Cristoff Scoppe funff mark gewisser tzinse alhie in der stat uf erbe und gut vermachen und vor-

reichen sal, vor fumffczik mark groschen abczuloczen, dieselben
fumff mark tzins die Ratmanne czu Breslow jerlichen fordern und
gemanen sollen und die an des genanten Jaxssen Roten zelen
zelikeit wenden und die armen leuten alle jore nach irem
dirkentnis umb gotis willen geben und sollen des also gantze
macht haben ap die tzinse abegeloczt wurden, andere tzinse
umb das gelt also hoch sie das dirlangen mogen widerkeuffen
und die dohen wenden als oben berurt ist und die genanten
Roten sullen den genanten heintczen Scopp ausz irem vor-
dechtnis als von des genanten todslags wegen lossen. und was
die gerichte alhie anlangen, das haben wir Ratmanne durch
Bete willen des genanten herrn Hertzogen Conrad dirlossen
und die holde widirgegeben und sollen aus der Achte als
Recht ist gelossen werden. Auch haben wir Ratmanne nach
Bete des genanten herrn Hertzogen den genanten Scoppen ge-
brudern vorsehen und furgeben, was sie kegen der Stat in
diesen nehsten Crigen bynnen der tzeit als sie mit den
Roten in tzweytracht gestanden haben gethan haben Jn das
in arge nymmer czu gedenken. und domite sollen alle sachen
czwischen allen teilen wie sich die mit worten und mit
werken ader mit briffen und schrifften verlouffen haben und
ken allen die dorunder vordacht seyn czu ewigen tzeiten (sic!)
und dobey haben gestanden beyde obgenante teyle und haben
sulchen unsern aussproch gewillet und uffgenomen und auch
globet den stete gantz und feste czu halden und dowider
nymmermer in arge zu reden noch enander dorumme anczusprechen noch antzulangen weder geistlich noch wertlich noch
sust in keynerley weize. Actum feria secunda post pauli
conversionem.

Nr. 22.

1460.

(Signaturbücher der Stadt Breslau. Stadtbibliothek daselbst.)

Am Montag vor Martini sint vor uns komen die Erbern Albrecht schewrlein, hanns hoppe, Andres fischbach,
Asmus Polsnitz, hanns Seyler, Thomas scharff und Anton
schottelant an Wolfgang Jacob Cleyndinst und Jocob Sewniks
teyle, hans Hebere, Jocob frischer, hanns Hartung, Stentzil
henningk, Steffen Rolle, Andres greczer und hanns Lenkenus
an Clementis wonniglichs teyle, der zukegenwortig stunde und
haben becant das sie czwischen beyden teylen eine
gutliche und gantze vorrichtunge haben gemacht von
des Todslags wegen an Wentzlaw wonniglich dem got genade

geschen, des egenanten Clement wonniglich Bruder. dobey die obgenanten drey gesellen Wolffgang, Jocob Cleyndinst und Jocob
sewnig kegenwortig und vordocht seint gewest und dorumme
in unserm gefengknis gesessen haben und der entscheit lawtet
also, das zum ersten aller unwille sal abesein und czwischen
allen die dorunder vordocht sint sal vorrichtet sein und die
genanten drey gesellen sollen itzlicher einen Tricesimum das
seint XXX zelemessen lassen lezen einen zu sante Jocob, den
andern zu sante Albrecht und den dritten tricesimum zu sante
Bernhardin gote zu Eren und des abegemordten zelen zu
saligkeit und czu trost und sullen dotzu ein steynes Crewtz
lossen machen und setczen, wohin das Clement wonniglich
haben wil. czu dem dritten mol so sullen sie alle drey eyne
Romefart ausrichten eynen under In adir sust eyne andere
persone, die geczugnis von Rome sal brengen, dass die Romefart geleistet und vollbracht ist und das sullen sie vorburgen
das is werde gehalden. Dorumme denn ungesundert globet
haben vor die genanten drey gesellen und Burgen seint worden
(folgen vier Namen) und domite sal is umb den Todslag der
denn also leider geschen ist und nicht mag herwider brocht
werden gantz verrichtet sein und das haben die obgenanten
beyde teyle, nemlich Clement wonniglich vor sich, seine Muter
und alle seine frunde, und der genanten dreyer gesellen, die
nicht kegenwortig stunden, obgenante Burgen stete und feste
globt czu halden und enander ferrer dorum nicht argen in
worten noch werken, noch ansprechen geistlich noch wertlich
in keyner weize.

Nr. 23.

1461.

(Libri Excessuum. Stadtbibliothek zu Breslau.)

Mathis scholtz von Olbrechtsdorff, Gregor scholtz von
Damsdorff und Nickil scholtz von Ranke haben ungesundert
und mit gesambter hand globet kegin Mathis scholtz u. allen
seinen frunden vor Nickil Slawagk von Sagitz von des Mordts
wegen den her an Bartusch Jenrze seinem elichen Bruder
getan hat, dem got gnade mit sampt seinen helffern, das her
diss hinochgeschriben selegereth sal halden u. ausrichten an
hindernis, zu dem ersten sal Nickil Slawagk u. sein helffer
ausrichten u. bestellen xxx selemesse zu lesen, Jtem zwei
wachslicht vor eine Mark zu der kirchen ken Ranke vor den
heiligen Leichnam: Item zwo wachslichte vor eine mark zu
der kirchen ken Wirwitz vor den heiligen Leichnam u. sal

eyne marter setzen zu eynem gedechtnis zu sagitz u. sullen
das bier betzalen dem Cretsmer zu rancke, das sie obir der
taidigunge vortrunken haben, nemlich ij mrk heller also ferre,
ap das die teidungslute werden bekennen das is umb das
bier also beredt sei. Item so sollen sie dem genannten
Mathis Jenrze scholtz geben xj mrk heller Breslisch werung
u. sullen geben dem Barbirer j mrk das er den schultis
geertzteyet hat an dem arm und an der hant. Item sie
sollen geben j schock heller vor ein firtel bir u. feslen dem
Graupener, das Bartusch Jenrze dem got gnade genomen hat
und sollen dem genanten grawpener betzalen iij firdung heller
die Bartusch in der krankheit vorzeret hat u. sullen das
armbrost widergeben das sie Bartusch genomen haben u.
sullen is richtig machen mit Jacob grosse dem vorsprechen,
der vor Mathis Janrze geteidingt hat u. sullen die gewalt und
was in dem gerichte gescheen ist ablegen kegen dem erbherrn zu Ranke u. sal tun eyn pilgramfarth ken Oche u. eyne
ken Welsnach zu dem heiligen Blut und des brif brengen
von dann, das is umb die pilgramfart also beredt ist. Allis
was obgeschriben stet haben die obgenannten Burgen ungesundert bei Irem höchsten Rechte globit an allis wergelt,
das is stete unvorbrochlich sal gehalden werden ane arg u.
sal auch fridlich seyn u. dorumme nymands zu argen mit
worten noch mit werken. Act. fer. tertia ante Mathie.

Nr. 24.

1463.

(Signaturbücher der Stadt Breslau. Stadtbibliothek daselbst.)

Wir Ratmanne etc. Bekennen etc. das vor uns in sitzendem rate kommen sein Andris Witke und Hentschil sein
bruder von Conradsdorff von wegen Nickels Ires Sones und
bruders, der von Jorgen Springern von Lankenow sulde irmort sein an eyme und Nickel Schuwart, lorencz bolcze, Nickel
Meisner und Hanns von Bande unserm mitteburger als burgen
und in machte des egnanten Jorgen Springers von lankenaw
am andern teilen und haben dieselben sachen von des
gescheenen mordes adir totslagis wegen alle und itzliche zu
uns an beiden teilen mechtiglichen und unstreff-
lichen czwuschenin beiden teilen zu vorrichten
gesatzit, So sint wir eyne worden und sprechen
in derselben uns gegebenen macht, das Jorge
Springer vorgnanter totsleger der do gefangen gewest ist,
zu deme man den totslag gefordert und geczogen hat, zum

irsten den vater des irslagenen demutiglichen beten sal das
her Im die obiltot des mordes an seinem Sone begangen als
man vorgebit her is geton adir dorczu geholffen habe, lewter-
lich umb gotis willen vorgeben welle. Czum andern sal der
egnante Jorge Springer totslegir in desem Jore eyne Romfart vor Nickeln den irslagenen tun und das her die vorbrengen wil, vorborgen und sal do zu Rome seine sunde
beichten und busse entpfoen und das her zu Rome gewest
ist von dannen kuntschaft des beichtegers brengen und sal
eyne Marter an der stat do Nickel irslagen ist setzen und ap
her des irslagenen vorgnanten Vater yemer in noten gesatczet
sege, zo sal her bey In treten und helffen schutczen und Jm
und alle den seinen sust fruntschafft und libe wo her mag
die weile her lebit irzeigen und ouch das her gefeknis
dorynnen her allhie gesessen hat nymer in arge gedenken
sal noch wil. zo sal ouch Jorge der busser vor deme vater
und allen seinen und Nickels des irslagenen frunden vorbasmer gancz sicher sein und allinthalben von sulches totslagis wegen unbekommert bleiben. also sullen alle und iczliche dese sachen entsatczit und entscheiden sein czwuschen
beiden teilen die ouch die obgnanten beiden teile und burgen
globit haben stete gancz und unvorbrochlichen zu halden an
alles boses geferde und eyn teil keigen dem andern nicht
gedenken wil in keiner Weise. des zu bekenntnisse haben
Wir unser Stat Jngesigel uff desen briff lossen drucken.

Nr. 25.

1464.

(Libri Excessuum. Stadtbibliothek zu Breslau.)

. . . . haben gelobt vor Michael Mewerer der Stadt vor
Orfede u. friedlich zu sein kegen Swartznayl u. eine jedermann mit Worten u. mit Werken u. kegen gerichten abzulegen von det totslagis wegen an hans v. Laye begangen,
der Jm umb gotis willen zu gnaden vergeben ist u. das her
eine Martir sal lossin setzen wohin das der Rate befehlin
wirt und sal itzunder uff sand Johannistag nehstkomende
alhie ein Romfart tun und offenbar als ein Busser sich sal
lossen dirkennen. Act. fer. 3ª post Misericor. dom.

Nr. 26.

1464.

(Signaturbücher der Stadt Breslau. Stadtbibliothek daselbst.)

Am Montage vor Viti sint vor uns komen in sitzendem
rate herr Merten dirsko pfarrer zum Jeschkotel, Veczencz

von Gandaw, Anthonius Barbirer, Niclas Goler, Niclas lindener, Niclas Tunckendorff, Merten Kaynay und Hannos Schiltberg und sunderlich Mates und Hannos Copadlo in macht Jocobis und Hannos Copadlo und haben becant das am nesten vorgangenen Sontage vor Viti vorgenante in kegenwortikeit herrn Hannos Beden eyne vorrichtunge geschen und gemacht were czwischen pyech Galofsky von seines sones wegen kegen Janusch an eyme teyle und Mattis Copadlo etwan Steffen Copadlo des Schultes son zu Clettendorff Jocob hanns gebruder hanns Copadlo von domskirche alle von Iren wegen und in macht aller mundischen und unmundischen Geswister des vorgenanten Matis Copadlen die ouch des egenanten Copadlen kinder gewest seint dem got gnade am anderen teyle, nemlichen von des totslages wegen den da geton und begangen hat der obgenante Janusch Galofsky son an dem megenanten Steffen Copadlen etwan Scholtis doselbist zu Clettindorff also unde in sulcher Weise gesunet und entscheiden ist das der ufftgenante Janusch Galofsky son bussen und sein leben bessern sal und pyech seyn vater von seinen wegen sal geben Czu dam irsten V steyne Wachss drey steyne uff Johannis Baptiste nestkunfftig und czwene steyne uff Elizabeth dornoch. Item czwier dreissig zelemessen. Item eyne Martir, Item VI marg heller den obgenanten frunden. Item dem barbirer und dem Wirte vor die koste. Item sal is auch abelegen kegen seinen Erbherrn adir seinen gerichten und vor die Romfart die her ken Rome tun sulde, sal her alhie uff Johannis baptiste busse entpfoen und tun und eyne fart sal her auch thun kegen Welsing zu dem heiligen blute und 'sulch entscheid sal ouch geczeichnet werden in der Statbuch alhie zu Breslaw also das der egenante entscheid gescheen istin aller mosse ken allen den wo is hanget adir langet nw adir in zukunfftigen czeiten.

Nr. 27.

1465.

(Signaturbücher der Stadt Breslau. Stadtbibliothek daselbst.)

Am Mitwoch vor Petri ad catedram sein vor uns komen Hans Hofman, Nickil Rost, Gesworne Eldisten der Becker an Paul Meisners teyle, Paul Glaser und Jorgen Flaschner an Ulrich Herbstes taile und haben becant das sie zwuschen beiden teylen einen frundlichen entscheid und vorrichtunge gemacht haben von des Todslagis wegen, den der genante Ulrich Herbst alhie getan hat an Niclas Meisner des gen. Paul Meisners Bruder, Also das Paul Meisner von seynir u.

aller andern seiner Bruder wegen der her sich gemechtiget hat und vor sie vor stetehabung globit hat, umb gotis willen Ulrichen Herbst erlossen und vorgeben hat, das an In nicht mer zu suchen noch zu rechen (rächen) durch gerichte noch an (ohne) gerichte noch sust in keyner weise und Ulrich Herbst sal uff Johannis Baptiste nahstkomende alhie in der gnadenfart eyne Romfart tun und sal uf dieselbe benante tzeit eynen steyn wachs geben in die tzeche der Becker u. sal dortzu lossen lesen eynen Tricesimum zu sand Jacob alhie ungehindert und an widerreden und das haben sie beide anenander globit zu halden.

Nr. 28.

1466.

(Libri Excessuum. Stadtbibliothek zu Breslau.)

Eine Verrichtung und Entscheidung gescheen czwischen Stenzil krzisan, bartusch balanta vom Sirbin und Steffan Balanta an eyme teile und Clinken von Reise, Bernhart u. Bernhard von Petrekow am andern teile umb frevil gewalt u. mort am Merten krzisan von Sirbin begangen, also nemlichen das die obgenanten Clinken von Reise, Bernhart u. Bartusch ken gerichte wo is hangt u. langt ablegen sullen und gerichts köste tzerunge, die sie getan haben wo is hangt u. langt ober sich nemen sulln die sie ausrichten sulln zwischen hie u. Ostern. So sullen sie auch geben x mrk heller zu eynir glocken uff sand Merten tag nehstkomende und dornoch uff Mittfaste nehstkomende ij stein Wachs und obir ein Jar dornoch nehstkomende auch uff Mitfaste als itzunder obir tzwey Jar iij stein Wachs, das allis zu der kirchen zum Sirben und dorvor haben globet die obgenannten Andris stock, Sigmund scholtz von schönfelt, Simon scholtz vom reise, Lorentz von Petrekow und Merten sawr von Boraw, alle ungesundert und mit gesampter hant, keiner mit seinem teile adir wergelde dorvon zukomen, das sulche verrichtunge sal gehalden u. allis betzalet und ausgericht werden wie obgeschriben ist ungehindert. Auch haben sie dobey ungesundert globit zwischen hie u. pfingsten vor x mrk gr. der Stat ken gerichten abzulegen an hindernis. Act fer. 2ᵃ post Judica.

Civitas recepit x mr gr.

Nr. 29.

1470.

(Signaturbücher der Stadt Breslau   Stadtbibliothek zu Breslau.)

Wir Ratmanne etc. bekennen etc. das vor uns in sitzendem Rate komen sind Bartisch Sneider von Rawden vor sich
und von wegen Agnithen schreiberin seiner Mutter u. Mathis
seinen Bruder, vor die er die stetehabung diser vorrichtunge
globit hat an eyme und weisse Jacob scholtz von der Leym-
gruben u. hans Wanger am andern teilen u. haben becant,
dass sie sich durch gute leute von wegen des totslages
den die genanten weisse Jocob u. hans Wanger von Michil
Pissars, des genanten Bartisch Sneiders Bruder begangen u.
geton haben gantz u. allinthalben vorrichtet u. entscheiden
haben, Also zum irsten das die bemelten weisse Jocob u.
hanns Wanger kegen gerichte ablegen sullen zuvoraus u.
weisse Jocob der scholtz sal bussen u. keigen .ochaw u.
kaigen der Welsnak zum heiligen Blute gehn u. sal auch xxx
selemessen zu troste des irslagen sele Michil Pissars bestellen
und lesen lassen, auch ein Creutze setzen an der stelle da
der benante Michil Pissars dem got gnade irslagen ist u. sal
auch zu der kirchen unsir liben frawn uffm Sande eynen
stein wachs geben u. vir marg geben zu wegen u. stegen uff
sinte Michils tag dornoch folginde u. sust allis das doruff gegangen ist von briffen, botenlon, Leichtzeichen, arztlon u.
auch wo is hangit u. langit betzalen. das andre das die bemelten weise jocob Scholtz u. hanns Wanger an Michil
Pissars Mordes u. totslagis halben geton haben, hat der genante Bartisch Sneider In umb gotes wille vor seiner, seiner
Mutter u. Bruder wegen obingenant vorgeben und globit, das
sulches totslagis keigen In u. allen die dortzu rat tat u.
hulffe getan haben u. dorunder vordacht sein vorbasmer in
arge nicht gedacht noch gerochen werden sal geistlich noch
wartlich noch sust in keyner weise.
Act. feria sexta post Valentini.

Nr. 30.

1471.

(Signaturbücher der Stadt Breslau. Stadtbibliothek daselbst.)

Am Montage nach dem Suntage Oculi sint vor uns
komen Jocob heider Bottener vor sich u. von wegen Casarin
seiner elichen husfrawn etwan Niclas heider dem got gnade
Muter an eyme u. heintze vom tzindal der Alde von Jenken
seines Sones wegen am andern teile u. haben becant, dassie

durch frund e von wegen des totslagis den Jenke vom Czindal
des bemelten heintzen von Czindal Son egnant an dem genanten Nickel heider begangen u. geton hat, gantz u. allinthalben vorrichtet u. entscheiden sein, Alzo zumi rsten, das
derselbe Jenke vom Czindel eyne Romfart personlichen leisten
u. tun sal u. die vorbrengen tzwuschen hier und sinte Michels-
tage nestkömende. Czum andern sal er geben einen Stein
wachs Jacob heidern des irslagenen Nickels vater, denselben
zu geben u. antzuwenden wo her irkennet noch seiner selen
seligkeit. Czum dritten sal derselbe Jenke von Czindil den
genanten Nickel heider in tzween kirchen lossen in die Totin-
bucher schreiben, das vor In gebeten wirt, wo Jacob heider
wirt erkennen u. heissen. Czum firden mole so sal der genante
Jenke vom Czindil tzweer dreissig selemessen lesen lossen in
tzween kirchen nach des vorbenanten Jocob heiders vaters des
irslagenen geheisse und irkentnis. Czum funfften so sal der
gnante Jenke vom Czindel eyne Capelle mit eyme Crucifixo
dorein, noch gewonheit setzen, wo aber Jocob heider irkennen
u. befelen wirt. Czum sechsten so sal derselbe Jenke vom
Czindil keigen gerichte abelegen, tzwuschen hier und dem
Suntage Jubilate wenn man das heilgetum weisit alhie zu
vincentien x mr bemische groschen uffzulegen, Czum Sebinden
sal der vorgemelte Jenke vom Czindal den ertzlon und bar-
birern wo is hangit u. langit des genanten Todslagis halben
genuk tun und mit In gleich halden u. sal sulchen mort und
totslag den Eldern u. Nikels des irslagenen weibe entfuren
und sie beten das sie Im das umb gotes wille vorgeben
wellen u. vor sulche vorrichtunge feste u. unvorbruchlich zu
halden haben globet ungesundert (folgen die Namen der Bürgen) u. die sache des totslagis halben sal also wol u. gantz
vorrichtet sein u. ein teil sal desselben keigen dem andern
teile in arge vorbasmer nicht gedenken noch rechen in keyner
weise.

Nr. 31.

1471.

(Signaturbücher der Stadt Breslau. Stadtbibliothek daselbst.)

Am dinstage in die sankte Cordule sein vor uns komen
lorentz nuwgebawr, Merten newgebawr u. baltazar seidel u.
haben becant das sie eine vorrichtunge haben gemacht
zwischen frawen katherinne Merten stockynn iren kindern,
Bartusch Bawdman irem vater und mitschken von straden
etwen Merten stocks vater an eyme teile und Jorgen sneyder

am andern teile, von des totslagis wegen den er an Merten stock im summer itzunder vorgangen alhie in der stadt zu Paul scholtzen getan hat, also dass er sal lossen eine martir setzen wo die genante Fraw katherina hin wil u. sol lossen xxx selemessen lesen und denselben irslagen man in das totenbuch alhie zu sand Elisabet lossen einschreiben und ij lap. wachs geben der frawen das sie is tun mag wohin sie wil und alsdann dieselbe fraw katherina vor iren abgemorten man irer kinder vater kein gelt hat wellen nemen, sunder umb die tzerunge die sie dorunder getan hat, sal ir der gnante Jorge sneyder dovor eine mrk heller geben und Nitschken straden des abgemorten vater sal er auch vor seine tzerunge tzwu mrk heller geben, die er durch sulcher sache willen vortzeret hatte. Auch sal Jorge sneyder das artzlon wo es hanget u. langet usrichten u. also sal es umb solchen obberurten totslag eine gantze vorrichte sache sein.

Nr. 32.

1478.

(Signaturbücher der Stadt Breslau. Breslauer Stadtbibliothek.)

Wir Ratmanne etc. bekennen etc, das vor uns komen sein kathrina hans Sattlers nachgelossene witwe vor irer u. Simon ires unmundischen kindes wegen, das sie mit demselben hans Sattler gehabt hat u. Niclos sattler desselben hans sattlers Bruder als ein rechtir swertmoge des genanten unmundischen kindes u. Jorge greber der sneider ir swoger u. an irer allir teile Steffen knoblach u. Vicentz Sigil als einem teile, hans krziskor, Symon freimuth u. Nicil Skoda von Betler an Woytke skoda u. Jocob skoda als am andirn teile u. haben alle mitenader eintrechtiglichen bekant, das zwischen In an beiden teilen eine gantze folkomene vorrichtunge gemacht ist von des mords wegen, den die genante Woytke u. Jocob Skoda gebruder an dem obgenanten hans Sattler begangen haben dem got gnode, also das dieselben tzweene Bruder Woytke u. Jocob skoda eyne Romfart uff das erste, so sie mögen, ausrichten sullen und von den gerichten zu brengen wo is hanget u. langet und sullen auch dreissig Selemessen lesen lossen und sullen der kirche zu Betler ein stein wachs geben und sullen eine hultzene marter lossen setzen u. ausrichten, wohin das obberurte erst teil haben wil u. sullen dortzu geben x mr der obgnanten frawen katherine das sie domit ir unmundisch kint Simon zihen u. nehren sal, die auch die Fraw also algereit itzunder vor uns zu genugen

entpfangen hat und domit sal es eine ewig vorrichte sache
sein von des obberurten mordis wegen in arg fortmehr nicht
zu gedenken wedir vor gerichte noch auswenig gerichtis und
haben es auch also an beiden obgnanten teilen stete u. feste
globit zu halten ane allirleie widerreden u. sunderlich der
obgnante Niclas sattler als ein natürlicher vormunde und
swertmoge und fraw katherina die muter, u. meister Jorge
der swoger haben globit vor das unmundische kint Simon
obgnant, ap is immer mundisch wirt das diese vorrichtunge
auch sein wille sein sal, und die auch stete u. feste sal
halden mit worten u. werken zu ewigen zeiten.

Actum feria 3ᵃ ante Fabiani et Sebastiani.

Nr. 33.

1473.

(Signaturbücher der Stadt Breslau. Breslauer Stadtbibliothek.)

Wir Ratmann etx Bekennen etx das wir einen entscheit
und vorrichtunge gemacht haben tzwischen Meister Bernhart unsirm Bawmeister, Barbara seiner elichen husfrawn an
eyme und wolfgang mucher und Stentzel, beide des Ersamen
Bartholomei schewerlins unsirs eitgenossen diner, am andirn
teile, mit irer beider willen und joworte von des totslags
wegen an des gnanten Bawmeisters Son Jacob dem got gnade
gescheen, da er bei nacht umbs seigers fünff am Ringe alhie
mit einem schreiber zu getzog komen was, den er tzu tzeter-
geschrei hatte genötiget und geslagen, das denn von vil noc-
barn die das becanten gehorit ist worden, dortzu der gnante
Wolffgang und Stentzel sein geselle, in guter meynunge arges
zu undirstehn u. sulch tzetirgeschrei helffen zu undirnehmen
und zu scheiden, ausgelouffen seint aus ires hern hawse, als
ein itzlich gut man und nocber dem andern in sulchin nöten
u. geschrey zu hülffe zu komen pflichtig ist, wie sichs doselbist leider begeben hat mit einem flegil, nicht mit wille,
nicht mit bösem vorsatze, sunder alleine das er hatte welln
scheiden, als er das bei seinem eide u. bey seligkeit seiner
selen becante und seie Jm von gantzem herzen leid, u. wie
es dorumme allinthalben gewant sein, so sal is fürbas eine
vorrichte sache sein, also das meister Bernhart unsir bawmeister u. seine husfrawe sulche meynunge des Wolffgangs
angesehen haben, das er iren Son nicht mit willen noch mit
bösem fursatz, sunder unwans u. von unglück leider zum tode
bracht hat und haben Jm das umme gotis wille u. um ires
Sones selen salikeit willen vorkorn und vorgeben und auch allen

die mit Im dobey gewest und vordacht seint, als auch Wolffgang u. stentzel sie das umme gotiswille diemutiglichen gebeten haben, doch also das der gnante Wolffgang in eigner
person vor sich u. seine gesellen u. vor alle die neben Jm
an der tat vordacht sein, eine Romfart tun von Breslaw aus
bis gen Rome tzihen sal in siner eignen Person u. alleine
umme diesen todslag zu selikeit der armen sele u. sust in
keiner andern sachen bei seinem eide u. solche Romfart sal
hintzwischen sant Michelstag nestkomende volbracht werden
und sal des von Rome ein Bekentnis brengen von dem hrn
dechant zu Rome der obir die Penitenciarien gesatzt ist adir
von seinem Commissario, also das er das volkomelich u. redelich moge beweisen das er die Romfart also getan u. sulchen
obberurten totslag doselbist abgelegt, gebüsset u. gebessirt
habe. Item Wolffgang sal dortzu zween stein wachs geben
zu der Osterkertz zu sant Elisabet, do der gnante Jacob begraben leit. Item Wolffgang sol dortzu fihr tricesimas
lossen lesen, Nemlich dreissig selemessen zu sant Elisabeth,
dreissig zu sand Bernhardine, dreissig zu sand Albrecht
und dreissig selemessen zu sand Jacob alhie, allis itzunder
von stat u. ebessir (ehebesser) der armen selen zu troste
u. zu selikeit. Item Wolffgang sal dortzu itzundir geben
virtzehn hungar. Gulden zum Baw der kirchen sand dorothee u. so er also alle obberurte stücke ausgericht u. volbracht hat, so sal es umme den obberurten totslag kegen
meister Bernhard, kegen seiner husfrawn u. kegen allen iren
frunden gantz vorricht u. hengelegit sein in arg nicht zugedenken vor gerichte noch uswenig gerichtis, mit Worten
noch mit Werken in keinerley weise wie sie das möchten
erdenken zu ewigen Zeiten. Act. feria 2ᵃ post Valentini.

Wolffgang mucher hat nach ynnhalt diser vorrichtunge
durch den Ersamen Barth. schewerlin briffliche redliche u.
bestendige Beweysung lossen furbrengen, das er die Romfart
volbrocht hat, als wir des, des bebstlichen peichtigers Briff
u. sigil gesehen haben undir der data ix kl Julij Anno etc
lxxiij. Act. feria 3ᵃ post Dorothee Anno etc. lxxiiij.

Nr. 34.

1474.

(Signaturbücher der Stadt Breslau. Breslauer Stadtbibliothek.)

Wir Ratmanne etc. Bekennen etc. das vor uns in sitzendem Rat komen sein die Erbirn Nickil Beyer unsir eyd-
genoss und hanns prittwitz hoyer gnant unsir hoffrichter
und habn becant das sie eine gantze vorrichtung ge-

nacht haben tzwischen Nickil Rupprecht ruppil gnant an
eyme und frawen hedwigen Lorentz von Bandow nochgelossen
witwe u. iren kindern u. frunden am andirn teile, von des
totslags wegen den der gnante Ruppil an Lorentz von Bandow getan hat. Also u. in sulchir mosse das Ruppil sal tun
eine Romefart mit seiner eigenen personen, es were denn das
In treffliche not daran hinderte so mag er einen uff sein gelt
nieten, der die Romfart ausrichtet, und sal das wissenschaft
bringen, das die fart also ausgerichtet sei. Item so hat
ruppil vor unsirm sitzenden Rate globt rechte mogschafft und
fruntschafft zu leisten des gnanten Lorentz von Bandow den
er dirmort hat, nochgelossen kindern, ap In ire eldern ab-
gingen, das er sie zu Im wil nemen und sie erneren bis sie
sich selbis können dirneren und sich kegen Jn halden, als
ap sie seine eignen kinder weren. Item er sal machen ein
selebad uff dem sande und dortzu ein virtil langwil geben.
tem er sal zu sand Albrecht, zu sand Jacob und zu sand
Dorothean alhie in itzlichen derselben Closter dreissig selemessen lossen lesen und sal denselben Lorentz von Bandow
lossen einschreiben alhie zu sand Albrecht in das Todenbuch
sein ewiglich zu gedenken und vor Jn zu bitten Item Rupil
sal geben ein lp wachs zu sand Bernhardin, Item eyne
Capelle ader Creutz lossen setzen alhie in der newenstat
vor sand Clementkirche, in sand Lorentz u. sand Barbara....
Item er sal tzwu mr u. einen groschen geben der obgnanten
Frau hedwig witwen vor die gerichtsköste die sie usgegeben
hat. Alle u. itzliche obgeschrieben stücke sulln gescheen und
uswgerichtet werden tzwischen hie und sand Michilstag, sunder
alleine die Romfart sal ansteen bis zu dem gnadenreichen
vor nehstzukünfftig u. des hat er burgen gesatzt (folgen die
Namen) die alle vir vor uns in sitzendem Rat gestanden u.
haben globt vor Nikil Ruppil obgnant das er alle u. itzliche
obberurte artikeln allinthalbin u. gentzlichen halden sal ane
alle wedirrede u. domit sal es eine gantze ewige vorrichte
sache sein twischen den obgnanten beiden teilen umb sulchen
obberurten totslag. Dobei ist gestanden Nickil rupil an
einem teile, fraw hedwig Lorentz Bandowynne mit Sigmund
Nymptsch irem vater u. vormunden und bartusch von Bandow als ein natürlicher moge und vormund am andirn teile
des genanten Lorentz seines Bruders nochgelosser kinder
Antonii u. Elisabetne und haben dieser vorrichtunge zugestanden u. die globt feste u. stete zu halden ane allirlei eintrege
und ane arg. Act. feria sexta post festum vivifici corpis xpi.

Nr. 85.

1474.

(Signaturbücher der Stadt Breslau. Breslauer Stadtbibliothek.)

Am Montage nach Viti sint vor uns komen Hans Hofman Nickil Tropper Jorge hockenborn Paul siegman u. Andris bemisch als Burgen u. von wegen Paul Watzels Sigmund hawendones, Math. Jopchens Gorteler u. hanns Moys Bewtelers an eyner u. fraw Barbara langhansynn am andern teilen und haben becant das sie einen entscheit u. vorrichtunge gemachit haben von wegen des Totslags den die obgnanten Gorteler u. Bewteler an derselben frawn Son Jeronimo langhanns begangen haben. also zum irsten, so sulln die bemelten fier Paul Watzel Sigmund Hawendorn Math. Jobchen u. Hanns Moys eine Creutze lossen setzen in dem werdern da sie den bemelten Jeronimum langhanns irschlagen haben Czum andirn mole sulln sie bestellen u. machen fier selebad so balde sie aus der ochte komen, also das dieselben fier selebad nachenander in fier wochen gemacht werden ane vortzog u. zu itzlichem bade sullen sie den armen badenden ein firteil langewele geben zu tranke die do gut ist Czum dritten mole sullen sie bestellen u. lesen lossen in den fier Clostern zu sinte Albrecht zu sinte Jacob zu sinte Dorothean und zu sinte Bernhardine in itzlichen xxx selemessen Czum fierden sullen sie geben vij Gulden dem kirchenvater zu sinte Dorothean zum gewelbe zu hulffe Czum fumfften sullen die gnanten fier Totsleger eine Romfart bestellen mit eym aus en nemlichen mit Watzeln adir Sigmunde personlichen die andirn drey sullen daheyme bleiben u. eyn gantz Jare alle suntage u. feyertage keinen ausgenomen dese nachgeschrebin kirchen besuchen nemlichen (folgen die Namen von 7 Kirchen) u. in .ider derselben itzlicher V pater noster mit v ave Maria sprechen u. einen heller legen uff die toffeln ader Stock alle obgnante Suntage u. feiertage ein gantzes Jar als ohinberuret ist. Czum sechsten sullen die gnanten fier Totslager fir mrg armen leuten geben in die Spitalia, zu sinte Barbaren eyne halbe mrg, zu sinte Math. eyne halbe mrg, zu den eylfftausunt Jungfrauwn eyne halbe mrg, czum heiligen Geiste eine halbe mrg, zu sinte Bernhardino eine halbe mrg, zu fleische den Brudern zu sinte Lazarus eine halbe mrg, zu sinte Jocob eyne halbe mrg zu dem Bawe, und das obgeschrebene sal allis usgerichtet u. vorbrocht werden zwuschen hier u. Nativitatis Marie virg. gloriose nehstkomende u. offinbar beweisit werden das es alles also gehalden ist u. das es auch also sol gehalden werden, haben ungesundirt globit die obgnanten (folgen die Namen der Bürgen) ungeferlich u. ane alle wedirrede.

> prorogata sunt promissa nondum tenta usque ad dnicam Judica venturam sine alia prorogatione et maneat fidejussio in vigore de consensu mulieris. Actum Sabbato post Pauli Conversionem.

Nr. 86.

1476.

(Stadtbuch von Strehlen in Schlesien. Königl. Staatsarchiv zu Breslau.)

Bekennen etc. vor unns komen der Erbar weiss Jacob von lindenaw Nickel habirdorf Nickel Scholts von Nemen und Swartcz Andris ouch von Nemen von Iren und all irer frunde und moge wegin mundisch und unmundisch dy durch Iren willen thun und lossen wollen an eyme und Hannos und veczencz Schuwerts zone am andern und haben becant wy sy sich frundlich und liplich mittenandir vortragen und gescheiden haben umb eynen Todtslag den hannes und vecentcz gebruder wider got glich und wider recht an Andrisse Gelenen zone yemirlich hatten begangen und brocht von desir welde. Also das dy egnanten gebrudere 6 gulden und 1 steyn wachs weis Jocobe und seynen frunden haben gegeben an des abgemorten zele zuhulfe zuwenden und sullen en gebin ij mrg (mark) uff mitfaste nehistkunftig, XXX zelemesse bestellen, ynschreibin Jns totenbuch zu Stralen, Eyne marter zusetzen wo sy zu rothe*) wurden. wenne denne sulcher entscheid allinthalben gehalten wirt So sullen dy burgen ledig seyn der sachen halben und weis Jacob en Iren briff widir hirobir antworten sal ane widerrede. Ap weis Jacob abeginge so sullen die andern obgnanten frunde allir sachen mechtig seyn offczunemen und sulchen entscheid helfen zuhalden als her selbist. Ouch ab Andris frunde und moge nochmals ymer umb den totslag reden und des yn arge gedencken welden, So sullen die obgnanten weis Jacob adir seyne gnanten frunde helffen rothen und anhalden ire frunde sulche richtunge fort zu halden alse obin berurt ist, adir eyne frundliche entforunge mit worten offczunemen von den gnanten hannes und vecentcz gebruderen.

---

*) Rathe.

Nr. 37.

1481.

(Stadtbuch v. Goldberg. Königl. Staatsarchiv zu Breslau.)

Entscheit mit Hans Pflanzin und grewlich ex parte homicidii.

Bekennen etc. mit unserem Stadtbuche das wir nach gehabtes vleysze mit payder part willen off eyn nawes gancz und gar hans pflanczin an eym und adaz grewliche von Olberszdorff yn macht und vormundeschaft seynes bruders kinder den ir vater abgemort ist Am andern teyle umb alle schelunge und czwelewfftikeit Entscheydin und entlichen vorricht haben. Noch vorczelunge und richtunge des aldin entscheydis der vormols vor dem aldin Heincze Borwitcze zu lewsserdorff gemacht und gescheen ist Alzo Namlich das zum irsten aller unwille und czwetracht twischen beyden teylen sal hyngelegt u. fortnymer gedocht werden Und sullen gutte frundt seyn enander eren und fordern . So hat der gnante Adaz grewlich vor sich und vor seines toten bruders unmundische kinder wegin globt — Sulchen entscheyt u. vorrichtunge stets feste unvorbrochlichen zuhalden Und dy kinder So sy mundisch werden zu underweysen und ouch dorczuhalden das sy sulchen entscheyt ouch halden und kegin hans phlanzen ader dy seynen yn arge wedder mit worten noch mit werken nymmer gedencken sullen wenne is allenthalben eyne gancze verrichte sache ist. Actum Sabato post luciae Anno 1481.

Nr. 38.

1482.

(Stadtbuch von Neumarkt in Schlesien. Königl. Staatsarchiv zu Breslau.)

Js ist gescheen anno dom. 1482, das ein korszner knecht eynen korzner Jungen ermordet hat. derselbe morder entlieff in das Closter zum heiligen Crewcze uff dy freyheyt. denselben morder mochte die freyheit nicht beschirmen. Und dy Ratmanne mit rate wissen und volbort des Erbaren Cristoff Swenz, zu derzit allhy Burggrefe, nomen den morder aws der freyheyt und saczten den yn der Stat hafte und gefengnis. den solde man gerichtet habin nach seyner vordyneten poena. dorein legten sich allhy etliche korsner und ouch dy korsner knechte gemeyniglich und taten schrifte an etliche ende wo sy wosten domit der sach eyn anstand und uffczogk gemacht wart, das der gefangene bleybe sitzen bis in dy 11. woche. bynnen des saczte man en aws eyme gefengnisse yn das andere, dorumb das der Burggrefe von Im haben welde 14 gulden von solicher tat kegen Jm abzulegen, dadurch dy sach Burglich wart. solches geldes vormocht der gefangene nich aufczubrengin und uff eyne czeyt entliff her aws dem gefengnis, nemlich aws der Scholtkammer ane wissen und volbort der Ratmanne. Und quom in dy kirchen allhy zu sand Andre. do schickten dy Ratmanne zum Burggrefen, der dy czeyt nicht inheymisch was und lissen Im vorkundigen, das der gefangene war awskomen und noch in der pfarrkirchen und boten umb synen rat wie sy sich do inneholden zolden. Dorein her denne nichs wolde raten, sunder sprach, die Ratmanne worden sich dorynne wol wissen czu holden und wart der gefangene von etlichen frawen geslewert *) und quam also henweg. dy sach bleibe also anstehen, der Borggrefe des gerichte halben sweg ouch und forderte von den Ratmannen dorumb nichts und vorclagete dy Ratmannen vor dem Edlen herrn Jörgs von Stayn, dyczyt konigl. anewalds in Sleskien und dorumbe dy Stat czu vil muhe, czerunge und schadens bequam und muste demselben herrn Jorgen von Stayn geben 60 ungar. gulden und musten dy mit der Stat schaden usgewinnen.

Nr. 39.

1488.

(Stadtbuch v. Goldberg. Königl. Staatsarchiv zu Breslau.)

Bekennen das wir mit beyder part wille Paul lubanens nochgelossen witwe sampt iren kindern an eyme und Georg Helmrichte am andern teile In frundlicher weisse geswnet und jescheyden haben Vonwegen des totslages den helmricht an Paul luban off der legnitschen **) strosse begangen hat Nemlich das helmricht von sulgen totslag der frawen und iren kindern iiij marg off fastnacht nehstkomende geben und ausrichten sal und off aller heiligen tag ober eyn jor ouch iiij marg und helmricht sal dorczu ober sich laden und nemen dy gerichte, den artz, vorsprechen, Eine ochfart, eynen dreissigsten, das leichtczeichen, Eine steynene Capelle setzen und eyn Creutze und sullen dodurch gantz vorricht, gesunet und gescheyden sein. welchen vollkomen scheydis der alde domel von Praussnitz der frawen vater und der kinde grossvater neben andirn vil frunden gemechtiget hat und globt So dy kinder zu iren vorstendigen joren komen werden Sy an-

---

*) verschleiert.
**) Liegnitzer.

zuhalden und en zusagen das dy sache allenthalbin gescheidin sy und das sy das in arge mit worten und werken weder helmrichte und seyne erbin nymmer gedenken noch mit fedeschafft rechin sulden. deme denne dy frawe ouch also ezthun globt hod. Actum feria tertia in die Symonis et Jude Anno 1488.

Nr. 40.

1489.

(Stadtbuch v. Strehlen. Königl. Staatsarchiv zu Breslau.)

Wir Rothmanne czu Stralen, Hanns Voitko Burgermeister, Petir Jandral, Hanns Zor und George Hoff meteratmanne doselbst Bekennen etc. das wir durch bete und mit dieser beider teile wille eine gancze richtunge haben betaidinget tzwischen Hedwig Steffan Cunczinne von Oberschrei bersdorf und Matzken Crauwa Jrem Swoger an eyme und Jocob Molner, Micheln .... und Mohl Mathis ouch von schreibersdorf am andern teile von wegen eins totslagis an Steffan Cuntczen der gnanten Hedwig elichen manne und Matzken Crauwa bruder uff Jegler gut begangen, den sie wider got und recht leider gotis yemmerlich irmort und irslagen haben. Suliche sachen sint die gnanten teile an unns gegangen mechtig unstreflich zu halden, was wir tzwischen en wurden sprechin. Alse haben wir also entscheiden. das beider teil unwille kegen enandir abegethon seyn sulle nymer in arge czugedencken. Jocob Molner mit seinen helfern obgnant sullen Eyne Martir setzen und eyn schock genge moncze tczuschen Sunde Bartholomei tag nehist zukunftig der egnanten frawen geben Item drey fundt wachs, 1 firdung zum Vigilie und leichczeichen sullen bestellen tczwuschen hie und Bartholomei. Item sechs firdunge sullen sie aber der benanten Hedwig off Sante Michelstag und sechs firdunge uff fassnacht nochenander folgende unvorczoglich gebin. Item dreye funth wachs off Ostern der frawen antworten sullen. Item eyne Ochfart zu leisten off die komende Christheiligtage; dreissig zelemessen zubestellen tzwuschen weynachten. Und von Gerichten zu brengen wo es hangit und langit ... Geschen am Suntage vor Sand Johanis des tewfers tag. Anno dom. 1489.

Nr. 41.

1490.

(Stadtbuch v. Strehlen. Königl. Staatsarchiv zu Breslau.)

Bekennen etc. Vor unns komen sint (folgen die Namen) wegen eynes todslages, den dyselben Hans Paschke und Mertin an Symon Fedlern der gemelten Magdalenen elichen Manne begangen und yemmerlich irmort und von diese irtde (Erde) brocht haben. Also das hanns und mertin gebruder gerichte und arcztgeld wo das hangit und langit ob sich genomen haben und sullen von fier funden wachs leichczeichen legin, Czwee dreissig zelemessen, eine in der pfarrekirche zu Stralen, das ander wo sie kysen, eyn marter setzen und newn marg heller der obgnanden Magdalenen und Iren unmundischen kindern geben. doruff denne fier marg an diesem tage gericht sint; Czwue marg sullen gefallen off Sandte Michels tag nehist imkunftig und dy andern drey off Sandte Michels tag ob eyn Jar. Ouch also das Mathis Scholts (Vater der Ehefrau des Erschlagenen) vor seinem erpherrn (Erbherrn, Grundherrn) zu Crichen czweene burgen sal setzen und das brifliche beweisunge und des erpherrn Segil brengen uff den komenden Sandte Michels tag, das die unmundische kinder Ires vaters totslag durch sich noch durch nymande kegen den benanten hanns und Mertin Pasken gebruder noch kegen den Iren nymmer in arge gedenken sullen zu ewigen czeiten. Actum am freitage nach hymelfart unsers herrn anno 1490.

Nr. 42.

1490.

(Signaturbücher der Stadt Breslau. Stadtbibliothek daselbst.)

Margareth Brigermittlynn mit Math. Wagenknecht Schneider irem gekornen vormunden und andirn iren frunden vor sich und yre kinder und hat bekant, das sie sch vorricht habe mit Jocob Scharer, Wenczel Schewenkorb von der Iglaw von wegen Hanns Schmedt selbschuldigen, der als iczunder gefenglich siczet des totschlags halben den er an Mathiam irem Sone doselbs zur Iglaw begonst hat Nemlich also das ir wille und yowort sey, das dem genanten Hanns Smedt gnade geschee und zu bussen komme und zuvoran das der genante Hanns Smed selbir personnlich eyne Romfart thue und beweysunge brenge das er die geleystet habe, auch ein Crucifix setcze und das er der genanten frawen Margritten des obgemorditen mutter als der nehisten vierczehn gulden ungr. gebe und sende Ir die hier kegen Breslaw uff Elizabeth

ane awsrede czu Iren handen die czu wenden czu Ires Sones
zelen zelikeit adir sust domit zu thun, als sie wil Am Montage am tage francisci confessoris.

Nr. 43.

1491.

(Signaturbücher der Stadt Breslau. Stadtbibliothek daselbst.)

Simon Hoffeman an eynem und Matt. Rüben u. Niclas
Gramscher in Macht u. als Bürgen Matt. Lindoffsky u. Mattes
seines knechts der macht sie sich antzogen und vor stat-
habung globten am anderen und haben becant das sie durch
die Ersamen Caspar Popplaw und Gregor köler unser
Rathsfreund gantz u. gar vorricht und entscheiden sein
des todeschlags halben den der gnante Matt. Lindoffsky begangen hat an thomas hoffeman Bruder u. In zum hundesfelt
irschlagen, nemlich also das der gnante Matt. Lindoffsky
geben sal frantze thomas hoffeman nochgelossen kinde newn
marg u. uff Mittefasten nehstkunftig antzuheben und zu geben
drey marg, dornoch uber eyn Jor Mittefasten folgende och
drey marg und dornoch uff Mittefasten aber drey marg Sal
och eyn Cappelle setzen doreyn ein Crucifix und die decken
und sal eyn fardt gehn zum heilgen Blut Was och den Bar-
bir betrifft u. schuldig ist, sal her och ausrichten, domit
sullen sie allenthalben vorricht gantz u. gar entscheiden sein.
Actum feria quarta noch Lucie.

Nr. 44.

1492.

(Stadtbuch v. Goldberg in Schlesien. Königl. Staatsarchiv zu Breslau.)

Bekennen So und nodeme Jorge und michel sussenbach
vom polnischen hondorff und cristoff hofemann eyn totslag an
merten kefferberge zu kunradiswalde begangin habin Jst vor
uns derhalben Eyn entlicher volkomener scheyd geschen
zwischen den obgnanten selbschuldigen an eyme, Michel
kefferberge, Jorgen kefferberge, Georgen Helmrichte, Nickel
schultzen des toten frunden und Hedwigen kefferbergynne
des toten verlossene witwen In formundschafft Margarethen
katharinen, Georgen Cristoffen und Veczentzen der frawen
kynder am andern teyle Nemlich das die gnanten drey selbschuldigen dy gerichte wo dy hangen und langen gewynnen
sullen, dorczu den arczt gewynnen und den vorreder seyn
vordint lon geben Und die czerunge beczalen offe neste sy
dy abebrengen mogen. Dorczu eyn erhafftig leychczeichen

bestellen mit vilgen und eynen dreyssigesten u. eyne steynene
capelle lossen setzen wo dy frawe hyn kysen wirtt. Und
sullen dorczu geben vj marg zu eynem zelegerethe des toten
sele zu notze und fromen noch der frunde irkentnis wo hyn
sy wellen Sunder an der frawen und irer kinder notz sullen
dy nicht gegeben werden . . . . . Actum am Sonnobinde vor
palmen 1492.

Nr. 45.

1498.

(Signaturbücher der Stadt Breslau. Stadtbibliothek daselbst.)

Wir Ratmanne etc. Bekennen etc. Barbara Gregor Grünin
mit irer kinder u. Cristoff gutflaisch Ir erkoren vormund
an eynem und meister Jörg koch von wegen Lorentz schemschitz sein Bruder und Jörg schemschitz desselbigen lorentz
schemschitz Son mit sampt Märtin pordiss am andern teil
und haben becant von wegen eines todesslag an Gregor Grün
geschehen nach laut u. Inhalt einer tzedel die wir verhört
und gelesen haben u. von wort zu wort also lawtet: Item der
entscheit der geschehn ist am Abent aller heyligen ist eine
verrichtung geschehn zwischen Steffan Grün u. seinen gutten
frunden die des todschlages vollmechtig haben angetzogen
zwischen Lorentz Semschitz u. Jorge Schemschitz sein Sun
und Mertin Pordiss die in den sachen beruchtiget seint, die
haben ein eintracht troffen mit dem obgnanten widersachen
und dise verrichtung ist geschechen in dem haws Simon
kabitz, dabey seint gewest die Ersamen hrn hr hanns feldner
hr hanns Bochwitz u. hans Gründel, hans hoffman u. hans
meyssnest, Jorg koch, die seint gewest bey dem teil der
Semschitz u. uff Irem Teyl Steffan Grün, dabey seint gewest
Simon kabitz u. Jacob öme ein Cretzmer u. Cristoff gutflaisch
ein tzymmermann und der hoffman zubrogk mit seynem Sun
die haben sich in eine sulche Richtung funden: Also das sich
lorentz schemschitz sol geben czum ersten zwo malden korne
in einem Jar u. tage u. dreissig Selmessen zu lesen und das
leichtzeichen (sic) uszurichten u. das Begrebniss auszurichten
u. sechs mark vor wein u. tzerung, die armen kinder die zu
erneren u. dem alden vater tzwe Scheffel korn und das den
frunden zu entphaen also das billich ist zu der bilssnitz alles
das. Also ist der entscheid geschehen. dabei seint gewest die
obgnanten die da oben geschriben stand vor das gelt u. vor
die verrichtung die da geschehen ist, ist Meister Jörg koch
in der herrnmöll vor dieselbigen frund gut dieselbige rich-

tung zu halten. Item das ich habe geben Steffan grün sechs
Gulden am Sonnobinde vor Aller heyligen tag u. haben Im
lassen usmessen von dem metzen acht scheffel korne auch an
demselbigen tage, dabay ist gewest hans der obirst markt-
knecht u. hans meyssnest. Item das Im gegeben ist eine
halbe marg u. sechs gr. von dem Begrebniss u. ein gr. zu
leuten am Tage Allerheyligen u. Peter Schwartz ist dabei gewest u. hanns Meissnest. Item an dem frytag vor dorethe
da hab ich gegeben ein halb schog vor dreissig Selmessen
dabey ist gewest Güntzel von Peterwitz u. Mertin Pordiss von
dem cant. Item der hoffman zu borgk der hat die Licht
entpfangen zu den leichtzeichen auch denselbigen Tagk vor
Dorothea freitag. Item Güntzel von Peternitz der hat entpfangen einen scheffel korn uff die verrichtung die von
mainen schwager . . . . zu Peterwitz. Am Montag post Reminiscere 1493.

Nr. 46.

1494.

(Signaturbücher der Stadt Breslau. Stadtbibliothek daselbst.)

Wir Ratmanne etc. Bekennen etc. das wir tzwischen den
Erbarn Baltazar von Sliwen Gompricht gnant an eyme u.
Merten Lewschener u. Barbare seiner Mutter mit demselben
Irem Sone u. vormunden an andern teile mit beider willen
u. yowort nachdem sie uns das volle Macht gegeben haben,
einen solchen Ausspruch in der swne gethan u. gesprochen haben. von wegen des totslages an des gnanten
Merten Lewschners vater gescheen, Also nemlich das sie am
irst vor alle ding gutte frund sein sullen u. nachdem die
sache vormols vor gnanten hrn u. frunden vorricht ist, also
dann der gnante Baltazar Gompricht sulchs mit uffrich-
tigen Brief u. Sigil des Ratis von Canth beweiset hat, das
solche Berichtunge allenthalben wie dy Jnnehalt bey craft und
macht bleiben sal unvorgreiflich. Auch sal Merten Lawsche-
ner und Barbara seine Mutter en lossen gnugen an dem
swertte das en Baltazar Gompricht vor etlicher Zeit gegeben
hot, das etwa Lewschener gewest ist und sullen weiter keine
ansprüche noch rede haben eines andern swerttes halben in
keyner weise, dergleichen sal Gumpricht en empfurunge tun
das ungemachs wie der an des gnanten Merten Lewscheners
Vater begonst ist, als er denn vor uns uff steender stat
gethan hat. dergleichen sol der gnante Gompricht lossen
lesen dreyssig selemessen in einem Closter do er ynnikeit

haben wurde u. wenn er das tun wil, so sol er sie das lossen
wissen, damit sal es sein eine gantz vorrichte sache, wo die
hanget u. langet, die beide teile globet haben unverbruchlich
zu halden u. der in arge nicht zu gedenken durch sich noch
nymands von Jren wegen mit worten u. werken noch sust in
keiner weys. Am Mittwoch vor Philippi et Jacobi Aposto-
lorum 1494.

Nr. 47.

1494.

(S[t]adtbuch v. Schweidnitz III. Bl. 54. Rathsarchiv daselbst.)

A. 1494 . . . haben bekant das zwischen en von wegen
des totschlages so von Lenhard schnorbein an merthen hyg-
man zu Panckendorff gescheen ist, entlicher entscheit und
ganczliche furrichtunge gemacht sey wy hyn nachfwlget. Zum
irsten das Lenhard schnorbein hanes hygmann merthens hyg-
mannss Vater und dy ffraw umb Goteswille beten sal das sy
em dy sache des totschlages halb fürgeben. Czum andern
sol Lenhard schnorbein thun eyne ochfart In eynem Jare von
tage disses richtig Und sal gescheen mit der ffrawen wūst
also das her Ir zu wissen thw wenn das sein sal adir wer
daz thun wird. Sal bestellen eyn dreyssigsten und eyn Selebat
dortzu setzen eyne steynene Capelle kegen Panckendorff vor
die bröcke und dorayn lassen machen eyn Crewtze ouch In
eynem Jore. her sal ouch bestellen eyn leichczeichen mit
aller zugehörunge und dy kerzen sullen haben vier pffunt
wachs u. sal geben der ffrawen vor das arcztlon eyn gulden
hungarisch, sie brenge es abe kegen dem arczte uff das
nehste als sie kan und uff das sie Ire unmundische kynder
diste bass*) erneren (ernähren) und geczihn kan sal her Ir
geben viercehn marg, seben marg itzunt bereit dy andere
seben uff Walpurgis nehstkunfftig obir eyn Jar. Ouch sal
Lenhard schnorbeyn dy gerichte zu Panckendorff öber sich
nehmen . . . . . . Ouch had bekant dy ffraw durch iren
vater obbemelt das sulche richtunge von Lenhard Schnorbeyne
gehalden und aussgericht sey biss uff dy ochfart, steynene
Capelle und dy gerichte so her zu Panckendorff kegen Cristoff
bogk abbrengen sal und dy seben margk dy Ir uff Walpurgis
ober eyn Jar werden sullen. Wenn das ausgericht u. fur-
bracht wird sal alssdann dy ffraw des Lenhard schnorbeyne
bekenntniss thun. Dass haben sie gebeten In unser Stadtbuch zu zeichnen lassen.

---

*) desto besser.

Nr. 48.

1494.

(Stadtbuch v. Strehlen. Königl. Staatsarchiv zu Breslau.)

Actum anno 1494 am dinstag In Osterheiligentagen.

Wir burgmeister und Ratmanne zu Stralen Bekennen offentlich vor ider menniglich, das wir off fleissige ansuchunge namlich Mathis und Simon gebruder Scholtschen zone *) von plowe **) beneben Iren frunden an eyme und Lorentz Matzaken zon von Brositcz von wegen Mathis Matzaken seligen seines Bruders und andern seinen beigehabten frunden am andern teile von wegen eynes mortslages als von beiden teilen gewelte entscheidsrichter eine gantz grundliche sunliche und fruntliche richtunge gemacht und derhalben betaidigt haben mit beider part wille und vorworte yn mosse wi nochfolget. Also czum ersten sullen Mathis und Simon gebruder als handschuldige . . . . Mathias Macziakan Son von Brositcz, der von en vom leben zu tode unschuldig bracht ist, thun vor schaffen und bestellen eyn erlich leichczeichen zu Brositcz mit fier pfund wachs und ander zugehorunge wie gewonheit ist das das gehalden werde und donoch balde bestellen das Im auch eyn dreissigsts gelesen werden tzwischen Ostern und pfingsten. Item Sie sullen auch von Sante Johannistag des tewfers obir ein Jar kunftig vor dem Birkencratschem ***) bauen lassen eyne steinen Capelle yn form und weise wi die vor Stralen gebawt sint, die denn vor dem gemelten tag tag gantcz vorbrocht und stehn sal, Item Sechs marg heller sullen sie geben und awsrichten und vor des abgestorben nehisten frunden nyderlegen, die dann von en mit gewissen angewand †) sullen werden zu armen kirchen wo die notdurft fordern wirt, off czwene tage itzund, off Bartholomei kunftig 4 marg und donoch off weynachten jj marg. Item Sie sullen auch kewffen und schicken fierczehn tag vor Ostern zukunftig czwene stein wachs, die auch des abgestorben nehsten frunden overantworten zu kirchen anczuwenden wo von en erkant wurde. Auch sullen die gemelten busser und handschuldige thun und leisten zu troste der armen zelen von itzund als dinstag obir eyn Jore eyne achfart und yn einem wege off der widerfart ken heiligen blute und zu ider fart globwurdige kuntschaft adir leistunge brengen briflich ader mundlich, auch sullen die egemelten ††) busser allis gerete und handgewere, das von en adir iren mithelfern dem abgemorten menschen

---

*) Söhne. **) Plohe, Dorf im Kreise Strehlen in Schlesien.
***) Birkenkretscham. †) angewendet. ††) ehegemeldeten.

yn gemelten offrur entwurden weren widerschicken und den nehisten frunden oberantworten und ferrer ken gerichten so weit das gelangen mag richten und abtragen. Ouch sullen dyselben busser zusampt Jren nachfolgern vor allir egemeltin ausrichtunge des vorstorben nehisten frunden billich entfurunge thun wie gewonheit ist. Und off den nehist kunftigen Sontag Quasimodogeniti denselben nehisten frunden der muhe und czerunge halben die doruff kegin Gerichten und arcztgelde gegangen ist geben 4 marg landiswere und donebin*) gnugliche Burgschaft bestellen mit Czwelf Burgen die toglich**) und gnugsam weren des egemelten abgestorben nehisten frunden sulche richtunge czu halden anczunehmen und wie von en awsgesatzt zw glouben sullen. (Folgt das übliche Versprechen, beiderseits den Vergleich zu halten) . . . und so sy in irkeinem stucke sewmig wurden und nicht hilden, so sal sulche richtunge gantz entczwee gehn und abeseyn an allen yntrog fortil und hinderniss. Uff dassich beide part dess richtunge noch dester sicher halden wissen, haben wir egedochten Burgmeister und Ratmanne als gewilte entscheids Richter diess lautes czwu Czedeln awsgesnytten und jdem teil eine oberantwort auch Jn diss Stadtbuch vorczeichen lossen.

Nr. 49.

1494.

(Stadtbuch v. Goldberg in Schlesien. Königl. Staatsarchiv zu Breslau.)

So und eyn todslag am tage der heiligen katherine an cristoffen paul cleinhanns son von veczentze der gabelynn son, Math. photzener und Jocobe mathias schultzen knechte gescheen ist, Seyn vor uns In sitzendem rothe komen Paul cleynhanns und seine frunde irzelende***) was mordes und grawsamer gewalt an seinem sone geschen und Betende an den Mördern dy sy gefenglich inbrochten was sich zu rechte fordert gescheen lassen Doruff der gnanten Mörder frundt her getreten sint, Sich zu sulgem†) morte becant und paul cleynhannsen mit seinen frunden gebeten En um gotes und seyner liben muter willen gnode und Barmherzickeit zuerzeigen. Dass denne paul cleynhanns und seine frunde umb gotes und seiner liben muter Marien willen gethon und den obgnanten morderen sulgen zu gnoden gestalt und zupurgen hant komen lassen Vor welche dysse nochgeschrebne purgen

---

*) daneben. **) tauglich. ***) erzählend. †) solchem.

Nemlich (folgen 10 Namen) mit gesampter hand globt haben Was dy Rathmanne aussprechen und dirkennen werden was itzlich teil thuen und offnemen sal dorbey sal es unweder-sprechlich bleyben und also gehalden werden.

So denne dysse beide teil mechtiglich an uns Rathmanne off erkenntnis komen seyn, Doroff irkennen und spre-chen wir In der frundlichkeit und nicht off grundt des rechten Dass veczencz der Gabelynnen son der sulgen totslag gethon hot Eyne ochfart xiiij tage nach Ostern unge-ferlichen personlich leisten sal und das leichczeichen mit Vilgen, messen, leuteton und mit xjj phunt wachse zu lichten und sust wo es hanget und langet ausrichten und tzwene dreysigsten lossen lesen Den eynen in der pfarren den andern Im closter und sal lossen setzen eyn steynene capelle und j steinen krewtze und dorczu eyn Selebat mit Zugehorunge von eynem scheffil weizen ouch Broth von j modius korn und eyn achtel byr und j ffirdung Jnczuschreyben und iij gulden zur monstrantczen zwischen hy und fastnacht und der stat iiij malder haber von der gerichte wegen.

Mathias plotzener zam (als) eyn volleyster Sal thuen und leysten eyne ochfart xiiij tag noch ostern und ij dreyssigsten Im closter lossen leszen und ij marg zur newen monstranczen und j marg brive gelt geben und der stat xviij modius haber.

Jocob des schulctzen knecht zam eyn volleister sal geben j golden zur monstranczen zwischen hy und fastnacht und vj modius avenae.

So sal paul hensels son zam eyn Volleister zwischen hy und fastnacht j marg gebin zur Monstrantzen und paul cleynhannsen das neste Brive gelt xviij gr wederkeren und geysselern gewynnen Dorczu j golden in xiiij tagen legern, dorczu xviij mod. avenae.

Zum letzten hot veczentcz der Gabelynne son als eyn selbschuldiger und dy andern drey volleister Es paul cleyn-hannszen entfurt und noch unserem irkentnisz abegebeten wy recht ist, welge entfurunge paul cleynhanns mit seinen frunden angenomen En das umb gotes willen vorkorn und vorgeben. Actum feria vj ante Andree apost. 1494.

Nr. 50.

1495.

(Signaturbücher der Stadt Breslau. Stadtbibliothek daselbst.)

Die Ersamen hanns hawnolt u. Mathis lebe unsir ge-trewe eydgenossen und haben becant das sie eine gantze volkomne vorrichtunge u. entscheit gemacht haben zwischen etlichen partten eines todslags halben. nachdem die gnanten beide parth selbs personlich zu keginwort gestanden u. sich zu solichem bericht becant und zugestanden nach Jnnehalt einer tzedil dy vor uns und en ist gelesen wurden also lawtende von worte zu worte Es ist eine vorrichtunge gescheen zwischen Jeronimo ungerothen von Lewten und seinen underthanen an eyme u. Absalon Swobsdorf u. dem Scholtzen u. der Gemeinde des dorffes Malkewitz, Wolff von kriptau u. benisch von Romnow am andern teile des todslags halben zum Smoltz gescheen also nachfolgende. das der Scholtz mit sampt den obgnanten uber sich nemen sullen furderlich die sachen der gerichte halben zum Smoltz gescheen. Danach alle u. idliche gerichtskoste brieffengelt bottenlon vorredergelt, barbirgelt. tzerunge Darlegunge u. alle kost die denn daruff gegangen ist wo es hanget u. langet ausstzurichten u. betzalen sullen. dartzu sullen die obgnanten geben tzwanzig marg heller das landes warunge nemblich uff weynachten irstkomende tzehn marg, darnach uff Walpurgis aber tzehn marg Sulche tzwentzig marg sullen sie legen vor Jeronimo Ungerotten erbherrn zu Lewthen, der frawen u. Iren kindern zu fromen zu des toden manns zele zelickeit zu vorschaffen, dartzu sullen sie in Jar u. Tag eyne hultzene Capelle u. ein steynen Crewtze an die stelle setzen, do der Todslag gescheen ist, dartzu sullen sie thun eine farth zu dem heiligen Blutte u. dartzu eine fart gegen Oche leisten In Jar u. Tag u. des wissenschaft bringen das sulchs gescheen ist. Sulche obgeschrebene sache haben die obgnanten globit mit gesampter hand bei allem das sie haben, bei der pfandunge samt alle recht daruber ergangen weren. darein Absalon Swobsdorff Ir erbherr vorwilliget hat u. zugelossen und haben sich vorwilliget das Ungerotten des einen Brieff nemen sal zu Breslaw vor dem landrechte, uff das beide teile vorsurget sein. — Am Freitage nach Francisci Confessoris.

Nr. 51.

1495.

(Stadtbuch v. Goldberg in Schlesien. Königl. Staatsarchiv zu Breslau.)

Wir haben von zugebunge aller part vordocht, In dem todslage Bernhard Bartolden Gemittelt und mit grosser muhe desenn heengelegit und nach unserm besten erkentnis Gescheydin Vornemlich zum Ersten also Das Steffan Aszhelin deme sulger todt zugelegit was sich begebin had wy wol her

meynte her queme von des Schulczen wegen dozu von Schonfelt,
das der Schulcz zu Schonefelt obir sich nemen sal dy Gerichte
und dy Ochte wo ys hangt und langt und en freien doron So
zu welde her em zu beistand geben iiij mrk Vornemlich ij uff
Bartholomej dy andern ij sulde der schwltz bnanter uff walpurgis haben von wegen seynes Erbegeldes, welges der Ege-
dochte (ehegedachte) Schultcz zu Schonefelt annam und nam
ditcz von Steffan Aszhelin mit mundt und hand uff Globende
zum ersten an Dy Gerichte von seynet seynes sones und
Steffan Aszhelins wegen Czu gewynnen wo sy hangten und
langten dovon zufreien, Czum andern Sal her dem hybnanten
(hiebenannten) Lorentz Bertolde von wegen des todslagis
geben und auszrichten viij mark uff pfingsten obind erst-
komende alhy vor Rothistische (Rathstische) dy andern iiij
mark donoch uff Bartholomej wy vor und sal czum dritten
uff sich nemen j mark und dy czalen Happiln dy vorczert
yn der sache ist ader halden mit seyner gunst etc.

Czum vierden habt sich der Schultcz und Steffen Aszhelin
kegen Lorentz Bertolde geeussint (entäussert) aller boser
beger hyndernisz mit worten und werken nymer in arge czugedencken und kegen alle den dy hyran vordachtig sind ge-
wesin und habin ys eyn teil dem andern abgebetin und umb
gotes willen vorgeben mit munde und hande globende ys wy
bered sted und feste czuvorsprechin Jn unser buch und ouch
zuhalden unvorbrochlich. Actum 4ta ante Jubilate 1495.

Nr. 52.

1495.

(Signaturbücher der Stadt Breslau. Stadtbibliothek daselbst.).

Die Ersamen Jeronimus Meissener unsers Rates eldester
Allexander Thomeritz unsir getrewe eydgenos und habn becant, das sie eine volkomliche vorrichtunge gemacht hetten
zwischen Hanss Schramme von der Sweidnitz vor sich und
in macht Gregors Schrammes seligen seines bruders kynder
und Dorothea Schrammynne seines Bruder weib u. aller
derselben fruntschafft an eyme und Paul Peynny und Hanns
Peinny seinem Sone zu Swoitsch am andern teilen des totslages halben so an Gregor Schramm leider begangen mit
aller teile willen und yowort: .... Item am irsten sal der
vater mit seinem Sone eyne entphurunge thun Hanns Schrammen und beten (bitten) umb gotes und Marien willen em
solchs was an seinem bruder gescheen zu vorgeben. Item so
sulln der gnante Paul Peynngk und sein Son lossen lesen drey

mol dreissig zelemessen. Item lossen setzen ein steynern
Crewtze und eyne houltzene marttir an die stellen, do der
mord gescheen ist. Item leichzeichen zu legen. Item sich
mit dem barbirer zu vortragen. Item Hanns Peynny der
Junge sal ein Ochfart selber thun. Item den armen nachgelossen
kindern und ouch Hanns Schrammen vor tzerunge und muhe
geben achtzehn mrg, Nemlichen itzunder sechs marg. Item
sechs mrg uff Johannis baptiste irstkomende und sechs mrg
Itzunder vor Martini uber ein Jar. Item kegen den gerichten
abtzulegen und tzu geben tzehn mrg nemlich funf mrg
itzunder und uff Martini obir ein Jar aber funf mrg von
wegn des frevils und mordes obn berurt.
     Act. Sonnobinde nach Omnium Sanctorum 1495.

Nr. 53.

1496.

(Signaturbücher der Stadt Breslau. Stadtbibliothek daselbst.)

     Eine Menge Bauern (folgen die Namen) von Hermanns-
dorf, Lissa, Kriptau, Stabelwitz, Rathen, Neukirch haben
„globet gegen den Abt u. sein Convent allhie uffem Sande u.
allen seinen underthanen vor Merten heinken u. Math. heyn-
ken vater u. Son, des Gefengniss, so sie allhie in haffte des
gnanten hern Abtes eines todslagshalben gesessen in arge nicht
zu gedenken — u. vor einen cristlichen orfrede als orfrede
recht ist — nach Inhalt einer tzedel die vor uns bracht u.
in aller Irer kegenwort ist gelesen wurden von wortte zu
wortte, also lautende: Von wegen eines todslages ist bere-
dunge gescheen in die Visitationis Maria virg. Czu dem
Irsten so sullen die armen leute, deme der zu Tode erslagen
ist lossen lessen dreissig Selemessen als sich geboret, Czu
dem andern sal man legen Leichtzeichen nach gewonheit auch
als sich geboret, Czum dritten sullen die armen leute thun
ein geburlich Ochfart kegn Oche. Zum firden sullen sie
bawen eine gemayne Capelle ader Crucifix an einem wegk
nach gutgefallen des hrn Abts zu unser liben frawn Amacht-
leute. Zum funfften sullen die armen leute vorburgen einen
cristlichen woren orfrede vor sich und ire geerben nach des
landes gewonheit u. op sich yndert des erslagen frunde
worden fynden, des sullen sich kegen en vorantwortten ader
entnemen allenthalben wie sich denn geboret. Zum sechsten
so sullen die armen leute geben und ausrichten den amacht-
leuten des hrn Abts zu abtrag der gerichte twenzig Gulden
ungr uff Michaelis u. Weinachten. Damit ist die sache gantz

u. gar entscheiden u. sal also gericht sein. Am Mantage
nach Visitationis Marie 1496.

Nr. 54.

1497.

(Signaturbücher der Stadt Breslau. Stadtbibliothek daselbst.)]

Wir Ratmanne etc. Bekennen etc. hans grundel von
wegen Michel grundels seines sones als selbschuldigen eines
u. Michel bemisch unser geschosser andersteils u. haben
becant, das sie durch die Ersamen (folgen die Namen) unsere
getrawe eidgenois aus unserm mittel dortzu gegeben und sust
durch andre gutte frunth gentzlich vorricht und entscheiden
wern von wegen eines Todslages nach Inhalt einer tzadil die
sie uns furbrochten u. vor en und uns gelesen warth von
worte zu worte also lautinde:

Hans grundel sal zum irsten thun ein Ouchfarth vor
seinen Son uff seine eigene tzerung u. ungebettelt. Item zum
andern soll er lossen machen ein Crucifix u. ein Bild der
Jungfrawen Marien von steine gehawen zu sand Barbara wo
diss am bekwemsten gesteen magk u. eyn Johannis donebin.
Item zu dritten, das er sal den irmordten in beiden pfarren
einschreiben lassen in das todtenbuch, drei tage in der woche
vor en zu bieten. Czum vierden das er auch vor en in beiden
pfarren uffm Predigstule ein gantz jar alle Freitage sall bitten
lossen. Czum funfften sal er lossen machen drei selebade vor
In und funf dreissigste lossen lesen In der pfarrkirchen.
Czum sechsten sal er geben ein stein Wachs, Czum letzten
sal er den gewundten Jungegesellen von dem Barbierer freyen.
Quarta post Quasimodogeniti 1497.

Huic Concordie satisfactum est et deletum annuen-
tibus partibus Sexta ante Johannis Baptiste Anno etc.
Nonagesimo octavo.

Nr. 55.

1499.

(Stadtbuch v. Jauer. Rathsarchiv daselbst.)

Vor uns Rathmanne etc. haben dese hiernachgeschrebene
part einen ganczen vortrag und entscheit gehapt von wegen
Paul Hartmans der in dem Orber von Jocupsdorff dirmorth
und dirslagen ist worden, Nickel freyberg, Caspar Ruffener
Scholcz zu mewsdorff Also forderer des Totslages an eynem,
George hiller Cretzmer zcu Jocupsdorff, Casper domes von
wegen sein und seines brudern unnd H. Ascherman als selb-

schuldigen des andern teyles So dass dise teyll zum Irsten
mit allen, yn disem Orber und Sachen vordechtig, gutte frunde
seyn sollenn und eyn teyll dem Andern yn arge nymer zu
gedenken globet han und Jorge hiller soll den abetrag keyn
den Gerichten halb und sust allenthalbe wie hiernoch yn
deser beczeichnunge befunden suchen und halden und Casper
domes der hinder sich zceut seynen bruder mit Hans Ascherman die ander helffte, So dass die beyd teyll megnanter*)
den gerichten geben sollen VI melder**) haber und keyn
dem Scholczen von wegen des drittenteyles ouch aptragen
sollen und V mark die zu Michell gabriel vorczereth seyn, drey
firdung botten und furlon und IV groschen. Item eyn Capelle
unser lieben frauen bilde doreyn und IV pfund wachs zu
leichczeichen, keyn***) den farderer†) und keyn dem Artzte
und dorczu wo is hanget und langet aptragen das Nickel
freyberg noch Caspar Ruttenern obgnanten keyn bekomerniss
dorausz komen moge. Actum Mittwoch vor Martini A. 1499.

Nr. 56.
1501.
(Stadtbuch v. Strehlen: Königl. Staatsarchiv zu Breslau.)

Bekennen etc. Nochdeme als sichs vor czween Joren hette
irgangen allhy czu Stralenn, das Jakesch und Bernhard walter
Czichner geselle eyn totslag begangen und eynen lorentz witwer genant wider got und recht bofilich leider gotes irmort
hatten. Ist unns redliche brifliche kuntschaft vorkomen das
dy benenten alse rechte bussiger sich mit Mathis witwer die
czeit burggrewen uff Nimptsch des abgemorten bruder und
desselben elichem weibe umb denselben totslag vorricht ent-
satczt haben und ouch gehalden were worden. eyne Romefart geleist, 30 zelemessen lossen, Capelle gesaczt, doron
denne die benanten Mattis und Wenczilberginne en hetten
lossen gnugen als sy sich durch ire schrifte dorzu bekant
hatten Geschen Mittwoch vor trinitatis 1501.

Nr. 57.
1501.
(Stadtbuch v. Strehlen. Königl. Staatsarchiv zu Breslau.)

Vor uns Bürgermeister und Rathmanne der Stade Stralin
globt u. pürge wurden die nochgeschrieben alle mit gesampter
hand vor Woytken des totslages halben zur Neiss begangen

---

*) mit einander.   **) Malter.   ***) gegen.   †) Fürsprecher, Vorreder.

an Nickeln fischern der Stadt daselbst wagenfurer, Also das hans Woytken vor sollichen begangen todtslag bestellen sal dreissig zelemessen, ein Selebadt, eyne Capelle oder marter an scheydewegen setzen und eyne fart mit sambt seinem Weibe ken heiligen blutte gehen und leisten sollen bynnen Joresfrist.

Nr. 58.

1507.

(Stadtbuch v. Jauer. Rathsarchiv daselbst.)

Vor uns Rathmanne etc. Sint komen desze nachgeschribenenn parth (folgen die Namen) bericht, wie sie eine vorrichtunge gemacht eynes todtschlages halbe So Lorencz Schoppe von der Peyle Maz Lumen von peterwicz seinen Szon apgemort hatte, Betennde, czu vorgonnen solchen Contract eynunge vorwillunge nochfolgende yn unnser Statbuch zuschreiben lossen, doran yrleubung geton, konfftlichen zceitten aller teyl bekommernis heengestalt worden. Bekanten das dem egnanten Macz lumen Irstlich apfurunge des totslages seines Szones von lorencz Schoppen geborlich*) gescheen were Ehm (ihm) von Macz lumen seiner ffruntschaft umb gotes wille vorkorn und vorgeben Alzo das lorencz Schoppe zampt seinen Vatter dy Gerichte dorynne der Todtschlag gescheen abzutragen uber sich genohmen hetten und der armen zelen zu troste bestellen sollen Eyne vilge zu singen, leichczeichen und eynen Dreyssigsten zu lezenn lossen zu Furstenaw do der korper zu der Erdenn bestat worden ist. Ouch dre Jerigeczeitten**) Itzliche mit einez leichczeichen drey Jor nach enandir in die kirchen czu ffurstenaw obgnant und czwu wandelkerzen von Sechs pfundenn iczliche von dreyen pfunden doselbst yn obberurte kirchen zu bestellen. Item eyn Selebath machen lassen und eyne Ochfarth durch sich ader eynen andern zu bestellen. Und ap Macz lumen zampt seyner fruntschafft einer gewissenschaft solcher begengunge und bestellunge begerende weher***) So zall lorencz Schoppe mit seinem Vater diselbe wissenschaft von dem pfarrer zu ffurstenaw brengen domith irkennen mogen dem Handell und vorrichtunge bestalt gescheen haben. Item Sollen och eyne Steinen capelle mit zween gehewsen†) dorynne das bilde der Heiligen Jungfrauen Mariae und Sante Barbarae erlich gemacht noch Macz lumens willen an eyne stelle en von ehm geczeigt worde seczen. Und die·zerunge mit seinen lewten allhy zum Jawer

---

*) gebührlich.   **) Jargezeite.   ***) wäre.   †) Gehäusen.

zum Wogmeister geton, auszrichten und Macz lumen uber
Alle icztgeschriebene stocke puncte und Artikell geben sollen
Czeen marg ganghafftige Moncze diselben allhie vor den
Roth uff benampte tage als Nemlich uff Martini nest funff
mr und uff fastnacht baltfolgende aber ffunffe mr zu ge-
trauenen dem oftgenannten Macz lumen einlegen sollen domete uff allen teylen Gancz Entricht, entsatzt und entscheiden
sein eyns dem Andern bey sich noch Allenn vordechtigenn
yn dem geschenen Orber und Sache des vorgenannten Totschlages halben nymer in arge mit worthen noch mit werkenn
zu gedencken. . . Actum die Staniszlai Anno 1507.

Item Macz lumenn Bekante das die Richtunge von wegen
des Totschlages gancz gehalden und auszgericht weer und
diselben vorgenuget bis alleyn uff dy drey leichczeichen ut
supra. Actum feria Sexta post Jubilate. Anno 1508.

Item Brosius Kirstenn het Gewisseschaft brocht der
dreyer leichczeichen von dem pfarrer zcu ffurstenaw doran
ehm Macz lumen hot lossen genugen. Actum feria secunda
post katherine. Anno 1509.

Nr. 59.

1509.

(Stadtbücher v. Jauer Contractus et Composit. 3. 3. Raths-
archiv daselbst.)

Vor uns Rothmannen Gestandenn sinth Macz pfeyffer czu
poschwitz, Symon Thomas, George Michïll, Mates und
Nickell pfeiffer gebruder seyne Szone neben en, Michel Behme
Michel reichart und Andres pfeyffer, Macz pfeyffers bruder
an Eynem, und Bartel Kolbenicz, Hans Kolbenicz Szon von
poschwicz, George Kuneth, Gregor Kuneths Szonn de piterwicz, neben em Merthen Ludewig und vicz Scholcz des andern
Teyles, Becanten, Das sie von wegenn des Totschlags zo
Bartell Kolbenicz und Jorge kuneth Hans pfeiffernn clegelich
apgemorth durch obgnante beywesende Als entscheydt lewthe
gancz entricht entsaczt und entscheydenn werenn, Irstlichenn
Das pfeiffern und seynen Sonen von Kolbenicze und Kunethe
eyne abfurunge gescheen dodurch mit Barmherzigkeyt pfeiffer
mit seynen Sonen bewegeth wordenn umbe Gottes wille gancz
vorkoren und vorgebenn hetten Czum Andern das sy uff
allenn teylenn gutte frundt seyn salden, und welden keygen
enander solches thuns unnd todtschlages In arge mit worthen
noch mit werkenn nymer zu gedenkenn noch keynn Allenn
vordechtigen der Sachen. Czum Dryttenn das dy megnann-

ten Kolbenicz und Kuneth dy Gerichte wo is hanget oder langet gewynnen sollen und derselben aptrag thun, domit dy pfeiffer ungemaneth unnd unbekomerth bleybenn unde sollen den nestenn Sontag vor Elizabet eyn leichczeichen bestellen mit eyner Vilge und Acht pfundenn wachs, dorczu eynen tisch mit essen und trincken wohen dy pfeyffer wellenn och bestellenn sallen und den egnanten Hans pfeiffern gotzelig *) zu piterwicz yn das Totthenbuch eynschreibenn lossen. Item sy Sollenn dem gnanthenn Macz pfeyffern vor seyn vorseumnis und getone zcerunge gebenn funnff marg gange moncze yn virczen tagen, und sich och mit den forredern zampt dem Arczte yn icztgenanther czeith vortragenn, und dy zcerunge piterwicz und zu herr Jorgenn dem Wachmeister gethonn sollen sy ouch geldenn. Ouch sollen sy zwene dreysigenn lessen lossen und der Armen zelenn zu troste eyn Selebath machen. Dese obgnante Stocke sollen sy yn deszem Jore alle auszrichtenn Und sollen doczu yn zween Joren zeczen eyne Steynen Capelle mit unszer libenn Frawenn bilde yn der Szonne uff dy Stelle do dy todt gescheenn ist. Item eyne Ochfarth zu leisten ader durch eyn mitteln person zu vorenden och yn dessen Icztfolgennden Jorenn unnd derselben Leistunge und vorbrengunge von Oche von Einem prister eyne gewisschafft methebrengen. Denne wollen sy vorgenugeth seynn. Und das solche Richtunge stette veste und unvorbrochlich gehaldenn wirth haben dovor globeth mit gesampter handt Hans Kolbenicz, Greger Kuneth, Thomas Schuner Caspar Runbawm, Michell Karber, Andres Lantman und Stenczell engell. Das haben widerumbe Hans Kolbenicz und Gregor Kuneth den itztgenante Burgenn Schadlos zu haldenn globeth. Actum feria tertia ante Martini. Anno 1509.

Nr. 60.

1512.

(Signaturbücher der Stadt Breslau. Stadtbibliothek daselbst.)

. . . . und habin bekant, das sie sich mitenander durch gutte frundt des todtschlages halben den gnanter Pachpetir an gedochtem paul newdorf begangen geschiden und vorricht habin also nemlich: Das gnanter Pachpeter den nachgelossenen kindern gemelten paul newdorfs gebin und ausrichten sal sechczehn marg heller in ganghafftige möntze und dieselben sechczehn marg zu handen den kindern eynlegin sal einem

*) gottselig.

Ersamen Rathe zur Steyne. nemlich uff Johannis baptiste nest czwe schog und ubir ein jar abir czwe schok und also alle jar czwe schogk bis zu ganczer ausrichtunge gemelter sechczehn marg. Und das er uff heutte den gemelten zwehen prudern vor die unkost ausrichten sal die sie derwegen gethon habin vir marg und czehen groschen. dorczu sal er vor die sele ires vorscheiden pruders allhie uffen thum (Dom) khomen czwischen hire und Michaelis und aldo eine busse von seinem beichtvater entpheen. Unnd doselbst siben selemessen lesen lossen und ein leichczeichen mit der gantzen Vigilien und messen zu Kuntzendorff czwischen hie und laurencii nest bestellen und ouch ein dreissigsten czwischen hier und laurencii nest sal lesen lossen seiner sele zutroste. Dorczu eine hulczene Capelle mitsampt einem steinernen Creutze setzen lossen vor die Oder brucke der Stadt Steyne an den scheideweg als man gen Grossendorff czeucht czwischen hier und Weinachten .... Actum feria 3ª. post Do. Exaudy.

Nr. 61.

1514.

(Signaturbücher der Stadt Breslau.   Stadtbibliothek daselbst.)

.... und haben bekanth, dass sie uff gestern czu Kowallen vor dem Ersamen unserm Burgermeister und dem kammerer dwrch mittel gutter freundt umb den totschlag, so an Vecens Schady durch Andres Klud und hanns Zkware gescheen, Inn der sune gutlichen furtragen und geschaiden wern, uns als yrn erbhern Inn der Stadt nahmen vleissig bittende sulchen entschaid zuzulassen. Nemlichen also, das die thotsleger obgenant zum irsten tzweene dreissigste allhy bestellen sullen, Als tzwentzig selemessen zu Sand Bernhardin auch tzwentzig zu Sand Jacob und tzwentzig zu Sand Dorothean, danoch eyn Leychtczeichen dem toten bestellen sullen zum Hundesfelde zwischen hy und Martini. Ouch sullen sie eyne Capelle setzen lossen neben dem Wegk, da der totslag gescheen ist, dazu des yrmorthen frunden geben sechszehn marg zu handen den kyndern obgemelt zwelf marg, und dy andern vyr marg anczuwenden tzu des irmorthen selen saligkeit uf tagezeit, als uff nestkommende weinacht heiligen tage vir marg, die drey den kindern und die virde an des todten sele saligkeit sullen gewandt werden, Also alle Jar uff weinachten zu vyr margken, den kyndern drey tail und das virte tail an des todten selen saligkeit zu wenden biss sulche sechszeen marg gantz und gar ausgericht und betzalit sint.

Es sal ouch der scholtz Gregor czu Kowallen sampt alle den, dy neben em den Rechten beygestanden sint von keynem der obgemelten parten angefochten noch betaidigt werden geistlich noch wertlich Jnn keyner weise. welchen schydt wir als dy herschaft zugelassen und vor der kynder bestes erkantten welchen ouch dy part alle libten und lobten, globinde *) darwidder nicht zw thun durch sich noch durch andere. Actum feria 6 a. ante undecim. milium Virginum.

Nr. 62.

1516.

(Signaturbücher der Stadt Breslau. Stadtbibliothek daselbst.)

Urban Heider Lemchen genant unser dyner eins, Meister Nickel der meltzer und Anna Hanns gylnerynn mit genannten Nicl. Miller irem eydam und zu diser sachen gekornen vormunden vor sich und die andern ir fruntschaft anders teils u. haben bekant, das sie sich in der gutte durch gutte frundt furricht und entscheiden habin umb den Todtschlag an Merten gilner genanter frauen sohn durch Urban heider obberurt in dem grunebergischen weichbild uff dem felde vor virzeen Jaren gescheen, Also das Urban Heider der frauen und irem eydam obgemelt zwischen dem ersten Suntage geben sal sechs firdung und off Johannis nestkommende auch sechs firdung und danoch uff das neste **) er dis .geschicken kan eyne bittefart zu dem hailigen Blut gen Welssenach thun und fulbrengen sal zu troste des dirmorthen sele. Domit sal ein teil das ander furder gantz unbetädigt lassen.

Nr. 63.

1516.

(Signaturbücher der Stadt Breslau. Stadtbibliothek daselbst.)

Barbara etwan Gregir schultz des Capitelfoit nochgelossene Witwe mit Jacob Rauser, iren zu disen sachen gekornen Vormunden, Gregir u. Petir schultz ire sone, eins, Hanns und Caspar schultz gebruder von obirhoffe anders teils und haben becant, das sie sich in der gutte umb den mordt u. Todtschlag so an obgemelten Capitelfoite zu Oppern begunst und gescheen ist, vortragen und entscheiden haben, Also das die gedachten Caspar und Hanns Schultz gebruder der obgemelten frauen und iren kindern von wegen des abegemor-

---

*) gelobend.   **) nächste.

deten geben und zalen sullen vir und fünftzig margk, als
itzunder vier und tzwenzig marg und die obirmosse uff Ostern
nestkunftig unvorzoglich.   Sexta ante Pentecostes.

Nr. 64.
1521.

(Libri Excessuum: Stadtbibliothek zu Breslau.)

Thomas ernst von Laswitz eins, Hans Heider andern
Teyls und habin becant, das sie durch gutte freundt
sich entlich geschiden und vorricht haben von wegen
des mortslags so genannter Hans Heider auss vorursachen an
etwanValten ernst, des gedachten Thomas son gethan, also das
Heider dem Vater itzunder geben sal tzwelf marg, und tzwe
Virtel Breslisch Bier zu Sand Jacob den brudern und eyn firtel
Breslisch Bier zu Sand Dorothean. Ouch ein selebat machen
und dortzu geben ein Virtel Breslisch Bier und ein achtel
Langkwel.   Domitte sullen und willen sie derwegen gantz gericht sein und sulchen schidt globten beide teile vor sich und
die iren stete und veste zu halden.

Nr. 65.
1521.

(Signaturbücher der Stadt Breslau.   Stadtbibliothek daselbst.)

Dorothea etwann Nickel nitsches nachgelossene witwe
mit Augustin Gerstenberg irem vormunden, Jacob räcke in
rechter vormundschaft und macht Agnet seiner elichen haus-
frawen, dorzu alle beide in macht Caspar nitsches des aus-
lendischen sones gedachten Nickel nitsches an einem, Merten
Kam, Andres tzeiske, Cleinvalten vor Sand Mauricien won-
hafftig anders teils und habin bekant, das sie sich von wegen
des mortschlags an gemelten Nickel nitschen begangen gutlich vorricht haben, also nemlich das Merten Kam, Andres
tzeiske u. Clein Valten obgenant zum irsten ein selebadt mit
aller zugehorunge alhie machen u. eine hultzene Capelle dor
Inne ein Crucifix sey vor das Olische thor setzen und der
frawen Dorotheen obgenant u. iren kindern ein und twenzig
marg zu zween u. dreissig weissen groschen geben sullen uff
nachfolgende tzeit als uf mitefaste erst drey marg, uff Nativitatis Joannis nest vier marg u. danoch uff Joannis ubir ein
Jar sieben marg u. also hinfurt alle Jar erst nacheinander uff
Joannis siben marg bis zu voller Betzalung der gemelten
summen. welchen schid beide teil lobten und libten globende
den stete und unvorbruchlich zu haldenn dawider nicht zu

sein und enander doruber weitter nicht antzusprechen noch
zu betädigen geistlich noch weltlich Inn keiner weise.

Nr. 66.

1531.

(Landbücher d. Fürstenthums Neisse. III. 21. O. Königl. Staatsarchiv
zu Breslau.)

Anno 1531 am Sonnobende nach Marie entphaung zwr Neis.
Nochdem sich zw vorschiednen tagenn zwgetragenn
das die erbaren vesten etwane Peter Tarner und Thomas
Korkowitz uf einander zw Regelitz inn unserm lande ge-
stossenn und geschlagen. Do dann Peter Tarner von Thomas
Korkowitzen todt blieben und Thomas Korkowitz derwegen
unser lannd, sein nerung, Weib und kindt meidenn und vielen-
valdig muhe und unkost tragen hot mussen. Nochmals bey
uns als seinem Landesfürstenn durch seine vorwante herren
und frunde angestellter vilfeldige vorbitt genedige zwlassung
erlangt, dos er sich mit des entleibeten Tarners mutter und
freuntschafft vorsunen und voreinigen mochte und derowegen
ezliche tageleistungen und handlunge vorgeblich gehaldenn,
habenn wir uff ferner getane demutige und undertänig ansuchen den partten vorbescheiden und mit Irem vorwissen
und zwgesteleter macht disenn aussacz auffgericht: nemlich
das Thomas Korkowitz des entleibtenn Tarners mutter auff
den erstenn freitag inn negstkunpfftiger fasten zwr Neysse
mit czehenn seinen negstenn freunden ersuchenn soll und Ir
solche tadt umb gotteswillen wie gewonlich abbitten, und
neben solcher abbitte auff denselben tagk derselbenn frauenn
gebenn und entrichtenn Sechszig reinische gulden jeden
gulden zw zwei und treissig groschen gerechentt Welch geld
die frawe zw Ires vorstorbenen Sones selenn heil wenden
mag, zum drittenn soll Thomas Korkowitz zwischen hie und
osternn eine steine Capelle mit einem Crucifix unnd der
Tarner Wappenn von Reglitz uff die stelle der entleibungk
seczenn lossenn — Er soll auch Thomas Korkowitz obgedacht,
allen Tarnern und Schoffenn im Bistumb gesessenn und won-
hafftig, die er kennen wurde, uff wegen und stegen aus-
weichenn, dergleichenn Inn Herbrigenn: Er mochte dann mit
Irem gutem willenn dor Inne bleibenn und wider szie nicht
stehenn noch thuen, es wer denn vor gerichtte. Doruber so
soll gemeltter Korkowitz sich vier wochenn Inn ein gefengnus,
Welches wir Im anzeigen werden, lossenn stellen und be-
gebenn unnd doruber sich auch zwischen hie und ostern aus

der ocht wirgken und verner gegen uns wegenn der gerichte abtragenn und ablegenn, unnd uff solches soll aller widerwille nochwill und schaden, so Thomas Korkowitzenn aus der gemelten sachenn hette einicher Weise zwkommen mogen, allenthalben beigelegett und gerichtt sein. So erkennen wir auch als Landesfürst, das alle die vorgehende Handlungen Thomas Korkowitzenn zw keiner gevahr leibes guttes oder ehrenn gelangenn solle noch moge Inn krafft dies unsern Brives, treulich und ungeverlich. Gescheen etc.

Nr. 67.

1585.

(Stadtbuch v. Bolkenhain I. f. 187. Rathsarchiv daselbst.)

Do Lorentz Heynisch von wegen des todes Schlages aus geborget ist wurden, hot ehr dys wie noch folgende geben mussen *).

Poser fritzen 6 firdunge und 3 groschen dass er sein gehütt hot tag und nacht.

Dem nochrichter (Scharfrichter) 1 schogk mit der . . . (unleserl. Wort).

Hans gabeln, Jocoff weyssen 7 groschen dass sy den Wolffen begraben han.

Dem alden Polten 8 groschen vor essen dem gefangenen.

9 groschen zw byhr (auf Bier) dy den nochrichter bleytt (begleitet) haben.

12 groschen zw byhre den dy dem rechte beygestanden haben.

2 weissgroschen vor lichte.

3 marg allenthalben den dynern (d. h. den Stadtdienern) und was dor off gegangen:

Irstlich dy freuntlich bey dem burgermeister vortrunken des hinkenden Wolffes 6 groschen 2 heller. 1 marg den Scheppen ins Recht.

Dem Stadtschreiber von wegen seiner mühe 1 margk.

---

*) Im J. 1535 erschlug Lorentz Heinisch von Kuntzendorf auf der Freiheit unter dem Thore von Bolkenhain den Wolf Fiebiger mit dem Beinamen „der hinkende Wolf". Nachdem Heinisch gefänglich eingesetzt und gegen ihn von Seiten der Hinterbliebenen die Mordklage erhoben worden war, kam es zu einem Vergleich, in welchem Heinisch den Hinterbliebenen eine Abfindung von 37 Mark versprach u. für die Erfüllung Bürgen stellte. Hierbei scheint er zugleich (in üblicher Weise) alle durch den peinlichen Prozess entstandene Unkosten übernommen zu haben, welche das Stadtbuch obenstehend spezifizirt.

12 groschen bottelohn kein*) Breslaw und aber 11 weiss-
grosch. ken der neisse ladunge.

Der Sabitzen 11 groschen vor licht und wein. Poser
fritzen 1 marg 3 wgr. zw wachen. Den Stadtwächtern 15
nacht facit 15 wgr. (Weissgroschen).

Den dynern 18 gr. dy . . . . (zwei unleserliche Worte)
11 marg 5 gr. und 6 hell.

Den Scheppen 3 firdunge yhns recht. von burgen zw
vorzeichnen 32 gr. vom rechten 3 gr. Signatur. Wolffs fruntschafft vortzert (verzehrt) zw hans thamme 1 schog und 1 firdung. von einem Sarche (Sarg) 5 gr. Einem botten kein der
Schweidnitz 4 wgr. kein Jauer 2 wgr. Dy freuntschaft yres
egene geldes vortzeret 2 marg und Anthonius fiebig 7 gr.
des yn alles dorumb widerstattunge gescheen. Den letzten
tagk 1 marg vortzeret. Dem glockner vom begrebniss 5 gr.
Dem botten kein friedebergk zwehe moll (zweimal) 3 gr.**).

Nr. 68.

1540.

(Stadtbuch v. Bolkenhain f. II. 106 ff. Rathsarchiv daselbst.)

Belangende die Gerichte uber das gantze Spitall. Geschen
Im 39. Jore, das pitter und merthen pförthner gebruder vom
baumgarthen ym spitall eynen todtslag gethan haben an dem
vorsichtigen Cristoff bachmann mitbürger zw bolkenhain,
welcher aldo yn den gerichten ym spittel von eynem Er.
Rothe der Stadt Bolkenhain, seynem weybe und freuntschafft,
mit Rechte aldo beszichtiget und auffgehaben, wie dann zw
Rechte gebrawchende yst***), und genanthe theter geheyschett,
vorgerufft und yn die ocht gethedigett etc.

Noch dieszem allenn haben die gnanten tether an die herschafft des Schlosses, die Zeyt Jorge Schweinychen Hawptmann
auff bolkenhein an stadt†) f. g. bischoff zw breszlaw etc. und
eynen Er. Rath der Stadt Bolkenhein offt moles geschryben,
zur antwort und zur klage zwkommen und dessgleychen zw
gnoden, welches eyn Er. Rath der Stadt Bolkenhein von wegen
yhrer gerichte und des enthleybeten freuntschafft yn keynem
wegk nicht hett thuen wollen. auff sonderlich manigfeldick
schreyben und bithen yhrer herschafft dys yn zw gnoden zw

---

*) nach, gegen.
**) Ein Groschen hatte 12 Heller. 24 Groschen machten 1 Mark.
Jede Mark bestand aus 4 Vierdung = ¼ M. = 6 Groschen. Der Weissgroschen galt weniger. Von ihm gingen 36 Groschen auf eine Mark.
1 Schock = 60 Groschen.
***) wie Rechtsgebrauch ist.   †) Statthalter.

wenden, hott man noch nicht gewult, Sie trugen dann die ocht
abe, Szo welde man szie zumRechten kommen lossen und szie
szich aldo zw Rechte antwortten könntten, do wolt eyn Rath
der Stadt Bolkenhein von wegen yhrer gerichte und yhrer
underthanen auch alszo bleyben lossen. ferrer yhre herschafft
geschrieben und gebethen der Edle erenvhefte Jorge Tschirn-
haws zwm baumgarthen . . . . szie an dem hochwirdigen f.
und herren herrn Jacobe bischoff zw Breslaw etc. als an eynem
königl. oberHawptmann der Schleszien erlangen könnden,
dormit ehr vor szie schriebe aber zwlisze dem Edlen ge-
strengen herrn Hanssen Seydlitzen von Schönfeldt Ritter zum
Jawer, Hawptmann diesser fürstenthümer Schweidnitz und
Jawer etc. aldo bey ym eyn geleythe zw erlangen, welches
eyn Er. Rath von wegen yhrer gerichte so sy auff genantem
spittal haben, so weyt sichs erheyschet aber erstreckt genant
spittel, von wegen yhrer underthanen und des entleybethen
freuntschafft Solches who sy es erlangen konnden, wie eben
vormelt zwzwlossen. welches dye genannten pförtner nicht
haben kundt (gekonnt) zw wege brengen. und noch absterben
des herrn bischoffs s. f. g. und desgleichen herrn Hanssen
Seydlitzen S. gn. etc. haben die genannten pförttner an den
Edlen und wolbenampten herrn Joachim von Saltza und linda
auff bolkenhein yn anwaltschafft seynes herrn vatern und an
eynen Er. Rodt der Stadt Bolkenhein Etzlichen moll geschrieben und mit yrem schreyben sich entschuldigett, dor-
mitte sie verursacht von mertten klätzeln einem wagener und
mitwohner zw bolkenhain, das sie solchen todtschlag solden
begonst haben*). auff Sulcher schreyben und zwentbittunge
hatt man genannten klätzel vorgefordert vor eynen Er. Radt,
und ym sulches angetzeigett, uff welches ehr erbuttig**) yst
gewesen und auch angelobett Sych desselbigen zuverantworten.
welches nochmoles eyn Er. Radt der Stadt Bolkenhein und
des enthleybethen freuntschafft den genanten pförtnern off
ynre entschuldunge zwgelossen haben, who sie an dem Edlen
gn. herr Ulrich Schoff gotsche genannt auff kynast und greyf-
fensteyn etc. Hawptmann dieser fürstenthümer Schweydnitz
und Jawer yn kunden eyn geleyte zw wege brengen auff
klage und antwortt, So welt eyn Er. Radt neben des ent-
leybeten freuntschafft auch geschehen lossen. welches sie
dann erlanget haben. noch diesem allen so sie das geleithe
haben zw wege brocht, haben sie an den Edlen und wol-

---

*) d. h. sie gaben in ihren Schreiben vor, der Merten Klätzel hätte
sie zu der That angestiftet.   **) erbötig.

benampten \herrn Joachim von Saltza auff Bolkenhein und
eynen Er. Radt der Stadt Bolkenhein offtmoles geschickett
yn yhrem geleytte und umb eynen sunlichen handel gebethen, welchen denn des entleibethen fruntschafft nicht hott
wollen zwlossen und angetzeigett, Sie*) weren auf suliches nicht
geleyttet sunder auff entschuldunge. und nochmoles genanntes Entleybethes Cristoff bachmanns nochgelossene ehewirthin
sampt yrem ytzigen manne bastian bruchmann, genanntes
Cristoff bachmanns freundtschafft und yhrer**) freuntschafft
und von wegen der kinder eynen sunlichen handel zwgelossen und dor eyn geschritten wye nochfolgett:

Geschen im 1540 Jors den Dornstagk noch andrehe
aposteln das der Edle und wolbenampte herr Joachim von
Saltze und linde, die zeyt yn annwaltschafft seines herrnvatern
herr auff Bolkenhein und eyn Er. Radt der Stadt Bolkenhein sampt allen Eldesten und geschworenen von pitter und
mertten pförttnern gebruder von baumgarthen Syndt ersucht
worden und gebithen, eynen sunlichen handel zw haben auff
diesen tagk, welches auch geschen yst, und dessgeleychen
von margarethen Cristoff bachmanns nochgelossenen ehe-
weybes, yhrer kinder, aller seiner genanntes Cristoff bachmanns freuntschafft und yhrer So mugelich***) yst gewest
auff diesmoll zw bekommen, als nämlich Cristoff bachmanns
dem got gnade math. stoppe, mertten Close von ; . . . .
hans lange von wirksdorff, Simon lange von Wolmirsdorf,
auff yhrem teyle, bastian bruchmann yhr ehewirt, wentzel
nuher, mathes nuher yhre bruder, hans tanne, hans Schlegel,
pitter Rowtke yhre Schwager und Sebaldt lobantz, von
wegen yenes todtschlages so die genannten pförthner an
Cristoff bachmann ym Spittal vor Bolkenhein gethan, zw
welchem todtschlage sich die genannten pförtner bekandt
haben und auff sich genummen und ferrer niemantz dorumb
wost†) zw beschuldigen und nochmoles die pförtner zw solcher
bekanter todt††) die vorsichtigen männer gebethen, als
nemlichen mertten weyssen der zeit Kretschmer zum . . .
und Cristoff brewnigern Kretschmer zw Wirksdorff, das sie
den Edlen erenvheften und wolbenampten herrn Joachim von
Saltza auff Bolkenhain und eynen Er. Radt sampt allen
Eldesten und geschworenen gebethen haben zw zwlossen von
wegen die Kön. gerichte und dortzw helffen Reden undt
Handeln auff unsserem Radthawsse der Stadt Bolkenhein,
desgleichen den Edlen erenvheften Jorgen Tschirnhawssen

---

*) d. h. die Thäter.   **) sc. der Thäter.   ***) möglich.
†) wussten.   ††) That.

zwm bawmgarthen als yhren Erbherrn, von welchen uben an-
getzeigeten scheydes Richtern der genante Jorg Tschinhaws
auch gebethen yst, uber diesser handlunge zw sitzen, welches
denn geschen yst in solcher gestalt, das die gnanten kretschmer diesse scheydes-Richter und dessgleichen des entleibeten
Cristoffs bachmanns nochgelossenen ehewirthin neben seyner
und yhrer aller freuntschafft von wegen der obgemeleten
pförtener pitter und mertten gebruder umb gottes willen gebethen, yn sulches zw gunst und gnoden zw wenden, welches
auff vorbitt yhres herren und an die scheydis-Richter gethan
und dessgleichen an des entleybethen weyb und alle yhrer
freuntschafft. auff sulche manchfildige bithe, begern und ansuchen so gethan, haben sich der entleybethen Cristoff bachmanns freuntschafft auff sulche manchfeldiges ansuchen und
bitte von wegen umb cristus willen und dessgleichen von
wegen der forigen herschafft vorbit, so vor sie gethan, den
mehr gnanten pfürtnern solchen todtschlag, so an gnanten
Cristoff bachmann gethan, yn umb gottes willen vorkyset und
vorgeben, yn der gestalt, das die genanten pitter mertten
gebruder der frawen und des entleybethen freuntschafft diese
myshandlunge, so an yhrem blutt und fleysch gethan, eynem
yeden das umb gottes wille abgebethen, yn dasselbige zw
vorgeben, dessgleiehen eynem Er. Rathe der Stadt Bolkenhein von wegen des entleybethen, von wegen ehr yhr under-
thaner gewest yst, solches abgebethen und eynem Er. Rathe
und alle geschworenen myt mundt und handt zwgesageth yn
keygenwart der uben beschryben scheydes-Richtern, von wegen
das die von bolkenhein yn haben nochgefolgett und alle die
sie yn der sache haben wolt zeihen aber (oder) vordacht
seyn, es sey mertten klätzel aber wer sie seyn, nummermehr
mit wortten noch mit werken yn argen zw gedenken, niemantz
von yhret wegen zw gedenken gestatten, geistliches noch
wertliches gerichtes, alder und newher feinde, wihe menschen
list erdencken kan und magk etc. ferrer haben die genanthen
pfürtner der frawen und den kindern zw eyner vorrichtunge
zugesaget zw geben dormit sie die armen vorweyseten kinder
dirbas *) ertziehen kan, XXX mark VIII groschen . . aber
XXXVII weisse groschen vor die mark gerechnett ytzundt,
auff nehistkunfftig fastennacht VI mark uben berurter muntze
und fortan alle Jar VI mark bis so lange sulche XXX mark
vergnugett und gegeben worden, welch gelt die genanten
pfürtner alle Jor Jerlichen der frawen und den kindern abir

*) desto besser.

freuntschafft vor eynem Rodt zw Bolkenhein geleget sall
werden. dormit sollen sie mit der frawen kindern und freuntschafft gericht und gescheyden seyn. weytter haben die
pfurtner auff sich genommen dye ocht, so uber sie gegangen
welche geschen yst ym spittal und des entleybethen corpus
aldo mitt Rechte noch ordnunge der gerichte auff gehaben
zw erde bestatt yst worden. dessgleichen haben sie alle und
ytzliche gerichte auff sich genommen so sie mit dyssem todtschlage vorwirkett haben who sie hin betreffende sindt, ...
vor sulche vortzeichnete punct und artikell . . haben die
nochgeschriebenen borgen welche vertzeichnet alle samptliche
mitt mundt und handt an alles wehrgeldt dies unwyderruf-
lichen zwhalden zwgesagett und nicht loss zw sein, sie werden
denn von eynem Er. Radte der Stadt Bolkenhein mit mundt
und handt loss getzalt. ferner haben die unden nochgeschriebenen burgen zwgesagett, who yrzeit eyn burge todes halben
abeginge, dassie eynen andern burgen an desselbigen stadt
und stelle setzen wolden etc. Solichen vertragk punkte und
artikell haben beyde part dem Edlen ehrenvheften und wolbenampten herrn Joachim von Saltze auff bolkenhein und
eynem Er. Rathe der Stadt bolkenhein sampt allen Eldisten
und geschworenen myt mundt und handt zwgesagett, keygen
eynander allenthalben getrewlichen und unwydderruflichen zw
halden und auff wegen und stegen eynander zw furdern und
auff beyden teylen neben den burgen gebethen, diese handlunge yns stadtbuch zwvortzeichnen. (Folgen die Namen der
Bürgen.) Noch dieser handlunge aller haben die Edlen und
erenvesthen Sigemundt Borsnitz von pitersdorff und Jorgen
Tschirnhawss zum baumgarthen bitt und schreyben vor sie
gethan, welche nochfolgende seyndt von wortte zw wortte:
   Meyn freuntlichen dinst mit wunschunge alle glückselig-
keytt bevor. Ersame wolweyse günstige libe herrn und gutthe
gönner, mich bericht mertten pförtner die Zeitt meyn under-
thaner, wy das ehr und sein bruder den todschlag so in
Ewren gericht begunst, mit ewer zwlassunge noch genoden
gericht, Ires vormögens vorsunet. Dy weile dy obergerichte
noch an euch zw ersuchen, gelangett an euch meyn fruntlich
und gütlich bitt, dyssen umb meyne willen, Im falle so vill
mögerlich, gunst, gnode und guten wiilen Betzeigen, welches
Ich zw keynem zweyfel stelle, Inen meyner vorpitt genissen
lossen, wyll auch, so sichs Im falle zw truge, In gleichmässigen
und grosserem vordynen. geben zw pitersdorff mitwoch noch
pauli bekerunge des 41. Jares.
                                   Sigmundt Borschnitz.

Den Ersamen wolweisen herrn Bürgermeister und Ratt-
mannen der Stadt Bolkenhein meynen Besundern gutten
gönnern.

Meyn willigen Dinst Ersamen wolweisen besunderen
Lieben Herrn und nockwern, *) is yst zw myr kommen zegir**)
dieses briffes meyn underthoner, und mich gebeten, eyn vor-
schryfft keygen euch zw thun, belangende die gerichte, so ehr
von wegen des todschlags yn eweren gerichten begunst, abe-
zwtragen. Das ich ym nicht habe vorsagen können. Derhalben ist an euch mein nockwerlich bitt, wolt dem armen
gnod und gonst um meinetwillen ertzeygen . . . Das stehet
myr wider umb euch nockwerlich noch moglickeyt zw vordynen. Datum baumgarten mittwoch nach pauli bekerunge.
Im 41. Jar.

Jerge Tschynhaus.

Den Ersamen wolweisen herrn burgermeister und Rath-
mannen der stadt Bolkenhain meynen Besunderen Lieben
nockwern.

Gescheen Im XV. (sic) und im 41. Jare mitwoch nach
pauli bekerünge, das ein Ersamer Rot der stadt Bolkenhain
hot im spital ein dreidingk gehalden, so haben sich die
pfertner merten und pitter gebruder mit eynem ersamen Rot
der stadt Bolkenhain von wegen der ocht vortragen und
gentzlichen abgeleget und den gerichten abgebetten. also hat
In ein ersamer Rot die ocht vorkisset undt vorgeben.

Nr. 69.

1544.

(Signaturbücher der Stadt Breslau. Stadtbibliothek daselbst.)

Der Ersame priester Cristofferus flasch vor sich, Blasig
Pytsch, Nyckel Olschleger scholz zu Sylmena als Vormonden
etwa Nickel flasches Kinder an einem, Vincentz Moentschek
kretschmer zu Sylmena anderen teils und haben bekant, das
sie vormittels des Ersamen Antoni Bankes unsers rathis-
freundes vortragen sein umb den Totschlag, so genannter
Vicentz an Niklas flasch auf konigklicher Stras begonst Also
das er der kretschmer den Vormonden zu handen der kynder
geben soll Zween und viertzig mark, die mark zu acht und
viertzig Schilling heller gerechent uf Monfastnacht nechst, sex
mark dornach alle Jar auff Monfastnacht drey mark bis zu
angezeigter Summa volle Betzalung, welches er Inn hiemit

---

*) Nachbarn.   **) Zeiger.

vorgewisset bey allen seinen guttern, farend u. unfarend u. besonder dem kretscham zu Sylmena samb alle recht dinglich domit begangen weren. Hiemit diese sach wie sie bisher Irrig geschwebet zwuschen den Parten und allem Irem anhang gentzlich vorricht und aussen hertzen soll gelossen sein, einander ehren und fordern. Welchen Vortrag wir also zugelassen, Jdoch den gerichten allenthalben an schaden. 6 Novembris.

Nr. 70.

1615.

(Aus einem alten ungedruckten Formularbuch. Privatbesitz.)

Painlicher Proces, vnd hochnottpainlich Halsgerichtt, gehägett von Richter vnd Schöppen zum Bunzlau vber Hans Riemern von Ottendorff, welcher den 9. Augusti Ao. 1615 Caspar Endern den jüngern auch von Ottendorf in diesen gerichten erstochen, vndt jämmerlich vom leben zum Tode gebrachtt hatt.

Judex.

Diewaill aines gehägtten hochnottpainlichen Halsgerichts vonnötten, So frage ich, ob nicht billich ding gehägett werde, oder was darumb rechtt say.

Scabjnus.

Herr Richter wollen ihrs rechtt?

Judex.

Habt ihrs so gebett es.

Scabjnus.

Waill leutte vorhanden sain, so des rechtens bedörfen, so wird billich ding gehegtt V. R. W.

Judex.

So hege ich dieses hochnottpainliche Halsgerichtt im nahmen gottes des vatters, Sohns, und hailig gaistes zum ersten, andrn, vnd drittenmahll mitt vrtell vnd mitt rechtt, Ich gebiette rechtt vnd vorbitte vnrecht, vnd das niemandt sain selbst oder aines andern wortt rede, er thue es dan mitt vrlaub der gerichtte.

Ich frage euch, ob diesem hochnottpainlichem Halsgerichtt soll der frieden gebotten werden, od. was darumb recht sey?

Scabjnus.

Es wirdt bey diesem dinge der friede gebotten billich vnd von rechtswegen.

Judex.

So gebiette ich diesem dinge erstlich Gottes des Allmächtigen friede, des Röm: Kais: vnd Kön: Matthias, vnsers allergnädigsten herren friede, dieses hochnottpainlichen Halsgerichts friede, vnd ainem ieden friede, dehn ain gehegtt ding billich haben soll, vnd frage zu recht, ob der friede geboten, wie rechtt ist.

Scabjnus.

Der fried ist gebotten nach ordnung der löblichen gerichte, wie rechtt ist.

Judex.

Ich frag, ob jemand den frieden brichtt, was er darumb bestanden sey?

Scabjnus.

Wer den Frieden brichtt mitt wortten, dehm gehetts an sein geldt: Brichtt er ihn mitt der thatt, so gehett es ihm nach der lande rechtt.

Judex.

Ich frage, ob das hochnottpainliche Halsgerichtt genungsamb gehegtt nach ordnung der rechtt, vnd wie rechtt ist?

Scabjnus.

Es ist gehegett nach ordnung u. rechtt, wie recht ist.

Judex.

Ich frage, ob dieses hochnottpainlich Halsgerichtte crafft und macht habe, oder was darumb recht sey?

Scabjnus.

Es hatt crafft vnd machtt von rechtswegen, wie ain hochnottpainlich Halsgerichtt billich haben soll.

Judex.

Ich frage, ob man solch hochnottpainlich Halsgericht nicht billich ausrufen lasse?

Scabjnus.

Es wirdt billich ausgerufen von rechtswegen.
Alhier mus es der fronen dreymahll nachainander ausrufen?

Anwaldtt.

Herr Richter vnd Scheppen dieses hohennottpainlichen Halsgerichts ich bitte vrlaub vorzutretten, vnd Caspar Enders des eltern von Ottendorff wortt zu reden.

Judex.

Es say euch vorgönnett.

NOTA.

Wan die Sache aine wittib od vorlassene Kind concernjrt, mus der Anwaldt alhier fragen: Waill ihr vnd ihren Kindern ains vormündes zu diesem hochnottpainlichen Halsgericht vonnöten, ob sie ihr solchen zu rechtt kiesen möge?

Redet Judex.
Sie mag ihr ainen vormünden kiesen v. r. w.

Alsdan sprichtt der Anwaldtt.
Sie hatt ihr vnd ihren kindern zum vormund erkiesett N. N., bittett ihn anzunehmen vndt zubestättigen.

Judex.
Er say hirmitt bestättigett v. r. w.

Anwaldtt.
Es fragett Caspar Ender von Ottendorf, demnach Hans Riemer von Ottendorf Caspar Endern d. jüngern den 9. Augustj dieses jahres in diesen gerichten jämmerlicher wayse durch gewaltt und frevell, wieder gott, glaich, vnd rechtt, vnd wieder die christliche liebe vom leben zum todt gebracht, ob nichtt der todte Cörper von rechtswegen vor dieses hochnottpainliche Halsgerichtt vnd gehegte banck getragen werde?

Judex.
Es geschiehett billich und von rechtswegen.
Alhir bringett man die Laiche in den Krays, vnd sezett sie nieder.

Anwaldtt.
Cläger Caspar Ender fragett, ob die laiche, wie recht, besichtigett?

Judex.
Die laiche ist, wie recht, besichtigett.

Anwaldt.
Cläger fragtt, was man an derselben gesehen, und befunden?

Judex.
Die Scheppen haben gesehen vnd befunden: das Caspar Ender der jünger ainen Stich mitt ainem rappier vnter den lincken Arm durch vnd durch bekomben, davon er auch balde hernach todes vorbliechen.

Anwaldtt.
Cläger fragtt, ob die Schöppen mitt ihrer aussage ihres aydes enttbunden?

Judex.
Waill sie ausgesagtt was sie gesehen, so sind sie ihres aydes billich enttbunden, und blaiben vor männiglich vnvordächtig v. r. w.

Anwaldtt.

Kläger fragtt, ob von der laiche ain laibzaichen genomben worden?

Judex.

Es ist ain laibzeichen genomben worden.

Anwaldt.

Kläger fragtt, ob es nicht billich erhoben vndt aufgewiesen werde?

Judex.

Es geschiehett billich vnd von rechtswegen.
Alhier hebtt der Fronen das Laibzaichen dreymahll in die Höhe.

Anwaldtt.

Kläger fragett, ob nicht billich das laibzaichen bay gerichten vorewahrett wirdtt?

Judex.

Es wird billich vorwahrtt von rechtswegen.

Anwaldtt.

Kläger fragtt, ob nicht Hans Riemer von Ottendorf als ain mörder vnd todschläger vor das hohe nottpainliche Halsgericht zum ersten, andern, vnd drittenmahll solle cjtiret und gehaischen werden?

Judex.

Er wirdt draymahll gehaischen v. r. w.
Alhir wirdt er vom Frohen draymahll cjtirett v. vorgeladen.

Anwaldtt.

Kläger fragett, waill Hans Riemer nicht erschainett, ob er nicht ofenttlich solle vorgeladen werden?

Judex.

Er soll durch ofene angeschlagene cjtation auf d. 9. 7bris zum ersten gerichtstag geladen werden.

Anwaldtt.

Kläger fragtt, ob die laiche von diesen gerichten nicht solle zur begräbnis gevolgtt werden?

Judex.

Sie wird billich gevolgtt von rechtswegen.

Anwaldtt.

Ich bitte mir zuvorgönnen von diesem hohennottpainlichem Halsgerichtt wieder abzuträtten.

Judex.

Es ist euch vorgontt.
Hier wirdt die Laiche weggetragen und begraben.

Pausa.

Darauf rufet der Fronen zu 3 mahlen nach ainander aus, so iemand waitter vorhanden, der vor diesem hohennottpainlichen Halsgerichtt zuthun, das der herbay trete, oder es würden die gerichte das ding aufgeben.

Wan nun niemand mehr vor gerichten zuthun, so fragett Judex den Schöppen.

Ich frage euch, ob ich dis painliche Halsgericht möge wieder aufgeben?

Scabjnus.

Waill niemand vorhanden, so dessen bedörfend, so gebtt es auf im nahmen gottes.

Judex.

Waill niemand vor diesem hochnottpainlich Halsgerichtt mehr zuthun, So gebe ichs im nahmen gottes wieder auf, wer hier gewesen, der geniesse es, wer nicht hier gewesen, der enttgeltte es.

Hierhero gehören die cjtatjones, so baydes zu Ottendorff und am rathhaus angeschlagen worden.

Primum judjcium crimjnale post cjtationem, gehaltten den 9. Septembris. Ao. 1615.

Das gerichtt wirdt ut in priorj gehägett vnd durch den Fronen draymahll ausgerufen.

Anwaldt.

Herr Richter vnd Schöppen dieses hohennottpainlichen Halsgerichts ich bitte vorlaub vorzuträtten, vnd Caspar Enders von Ottendorff des eltern wortt zu reden.

Judex.

Es say euch vorgonnett.

Anwaldtt.

Es fragett Caspar Ender, demnach Hans Riemer sainen Sohn Caspar Endern den 9. Augustj alhir in diesen gerichten erbärmlicher wayse vom leben zum todt bracht, vnd er wider ihn auf heutt zum ersten gerichtstag cjtation erlangett, ob er auch zu rechter zaitt cjtirett vnd vorgeladen?

Judex.

Er ist zu rechter zaitt cjtirett vndt vorgeladen, lautt volgendes des hr Ambttmans zu Ottendorf schraiben.

Alhir wirdt das Schreiben abgelesen.
Anwaldtt.

Kläger Caspar Ender fragett, ob nicht das laibzaichen, so von der laiche genomben, vnd bay gerichten vorewahrtt ist, billich vorgelegtt werde?

Judex.

Es geschiehett billich.

Alhier wirdt das laibzaichen enttweder auf die gerichts-lade gelegett, oder durch den Fronen 3 mahll erhaben.

Anwaldt.

Caspar Ender fragett, ob er nicht billich mitt ausge-zogener geschliefener wehre vnd mitt zettergeschrey zwier und ains vorkomben solle?

Judex.

Es wirdt solchs auf dysmahll aus gewiessen vrsachen ain-gestellett vnd hinterzogen.

Anwaldtt.

Ich bitte förder vrlaub zureden, vnd die clag vorzu-bringen.

Judex.

Es say euch vergontt.

Anwaldtt.

Ancläger Caspar Ender seztt painliche schuldt und anclage zu vnd wieder Hans Riemern von Ottendorf, mitt vorbehaltt aller rechttlich notturft, und sonderlich mitt vberflüssiger be-waysung vnbeladen zu sain, und sagett kürzlich: dass gedach-ter Hans Riemer den 9. Augustj diss jahrs Caspar Endern sainen Sohn in diesen gerichten jämmerlicher wayse durch gewaltt vndt frevell mitt ainem rappir durchstochen, vndt vom leben zum todt gebrachtt, und nach begangener mord- vnd vbellthatt sich in die fluchtt begeben hatt, inmassen solchs gar woll kündig, vnd den gerichten bewust ist. Solchs hatt er geübett vnd vollbracht erstlich wieder gott, dehme er sain edell geschöpfe vnd ebenbildt, vndt den Tempell des hailigen gaistes zurstörett. Zum 2. wieder das göttliche vorbott, du sollest nicht tödten. Zum 3. wieder die löbliche obrigkaitt, die ainem ieden zu glaich vnd recht aingesaztt und geordnett ist. Zum 4. wieder des enttlaibtten vatter, dehn er saines Sohnes beraubett, und höchlich betrübett. (vel si vidua u. liberj relinquuntur, die er zu betrübtten wittiben und armen waysen gemachtt.) Zum 5. wieder alle christliche liebe und christen-menschen, wail wir durch die h. Taufe zusamben vorbunden und ainander christliche liebe erzaigen sollen. Bietett derowegen cläger zuerkennen: das Hans Riemer in die straf der Todt-schläger gefallen, und das dieselbe wircklich an ihm zuvor-bringen, vndt alles was darumb rechtt ist. Vnd diewaill beclag-ter zu dieser painlichen anclage rechtlich und ofenttlich cjtirtt und gefordertt, so bittet cläger ferner ihn durch den Fronen

zuhaischen, und wo er vngehorsamb aussenbliebe, beschuldigett
er hirmitt sainen vngehorsamb, vnd bietet waitter zuerkennen,
das er saine clage auf den heutigen ersten gerichtstag wieder
ihn erstanden, mitt vorbehaltt aller rechtlichen notturftt.
Alhir wirdt beclagter durch den Fronen draymahll gehaischen.

Vrttell.

Demnach Hans Ridtmer zwier vnd ains gefordertt, vnd
nicht komben, sondern vngehorsam aussenblieben, erkännen die
gerichtt vor recht, das ancläger, inhaltt seiner clage, inmassen
die angestellett, auf den ersten gerichtstag sain rechtt wieder
ihn erstanden vnd erlangtt v. r. w.

Anwaldtt.

Kläger bittett zum andern gerichte ainen tag zu ernennen. vnd beclagtten rechtlich darzu vorzuladen.

Judex.

Die gerichte ernännen zum andern gerichtstag den 23. Septembris, als heutt über 14 tage, vnd soll beclagter also
balds darzu cjtirt werden.

Anwaldtt.

Ich bitte mir zuvorgönnen von diesem hohen nottpainlich
Halsgerichtt wieder abzuträtten.

Judex.

Es ist euch vorgonnett.
Hieher gehörett die ande cjtatjon nach Ottendorff vnd ans
rathhaus.

(NOTA

Wan sich beclagter bay dem ersten rechtstag angeben
thutt per procuratorem vel alium, So ervolgtt von den gerichten talis sententia:

Waill im rechten gegründett, das in painlichen Halsge-
richten der beclagte persönlich erschainen soll vnd mus, vnd
beclagter N. auf heutt in seiner person zu erschainen ofenttlich
und zu rechtter zaitt, auch izo durch den Fronen zwier vndt ains
citirt und gefordertt, und aber vngehorsamb aussenblaibett:
So erkennen die gerichte, vngeacht sains angebens, das ancläger saine clage auf den heutig ersten gerichtstag wieder
ihn erstanden und erlangett hatt v. r. w.

In simjli, wo reus gelaitte begehrtt, talis concipitur sententja.

Waill auch beclagter von den gerichten ain sicher gelaitte begehrett: Als wollen sie ihm hirmitt zu ausführung
sainer vnschuldt ain gelaitt zu recht vnd vor vnrechter gewaltt gegeben haben.)

Secundum judjcjum crjminale ist den 23. Septembris Anno 1635. mitt gebietten, vorbietten, fragen, vnd allem anderem, wie rechtt vnd gewöhnlich, gehalten worden, allermassen wie das erste, vnd ist die andere anclage lautt ihres buchstabens also ergangen, wie sie im ersten gerichtt vorzaichnett.

Vnd haben die gerichte bay solchem anderem hochnottpainlichen Halsgerichtt auf clägers ersuchen zum dritten gerichtstag den 7. Octobris ernennett, darauf auch Hans Riemer reus alsbaldt zu Ottendorf vnd alhier cjtirett worden.

Tertjum judjcium ist den 7. Octobrjs mitt geschehenen vmbfragen gehägett, vnd durch den Fronen dreymahll ausgerufen worden.

Anwaldtt.

Herr Richter vnd Scheppen dieses hochennottpainlichen Halsgerichts ich bitte vrlaub vorzuträtten, vnd Caspar Enders von Ottendorf des eltern wortt zureden.

Judex.

Es say euch vorgonnett.

Anwaldtt.

Es fragett Caspar Ender, demnach Hans Riemer von Ottendorf sainen Sohn Caspar Endern den 9. Augustj alhir in diesen gerichten erbärmlicher waysse vom leben zum todt gebracht, vnd er wieder ihn auf heutt zum 3. gerichtstag cjtation erlangtt, ob er auch zu recht zaitt cjtirt vnd vorgeladen?

Judex.

Er ist zu rechter zaitt cjtirt vnd vorgeladen, lautt des herren Ambttmans zu Ottendorf Schraiben.

Alhier wirdt abermahll das Schraiben abgelesen.

Anwaldt.

Kläger Caspar Ender fragett, ob nicht das laibzaichen, so von der laiche genomben, und bay gerichten vorwahrett, billich vorgelegtt werde?

Judex.

Es geschiehett billich vnd von rechtswegen.

Anwaldt.

Kläger fragett, ob er nicht billich mitt ausgezogener geschliefener wehr vnd mitt zetergeschray zwier und ains vorkomben solle, stelletts auf rechttliches erkändnis.

Judex.

Es geschiehett billich und von rechtswegen.

Anwaldtt.

Kläger fragtt, wer das zettergeschrey thun soll?

Judex.

Der Fronen soll es thun.

Alhier zeucht der Fronen das Schwerdt aus, und vorrichtet das zettergeschrey 3. mahll nachainander. Ich schraye zeter, y, y, über den mörder Hans Riemern von Ottendorf, welcher den 9. August dieses jahres wieder gott vnd das 5. gebott Caspar Endern den jüngern so jämmerlich ermordett, vom leben zum todt bracht, und des enttleibtten vatter sains Sohnes beraubett, und höchlich betrübett hatt, (vel: Sain waib vnd kinder zu ainer armen wittiben und waysen gemacht) will gott dem Allmächtigen die rach bevehlen.

Anwaldt.

Ancläger fragett zu recht, ob das zettergeschray geschehen wie recht ist?

Judex.

Das zettergeschray ist geschehen wie rechtt ist.

Anwaldt.

Ich bitte ferner vrlaub zureden, und die clag vorzubringen.

Judex.

Es say euch vorgonnett.

Alhier wirdt die clag de verbo ad verbum repetiret, wie sie supra consignjrt ist, vnd wan dieselb vorbracht, wirdt reus 3 mahll durch den Fronen gehaischen.

Sententja.

Demnach Hans Riemer von Ottendorf auf den ersten, andern, vnd auf heutt den dritten gerichtstag wegen begangener mordthatt, so er an Caspar Endern dem jüngern den 9. Augusti dis jahres wieder gott vnd rechtt frewenttlich geübett, offenttlich cjtirt, vnd durch den Fronen gerufen worden, aber alleweg vngehorsamb aussenblieben: Als erkennen Richter und Schöppen dieses hohennottpainlichen Halsgerichtts fur recht, das cläger saine dritte clage mitt zettergeschray vnd gerufte wieder ermeldten Hans Riemer nach ordnung landleufiger Sächsischen rechtt vorführtt wie rechtt ist, vnd ihn wegen sains vngehorsambs bis auf saine ehehaft in die Achtt vndt vorfestung erclagett hatt v. r. w.

Anwaldtt.

Kläger bittett zum vierden gericht ainen tag zu ernennen, und beclagtten darzu vorzuladen.

Judex.

Die gerichte ernennen zum 4 gerichtstag den 27. Oc-

tobrjs, heutt vber 14. tage, und soll beclagter also baldt darzu cjtirtt werden.

Anwaldtt.

Ich bitte mir zuvorgönnen von diesem hohen nottpain-
lichen Halsgericht wieder abzuträtten.

Judex.

Es ist euch vorgonnett.

Quartum judjcjum gehaltten 27. Octobris.

Anwaldtt.

Herr Richter vnd Schöppen dieses hohennottpainlichen
Halsgerichts ich bitte vrlaub vorzuträtten, und Caspar Enders
von Ottendorf des eltern wortt zureden.

Judex.

Es say euch vergönnett.

Anwaldtt.

Es fragett Caspar Ender, demnach Hans Riemer sainen
Sohn auch Caspar Endern den 9. Augustj alhir in diesen gerichten erbärmlicher wayse vom leben zum todt bracht, vnd
er auf heutt zum vierden gerichtstag cjtation wieder ihn erlangett, ob er auch zu rechter zaitt cjtirett und geladen worden?

Judex.

Er ist zu rechter zaitt cjtirett vnd vorgeladen.

Anwaldt.

Kläger Caspar Ender fragtt, ob nicht das laibzaichen, so
von der laiche genomben, und bay gerichten vorwahrtt wirdt,
billich vorgelegtt werde?

Judex.

Es geschiehett billich.

Anwaldtt.

Ich bitte förder vrlaub zureden, vnd die clage vorzubringen.

Judex.

Es say euch vorgonnet.

Anwaldtt.

Ankläger Caspar Ender seztt painliche Schuldt vndt anclage
zu vnd wieder Hans Riemern von Ottendorf, mit vorbehaltt
aller rechtlichen notturft, und sonderlich mit vberflüssiger be-
waisung vnbeladen zusain, vnd sagett kürzlich, das gedachter
Hans Riemer den 9. Augusti dieses jahres Caspar Endern
sainen Sohn in diesen gerichten jämmerlicher wayse durch
gewaltt vnd frevell durchstochen, und vom leben zum todt
brachtt, vnd nach begangener mord- vnd vbelthatt sich in
die flucht begeben hatt, inmassen solchs gar woll kündig vnd
den gerichten bewust ist. Solches hatt er geübett vnd voll-

bracht wieder gott und gottes gebott, wieder alle welttliche rechtt, wieder die löbliche obrigkaitt, die ainem iedern zu glaich vnd recht aingesaztt ist, wieder sainen des enttlaibtten vatter, dehn er saines Sohnes beraubett, und höchlich betrübett, vnd wegen der christlichen liebe wieder alle christenmenschen. Bittett derowegen cläger zuerkennen, das Hans Riemer in die Straff der Todtschläger gefallen, vnd das dieselbe wircklich an ihm zuvolbringen, und alles was darumb recht ist. Vnd waill auf heutigen 4. gerichtstag Hans Riemer zu ainbringung sainer ehehaft und helflichen wiederrede rechtlich und ofenttlich cjtirt und gefordertt, So bittett cläger ferner ihn durch den fronen zuhaischen, vnd wo er vngehorsamb aussenblaibett, und kaine ehehafte nott und helfliche wiederrede ainbringett, beschuldigett er sainen vngehorsamb, und bittett waitter zuerkennen, ob er auf heutigen vierden rechtstag den Hans Riemer wegen begangener misshandlung bis in die Acht vnd vorfestung wider ihn erstanden, mitt vorbehaltt aller rechttlichen notturftt.

Hierauf wirdt beclagter draymahll gehaischen.

Sententja.

Demnach Hans Riemer von Ottendorf wegen des begangenen todschlags, so er den 9. Augusti dis jahrs an Caspar Endern dem jüngern wieder gott und recht geübett, dray gerichte alleweg vber 14 tage, und also nach ordentlicher wayse sächsischer recht bis auff saine ehehaft in die Acht vnd vorfestung zuerclären erclagt und erstanden. und aber Hans Riemer heutiges tages vor painlichem gerichtt auf die ausgegangene cjtation vnd gerufte kaine ehehafte nott oder helfliche wiederrede ainbringett, sonder abermall ʼvngehorsamb aussenblaibett: Als erkännen Richter und Scheppen dieses hohennottpainlichen Halsgerichts vor rechtt, das viellgedachter Hans Riemer obberurtten mords und vngehorsambs halber durch clägern bis auf die acht vnd vorfestung erclagt und erfordertt ist, und billich darain genomben und vorkündigett werde, v. r. w.

Anwaldtt.

Kläger fragtt, ob man den mörder Hans Riemern wegen sains vngehorsambs, vormöge des wollgesprochenen vrttels, nicht billich in die Acht oder vorfestung erclären und vorthailen solle? Stellets auf rechtlich erkändnis.

Judex.

Es geschiehett möglichen v. r. w.

Anwaldtt.

Kläger fragtt wer das thun soll?·

Judex.
Der Fronen.

Fronbote. Von wegen dieses painlichen notthalsgerichts thue ich nach erthailtem vrttell Hans Riemern von Ottendorf, wegen derer den 9. Augustj des jahres an Caspar Endern dem jüngern wieder gott und rechtt begangenen mordthatt in die Acht, ercläre ihn aus dem friede in vnfrieden, vnd erlaube vber ihn alles vnrecht, vorbitte ihm laub vnd gras, wege und stege, nehme ihn sainen freunden, vnd gebe ihn sainen feinden, also, das sain laib und leben wie aines vogels in der lufft, vnd iederman in diesen gerichten erlaubtt say, das er den ohn alle strafe in diesen gerichten enttlaiben, und vom leben zum todt bringen mag: (NB. si sit uxoratus, adjiscitur, mache sain waib zu ainer betrübtten wittib, und saine kinder zu armen waisen.) welches ich iederman hirmit will erclärett haben.

Solches thutt der Fronen draymahll.

Anwaldt.

Kläger fragtt zu recht, ob der thätter in die achtt gethan wie rechtt ist?

Judex.

Er ist in die Acht gethan wie rechtt ist.

Anwaldtt.

Kläger fragtt, wie waitt die Acht gelang soll.

Judex.

So lang vnd braitt, als der stadt vnd des herren hofrichters gerichte gelangen und raichen.

Anwaldtt.

Cläger fragtt waiter, so iemand den mörder hausen und hoffen, oder andern bayschub thun würde, was derselb bestanden sain soll?

Judex.

Wer ihn hausete v. hofete, oder sonst andern bayschub thätte, der soll laiden als viell der thäter selbst, oder was ihm die stad- und hofgerichte zuerkennen werden.

Anwaldt.

Kläger fragtt waiter, ob man das laibzaichen nicht billich bay gerichten ainlegen, und bay denselben vorblaiben solle?

Judex.

Das laibzaichen wirdt billich bay gerichten aingelegtt, und blaibtt dabay v. r. w.

Alhir mus das laibzaichen vorwahrtt werden.

Anwaldt.

Kläger fragtt ferner, ob es bay gerichten aingelegtt wie rechtt ist?

Judex.

Es ist aingelegtt nach ordnung der gerichte.

Anwaldtt.

Genantter cläger will ihm auch hirmitt ofenttlich bedingett und vorbehalten haben, so ihm in dieser sache wegen vorgebrachten Process was zu recht gemangeltt, damitt nichts zu enttreumen, auch so er waiter erfahren würde, das iemands zu diesem todtschlag rath und thatt gegeben, oder den mörder hausete vnd hofette, solchen zu gelegener zaitt mitt rechtt darumb vorzunehmen, vnd lest zu recht fragen, ob er auf ferner erfahren die frist billich darzu bekomben solle. stelletts zu rechtlichem erkändnis.

Judex.

Kläger bekombtt vnd hatt zu solchem frist billich von rechtswegen.

Anwaldt.

Ich bitt mir zuvorgönnen von diesem painlich Halsgerichtt wieder abzutretten.

Judex.

Es ist euch vorgonnett.